スポーツの授業を創ろう

スポーツの主人公を育てるために

大貫 耕一

創文企画

はじめに

本書を世に出したいと願った理由は、二つあります。

一つ目は、現在の学校教育において、教師が誇りを持って教育活動を行うためには「教科内容研究」が必要とされていると考えていること。

二つ目は、こだわりをもって実践研究をしてきた体育において、「体育は何を教える教科なのか」を考え続けてきたこと。

この二つは、私の中では一体のものとなっています。そして、学校教育の現状に悲観するだけではなく、体育の授業づくりを例として具体的ビジョンを提案したいと願ったためです。

1．失敗ができない

退職するまでの38年間、私は東京都で小学校教諭を勤めてきました。そして、退職後も公立小学校の授業づくりのサポートをさせていただいています。この経験の中で、現在の学校は子どもたちを「育てる」ことより、「リスク管理」が重視されていることを強く感じるようになってきました。

「失敗ができない」

この言葉は「今、困っていることは何ですか」という質問に対する若者教師たちからの答えです。

「授業で失敗しないように」「子ども同士のもめ事が起きないように」「保護者からのクレームが来ないように」など、教師たちは毎日「失敗をしないこと」というリスク管理に縛られています。

「学習指導要領通りに」「クラスの足並みをそろえて」「学校スタンダードを守って」など、失敗をした時の「言い訳づくり」というリスク管理が優先となっています。

目の前には、日々成長している子どもたちがいます。このため、子ども同士のもめごとや、いろいろな失敗の連続なのです。それをいちいち管理職や同僚に相談をすることは不可能です。「誰かのせい」にはできないため、自分で判断して自分で責任を取るしかありません。つまり、子どもたちを育てようと思ったら、「失敗」を恐れていては教師の仕事はつとまらないのです。

もしも上手くいかないことがあったとしても、それを失敗と捉えるのではなく、「成長のための糧」にしていくことで教師自身が成長していくのです。学校は子どもたちを「育てる」ところであって、リスク管理をするところではありません。学校は、たくさんの失敗や試行錯誤を成長のための糧にして、子どもたちを「育てる」ところなのです。

2．「こなしの授業」

リスク管理強化によって「こなしの授業」と言われる現象が1990年頃から増え、2000年以降は急激に広まっています。「こなしの授業」とは、簡単に言えば、学校の授業がつまらなくなっていることへの指摘です。具体的には「教科書を教えるだけ」、あるいは教科書の内容についてハウツー書を使うことで「面白そうにするだけ」という内容の乏しい授業です。

教育行政においてこの時期に何があったのかというと、1997年に成立し2000年４月から施行された地方分権推進一括法のスタートと時期が重なります。この地方分権改革によって、地方教育行政は「すくなくとも法的には市町村教育委員会さらに学校の裁量領域がひろがった」（新藤，2013）と言われているのですが、実態は教師管理を強化することとなりました。

つまり、市町村教育委員会や各学校の「裁量拡大」というより、地方教育行政の一員としての学校長のリーダーシップ強化と、それを支える「人事考課制」や「主幹・主任教諭制度」という教員管理への拡大・徹底として具体化されたのです。そして、この教員管理の徹底によって「子ども・教育実践・家庭や地域との関わりが希薄化・相対化し競争的になり、教育実践の基盤と教師としてのやりがいと自覚を実感する機会が奪われていく（教師としての専門職制の希薄化）」という傾向が進行しました（鎌田，2003）。

私が体験した事例ではつぎのようなことがありました。

教師２年目の算数少人数担当（算数だけを教える）教師は、年度末の３月はじめに職員室でつぎのように語っていました。

「どうしたらいいのでしょう。教科書を全部教え終わってしまいました。何を教えたらいいのか困ってしまいます」

詳しく話を聞いてみると、彼は指導書通りに教え、「指導書の時間数通りに算数授業を進めてきた」と言うのです。子どもたちとのやりとりや、理解が十分ではないと思われる子どもへの指導よりも、指導書の時間数を優先してきたことをやや誇らしげに語ったのです。

このように、教員管理の徹底によって教師としての専門職制の希薄化が進行したため、「育てたい子ども像」「身につけさせたい学力（資質・能力）」「教えるべき内容（教科内容）」、そして魅力ある「教材」について、教師が主体的に考えないという状況が増えていきました。

また、学校のブラック化が教師から「時間」を奪っていきました。現在の学校における課題は「主体的･対話的で深い学び」ではなく、「授業時数」です。道徳の教科化、英語授業の増加、オリンピック・パラリンピック授業、プログラム教育の導入などのために、学校現場では「授業時数の確保」という物理的な課題に追われています。本来教育課程の編成権は各学校にあるにもかかわらず、教育委員会から上記の施策が示されると、それへの対応が実質的に強制されているためです。

そして、「〇〇スタンダード」と称する、学習や学校生活の仕方を規準化することが広まっています（中田，2006)。このスタンダード化は、2006 年に国立教育政策研究所が作成した報告書「生徒指導体制のあり方についての調査研究－規範意識の醸成を目指して－」と、2007 年に文部科学省初等中等教育長から都道府県教育長宛に発出された「問題行動を起こす児童生徒に対する指導について（通知)」がもととなっています（世取山，2017)。

私が勤務していた学校でも、市教育委員会指導室から「市公立小・中学校における学習規律の手引き」（2012 年 3 月）が配布され、「挙手」「返事」「発言」などの仕方が詳細に示されました。学習規律の手引きという「スタンダードに沿った指導をしなさい」ということです。このため、ある学校では、副校長（教頭）がスタンダード通りの指導が行われているかどうかをカメラで撮影して回っていました。

このような教師管理について、佐藤はつぎのように指摘しています。

「『説明責任』をキーワードにして進められる行政による『上からの管理』と保護者を含む社会からの『下からの監視』のもとで、失敗しないように、横並びでの仕事を進めさえしておけばよいというような雰囲気が広がっている。学校スタンダードやゼロトレランスが浸透する背景もここにある」（佐藤，2018)

さらに、2019 年の教員採用試験倍率全国平均が過去最低の 2.8 倍まで下がっている中で、残業時間の増加が懸念される「変形労働時間制」が 2019 年 12 月に国会で成立しました。このため、学校は今後ますます多忙化し、もっとも大切にするべき「授業づくり」や子どもたちに「寄り添うこと」が軽視されるでしょう。そして、学校スタンダードというマニュアル化による規準化が強化され、「こなしの授業」が増えていくことでしょう。

3. 経験させるだけの体育授業

体育授業でも運動種目を経験させるだけの授業が増えています。

ボール操作の練習をさせた後、ゲームをしただけのサッカー授業。３段〜６段までの跳び箱を並べて、子どもがそれぞれ挑戦したい場所で跳び越すだけの跳び箱授業。指導案には「チャレンジタイム」などのカタカナ名称がついていますが、内実はその運動種目を経験させただけで終わる授業が増えています。

このような「こなしの授業」では、（とりあえず副読本通りに）（学校の年間計画に書いてあるから）という理由で、その教材を教えているのです。つまり、その教材によって「どのような子どもを育てるのか（目的）」「何を教えるのか（教科内容）」について教師が考えていないのです。

特に、体育では「運動種目（跳び箱運動）＝教材（跳び箱運動）＝学習内容（跳び箱運動）」という考え方が根強くあり、2020 年度完全実施の学習指導要領体育編においても、この運動種目を教えるという考え方は踏襲されています。

したがって、運動種目で「何のために（目的）」「何を教えるのか（教科内容）」を問わないと、いつまでたっても運動種目を経験させるだけの体育から脱却できないのです。

4. 教科内容を教える「こだわりの授業」づくり

各学校では学習指導要領の解説書そのままに授業を行っているわけではありません。子どもたちの実態などを考えて各教材の指導時間を決めますし、決めた時間通りに授業ができない場合もあります。つまり、目の前の子どもたちに応じた柔軟な指導をしています。たとえば、子どもたちが上手になり始める時があり、教師としては（よし、予定よりもう少し伸ばそう）と判断することがあります。また、このような変化は子どもたちによって異なりますから、指導計画はあくまでも「案」であり、まさに子どもたちと教師によって日々授業は創造されているのです。

このように、教師は日々子どもたちと共に授業づくりをしているのですから、一歩踏み出して「こだわりの授業」をすることは可能なのです。そして、そのポイントは「何を教えるのか」という教科内容の明確化にあります。

本書を読み進めていただくことで明らかにされていきますが、体育は「スポーツの教育」「身体の教育」「身体表現の教育」などによる複合的な教科です。このため、教科内容の背景にある文化や科学の「何」を教えるのかということが問題になります。一方、これまでの体育では、このような文化や科学を対象にした教科内容を明確にしないで、運動種目における「運動の行い方」だけを教えてきました。

本書では、複合的な教科である体育の中から、スポーツ文化の「特性（文化の固有の価値）」と「成立条件（文化を成り立たせている仕組み）」という教科内容を提示しようと考えています。「スポーツ文化の教科内容」を教えることができるようになれば、運動種目を体験させるだけの「こなしの授業」から脱却できると考えているためです。

スポーツ文化の教科内容を教える授業では、特性や仕組みを教えるのにふさわしい運動種目が選択され、教材化が行われます。つまり、なぜその教材を教えるのかという教材選択の理由が、教科内容によって明確になるのです。このため、教科内容を教えるためにどのような運動種目を選択して教材化するのかは教師に任されます。「教材選択の自由」が保障され、これまでの体育のように理由がはっきりしないまま、いくつもの運動種目を教える必要がなくなります。指導時間をたっぷりと使って、スポーツ文化の特性や仕組みという教科内容を、すべての子どもたちにしっかりと教える「こだわりの授業」が実現するのです。

5. 本書を読むに当たって

本書は、つぎのような構成になっています。

1章：教科教育及び体育における「教科内容」とは何かを検討します。

2章：体育の教科内容について、これまでの学習指導要領と民間体育研究団体における研究成果を検討します。

3章：体育のスポーツ分野における教科内容について検討することで、スポーツの授業における「教科内容試案」を提案します。

4章：スポーツの授業をつくるための「カリキュラムづくり」について提案をします。

5章：スポーツの授業における「授業事例」を紹介します。

資料：資料としてスポーツの授業における「カリキュラム試案」を紹介します。

上記のような5章と資料の構成になっていますが、本書のメインテーマは3章「スポーツの授業における教科内容試案」です。また、5章「スポーツの授業事例」においてスポーツの授業における具体像を提示しています。このため、「はじめに」で問題意識について、3章でスポーツの授業における「教科内容試案」について、そして5章でスポーツの授業における具体像について読んでいただき、それから4章や1章、2章へと読み進めていただくとわかりやすいかもしれません。

「スポーツの授業づくり」というナラテイヴ（物語）が、学校のブラック化という闇に差し込む一条の光となることを願っています。

【文献】

鎌田鎮世（2003）開かれた学校，改革の中での学校評価と教育課程行政の動向－東京都の教育課程行政施策を事例として－教育課程のルネサンス，民主教育研究所年報2003（第4号），民主教育研究所，p.223

佐藤隆（2018）教育改革の新段階追い詰められる教師たち，教育2018年9月号，かもがわ出版，p.72

新藤宗幸（2013）教育委員会，岩波新書（新赤版）1455，岩波書店，p.147

中田康彦（2006）「スタンダード」と「エビデンス」の接近，教育2016年6月号，かもがわ出版，pp.26-35

世取山洋介（2017）日本におけるゼロトレランス政策，「ゼロトレランス」で学校はどうなる，横湯園子・世取山洋介・鈴木大裕編著，花伝社，p.19

【初出一覧】

1章：「体育科教育における教科内容に関する研究―小学校体育を中心に―」1999年度東京学芸大学大学院保健体育専攻保健体育講座修士論文

2章：「教科の本質と授業　第9章　体育」2009年，日本標準社

3章：「スポーツの特性『競争／協同』」体育科教育誌2018年8月号，大修館書店

4章：「小学校低学年体育の授業」2006年，創文企画

5章：「スポーツの授業を創ろう」体育科教育誌連載2018年4月号～2019年3月号，大修館書店

資料：「子どもと教師でつくる教育課程試案　第2章11節　体育」2007年，日本標準社

なお、2章、3章においても「体育科教育における教科内容に関する研究―小学校体育を中心に―」1999年度東京学芸大学大学院保健体育専攻保健体育講座修士論文が初出となっている箇所があります。

スポーツの授業を創ろう
スポーツの主人公を育てるために

目　次

第５章　スポーツの授業例……167

第1章

体育は何を教えているのか

第１節　教育の目的と教科内容

第１項　教育の目的

2006年教育基本法は、つぎのように教育の目的を示しています。

「第１条　教育は、人格の完成を目指し、平和で民主的な国家及び社会の形成者として必要な資質を備えた心身ともに健康な国民の育成を期して行われなければならない。」

また、1947年教育基本法は、つぎのように教育の目的を規定しています。

「第１条（教育の目的）教育は、人格の完成をめざし、平和な国家及び社会の形成者として、真理と正義を愛し、個人の価値をたっとび、勤労と責任を重んじ、自主的精神に満ちた心身ともに健康な国民の育成を期して行われなければならない。」

そして、2006年教育基本法はその前文においてつぎのように述べています。

「我々日本国民は、たゆまぬ努力によって築いてきた民主的で文化的な国家を更に発展させるとともに、世界の平和と人類の福祉の向上に貢献することを願うものである。我々は、この理想を実現するために、個人の尊厳を重んじ、真理と平和を希求し、公共の精神を尊び、豊かな人間性と創造性を備えた人間の育成を期するとともに、伝統を継承し、新しい文化の創造を目指す教育を推進する。ここに、我々は日本国憲法の精神にのっとり、我が国の未来を切り拓く教育の基本を確立し、その振興を図るため、この法律を制定する。」

また、1947年教育基本法は、その前文においてつぎのように述べています。

「われらは、さきに、日本国憲法を確定し、民主的で文化的な国家を建設して、世界の平和と人類の福祉に貢献しようとする決意を示した。この理想の実現は、根本において教育の力にまつべきものである。われらは、個人の尊厳を重んじ、真理と平和を希求する人間の育成を期するとともに、普遍的にしてしかも個性豊かな文化の創造をめざす教育を普及徹底しなければならない。ここに、日本国憲法の精神に則り、教育の目的を明示して、新しい日本の教育の基本を確立するため、この法律を制定する。」

このような教育基本法の教育目的は、「世界人権宣言」（1948年）、「児童の権利宣言」（1959年）、「国際人権規約」（1966年）などに謳われている人格の発達と世界平和の達成という教育目的にも合致したきわめて普遍的なものといえます（山下，1987，p.382)。

そして、ここでいう国民の育成とは、国民を主権者とする日本国憲法に基づく国民のための権利としての教育として考えられるのであり、「国家の示すままに進むのでなく、真理と正義に基づき『自主的』に判断する国民づくりを目的」としています。

したがって、国民個人と国家の関係においても「個人は何者かのために存在するのでなく、また個人の完成が国民教育として重要である」という基本的認識に立つことが重要です。さらに、国民的教養とは「人格の完成した個性的人間、平和を愛し、戦争をにくむ平和的人間、また自主的精神を持ち真理と正義を愛する社会的人間を統一的に育成することのできる国民教育」でなければならないのです（太田，1987，pp.383-384)。

第2項　教科と教科内容

教科教育学における教科内容の位置づけについて確認しておきましょう。佐藤は、教育内容と教科内容の関係について、つぎのように述べています。

「教育内容の知識は、特定の学問領域（デイシプリン）の構造を背景としており､その構造を基盤とした何らかの教科領域の設定を必要としている｣(佐藤，1996，p.110)

また、今野は教科の背景にある文化や科学の関係について、つぎのように述べています。

「教科とその内容は科学によって確認された自然、社会及び人間に関する真理や法則が子どもたちの主体的な認識にまで高められていくことができるように、一定の教育目的に即して科学的知識体系をかれらの発達段階に即して再構成し、再系統づけして配列したものである。」(今野，1981，p.54)

教育内容の基盤にある教科は、文化、科学を背景とし、教育の論理によって教科として成立しているのです。さらに小野も､教科内容という概念について、つぎのように述べています。

「教材と区別して用いられる『教科内容』という概念は、子どもたちが直接見ることのできない、科学的な概念や法則、芸術的イメージ、およびそうした内容に規定されて存在している技能、技術、方法を意味している。」(小野，1987，p.405)

教科は、科学によって確認された自然、社会および人間に関する真理や法則が、子どもたちの主体的認識にまで高められることができるように再構成され配列されたものであり、科学的知識体系を一定の教育目的に即して再構成したものです（上野，1987，p.400）。

したがって、科学的知識体系が教育目的によって再構成されることによって教科内容が成立しますし、教科内容の配列によって教科が成立しているのです。

第３項　目標―内容―方法の統一

教育の目標―内容―方法の統一について述べます。戸塚は、授業過程の目標、内容、方法の関連について、つぎのように述べています。

「授業過程の構成に際しては、何のために教えるのか（目標)、何を教えるのか（内容)、どのように教えるのか（方法）が統一的に考慮され、決定されなければならない。授業過程は、つねに、社会的＝教育学的に構想された一定の目標をめざして、一定の文化価値（内容）を伝達するため、方法・組織など、媒介・習得のすじ道を意図的、計画的に作り出すところで成立するからである。」(戸塚，1987，pp.391-392)

そして、この目標・内容・方法は、戸塚の指摘するように、教科内容を系統的に教授することに力点が置かれ、個々の知識・技能だけが重視され、科学的な知識は記憶させたとしても、科学的な思考力はまったく身につかないという背反に陥ることがあってはなりません。また逆に目標、内容から切り離された学習活動によって、現象的にはいかに活発にみえても、人格発達、学習力形成を保障するものにならないということでは困ります。つまり、目標―内容―方法の統一の視点が必要なのです。

目標は内容の選択と配列の基準となり、内容は、学力や人格を発達させるという目標を科学・技術・芸術の達成した認識の体系として実体化したものです。したがって、内容は単なる知識・技術の集合ではなく、基礎的な学力の形成と民主的な人格の形成を目的として選択されなければなりません。

教科内容は、子どもの能力や人格の形成に向けて子どもの生活、発達を高め、文化や科学を継承・発展させるという２重の役割を担っています。そして、この２重の役割は、授業課程では、目標―内容―方法の統一として具体化される必要がありますし、内容としての教科内容は、学びの対象としての文化、科学における基本的概念や原理を教科内容化したものとして、また、学びの主体としての子どもの生活、発達を基に教科内容化したものとして２重に統一される必要があるのです。

つまり、教育の目的における子どもの能力と人格の形成に向けて子どもの生活と発達を高めるという側面と、文化、科学の継承・発展という側面が、教科内容には２重に込められているのです。

碓井は「現代日本の社会的変化は、世界的な政治・経済・文化の動向とつながっており、われわれの日常生活においてさえ『地球はひとつ』を実感する時代なのである」と述べ、現代の教育の目的をつぎのように指摘しています。

「教育が社会的機能のひとつである限り､社会の変化に対応できる能力をもった国民の形成がその任務であろう。そして、現代の教育や学校は、その変化に適応し対処する能力だけを子どもに形成するのではなく、その変化と科学的・主体的に切り結びながら民主主義の実現や人類の進歩の方向を創りだす力をこそ育てなければならないはずである。」(碓井，1996，p.34)

ここには、文化や科学を学ぶことにより、現実の課題を背負っている社会に働きかけ、よりよい社会へと変革していく主体者を育てるという教育の目的が示されています。そしてこの教育の目的は、民主的社会の発展に向けた能力や人格の形成において、文化や科学を継承し発展させていくという文化や科学における教科内容化と生活と発達を高めていく教科内容化という２重の目的の教科内容における統一を示すものなのです。

教科内容は、子どもの主体的な学びの能力と民主的な人格を形成していくために、人類が英知と願いを込めて創造・継承・発展させてきた文化や科学の基本的概念や原理を内容化していく面と、子どもたちの発達と生活の条件から内容化するという２重性をもっています。このため、本書では「教科内容」をつぎのように定義したいと思います。

教科内容とは、民主的な人格と主体的な学びの能力の形成をめざした、学習者の発達と生活の条件を基にした、教科が依って立つところの科学・技術・芸術などの基本的概念や原理である。

【文献】

今野喜清（1981）「教育課程論」教育学大全集 26 巻，第一法規，p.54
小野擴男（1987）「現代授業研究大事典」吉本均責任編集，明治図書，p.405
太田悦生（1987）「現代授業研究大事典」吉本均責任編集，明治図書，pp.383-384
佐藤学（1996）「教育方法学」，岩波書店，p.110
戸塚茂則（1987）「現代授業研究大事典」吉本均責任編集，明治図書，pp.391-392
上野ひろ美（1987）「現代授業研究大事典」吉本均責任編集，明治図書 p.400
碓井岑夫（1996）「新・教育原理」，柴田義松編，有斐閣，p.3
山下政俊（1987）「現代授業研究大事典」吉本均責任編集，明治図書，p.382

第２節　体育の教科内容

第１項　体育科の教科内容における混乱

１．体育科における教科内容の不明確さ

第１節において教科教育学における教科内容概念について検討してきました。そこでは、教科内容とは、人類が英知と願いを込めて創造・継承・発展させてきた文化や科学の基本的概念や原理を子どもたちの発達と生活の条件から内容化する面と、文化や科学の学習によって子どもの主体的な学びの能力と民主的な人格を形成していくために内容化していくという２つの視点が明確になりました。そして、教科内容とは、「民主的な人格と主体的な学びの能力の形成をめざした、学習者の発達と生活の条件を基にした、教科が依って立つところの科学・技術・芸術などの基本的概念や原理である」という定義が導かれました。

この定義をもとに体育科における教科内容概念を検討するとき、重要になるのは、上述の教科内容概念規定における「教科が依って立つところの科学・技術・芸術などの基本」であると考えられます。なぜなら、各教科の固有性は「教科が依って立つところの科学・技術・芸術などの基本」によって規定されるのであり、体育科における教科内容の固有性も体育科の背景にある文化や科学の根幹に位置づく真理や法則によって規定されると考えられるためです。つまり、文化や科学における教科内容を確定する際には、文化や科学における大量の法則のすべてを教科内容とする必要はないのであり、文化や科学の真理や法則の根幹をなす基本的概念や原理を明確にすることが重要となるのです。

さて、体育科における教科内容の明確化のためには、体育科の背景にある文化や科学の基本的概念や原理の究明が必要でした。しかし、この究明が十分なされてきたかといえばそうではない状況があったと考えられます。それは、体育科における研究対象としての身体運動が主体そのものを含んでいるという複雑な状況を生んでいることや、体育科の目標論における運動すること自体に価値を置く考え方、また、体力や運動技能のための体育の授業という考え方が、運動さえしていればよいという発想を生み、体育科の背景にある運動文化の基本的概念や原理を客観的な知識として明確化するという発想を押しとどめる働きをしてきたのです。

2．体育科における教科内容と教材の混同

体育科の背景にある運動文化の基本的概念や原理の究明が十分なされてこなかったもう一つの原因として、教科内容と教材の混同があげられます。

岩田は、教材と教科内容の関係について、教育学においては教材と教えるべき中身である教科内容との概念化の区別が強調される方向で進んできたのに対し、「体育科においては教材と教科内容との間の識別がより不明確なままに論じられる傾向にある」と述べ、「教材の教授学的な意味内容の混乱を生み出していると思われるのは、『教材が内容になる』という考え方」であると述べています（岩田，1987，p.28）。

つまり、「教育学では教科内容を学習者に習得させる手段・媒体としての教材の機能、いわば教材の『手段的性格』を明確化させよう」としてきたのに対して、「体育科では一般に教材について〈手段〉と〈内容〉の二つの側面・性格を付与している」のです。

そして、このような教科内容と教材の関係を曖昧にしてしまう原因は「歴史的・社会的に存在している運動文化は人間の諸能力が対象化された独自な文化価値を持つことから、その運動文化そのものが教授＝学習の直接の内容とされる」ところにあり、ここから「『教材＝運動＝内容』という等質変換的な理解」のしかたが導かれてきたと考えられます（岩田，1987，p.30）。

このように、これまでの体育科においては、運動文化の自然科学的・社会科学的知識を教科内容として明確にした上で、それらの知識、事実・現象を担った素材を教材化していくことが十分に追求されてこなかったといえます。

そして、このような運動文化の客観的知識を教科内容として十分明確化してこなかった原因に教科内容と教材の混同があったのであり、体育科における内容概念を表す際に使用されてきた学習内容という用語がこの教科内容と教材の混同を導く一因となっているのです。岩田は教材概念の検討において、学習指導要領で使用された学習内容という用語が内容概念と教材概念の混同を生んできたことについてつぎのように述べています。

「昭和28年の学習指導要領において運動（スポーツ）が教科論的に内容的意味をも付与され、また昭和33年の学習指導要領によって、従来の教材がその『内容』覧に表記されることによって、『教材』と『内容』の２つの名辞はほとんど同義的に使用される傾向を強める。いわゆる、《スポーツ種目＝教材＝内容》観の浸透である。」（岩田，1992，p.80）

また、岩田はこのような学習内容という用語をめぐる歴史的な混同が、現在

まで継続していることについてつぎのような指摘をしています。

「昭和28年の学習指導要領での『学習内容』の導入を契機として、目標や教材とはその概念を異にする内容論の側面が浮彫りにされ、それに相応する名辞として、『内容』『学習内容』『指導内容』『学習指導内容』などの用語が多様に使用されるようになるが、それらの意味対象を相互に吟味するような概念的議論は生じていない。」(岩田，1992，pp.86-87)

このように、学習内容という用語に端的に表れているように、これまでの体育科においては教科内容と教材の峻別が不十分なままであったために、文化や科学の真理や法則の根幹をなす基本的概念や原理としての教科内容概念が十分に検討されずに現在に至っていると考えられます。

第２項　体育の教科内容概念における先行研究

ここまでの検討から明らかなように、体育科においては教科内容と教材の峻別が不十分なままであったために、文化や科学の真理や法則の根幹をなす基本的概念や原理としての教科内容概念が十分に検討されずに現在に至っているというのが一般的な状況であると考えられます。

しかし、これまでの体育科において、教材と教科内容を峻別することで教科内容概念を明らかにしようとしてきた試みが見いだされます。また、これまでの体育科においては体育科が扱うべき内容について、教科内容という言葉ではなく学習内容という言葉が使用されてきましたが、この学習内容と教科内容を異なる概念として検討し、そこから教科内容概念を明確にしようとしてきた先行研究も見いだすことができます。

そこで、つぎに、これまでの体育科における教科内容概念について究明しようとしてきた先行研究について検討し、そこから体育科の教科内容概念を明確にしておきたいと考えます。

１．中村敏雄における教科内容の把握

岩田は、体育科においては概念として不明確な面を持ちつつ使われてきた「学習内容」に対して、教科内容という術語を最初に用いたのは中村敏雄ではないかとし、「中村は教材（筆者の理解では『素材』）との区別を前提に、教科成立の基盤や体育実践のあり方に関わって、教科内容の明確化を掲げている」と述べ、このような教科内容という視野からの発想は「1960年代前半に中村が著わしている教材価値をめぐる論述にまで遡ることができる」としています（岩

田，1993，p.155）。

ここで中村が指摘する教材価値とは、体育の場合は運動文化あるいはスポーツ（以下、運動文化（スポーツ））を対象として、より質の高い幸福の享受を可能にする運動文化（スポーツ）の変革・創造のために、素材に含まれている条件や内容を検討することだと主張されています（中村，1989，p.155）。

そしてその際、検討しなければならない素材における条件や内容とは、より質の高い幸福の享受を可能にする運動文化（スポーツ）の変革・創造という教育的目的をもった教科内容なのです。

中村はまず、体育の目的について、「体育にとって遊びやスポーツは『何か』を学習するための材料であり、これらを素材にして『何か』を学ぶのが体育である」と述べ、「体育というのは、遊びやスポーツに習熟させることが主要な目的なのではなく、習熟しようと努力する中で『何か』を学びとらせること、あるいは習熟しようとする必要さえなく、遊びやスポーツと人間との、歴史的、社会的、そして文化的な関係を学ばせるのが体育である」と述べています（中村，1983，p.51）。

そして、「教材と教科内容は、一応は区別してとらえられるべきもので、子どもたちに教えたい、あるいは教えなければならないと考えられる『何か』がまずあって、その上でそれをよりよく教え、理解させる目的で教材や教具が選ばれ、利用されると考えるのが一般的で正当な教育実践の捉えかただろう」と指摘します。また、体育実践では「まず教材があって、それを指導する中で『何を』教えるのかということが考察、追求されるという傾向を強くもって」おり、「『何を』教えるために器械運動を選んだのかということよりも、器械運動で『何を』教えるのかということを重視するのが体育実践についての考え方の一般的傾向で、しかもそれ以上に器械運動の技『を』教える（コーチング）ことに終始している方がより一般的傾向である」と体育実践の実状について指摘しています（中村，1983，p.52）。

その上で、スポーツやダンス、武道などは「体育科教育における教材であって、いわば『何か』を教えるための素材であり、道具であり、手段」であって、この教えるべき何かとは「スポーツ、あるいはより広義の運動文化に内在する法則性や価値などを含むべきことは十分予想されることで、教科というのはそのようなものであろう」と述べています。

したがって、中村は「運動文化に関する科学的研究の成果と方法を教える」ことが体育実践であり、そこでの教科内容とは「運動文化に内在する法則性や価値など」であるとしているのです（中村，1983，p.108)。

なお、中村の教科内容に関する論述は、学校体育研究同志会における教科内容研究の中核を成しており、第2章第2節「学校体育研究同志会における教科内容」においてさらに検討します。

2．小林一久における学習内容批判

小林は、「教科の成り立ちの基本は、運動のなかに人間の諸力が対象化（外化）されており、それを学ぶこと（非対称化＝内化）で、人間としてより豊かに発達する可能性が予測されること、それが社会の求めるものと一致するところで教科が成り立つ」と述べ、「体育という教科で何を学ぶのかを簡単に表現するとすれば、人間と運動のかかわり方そのものを学ぶ」と、体育科における学ぶべき内容が「運動とのかかわり方そのもの」であるとしました（小林，1995，p.25)。

そして、教科内容と教材の関係について、つぎのように述べています。

「運動が教材であり、それは、目に見える現象である。そのなかに含まれる意味内容は、直接には目に見えないものである。それを方法化することによって、子どもにわかる（目に見える）ようにするのが、教材づくりの課題であり、それを含んで、授業をつくるのである。そうすると、教材という概念は、教科内容を教えるための手段だ、ということになる。」（小林，1981，p.29)

さらに、学習内容について、つぎのように批判しています。

「従来の体育科教育の概念のうち、学力ともっとも直接的に対応することばは『学習内容』であろう。これを、さきの昭和28年の学習指導要領は『体育科立場（ママ）からぜひ学習させたいことがらを、児童の立場に立ってみたもの』だとしている。ここには明らかに、経験主義・児童中心主義の立場からの、客観的な文化としての『身体活動』を素通りして、児童の『諸経験』に一元化してしまうという意味での、内容論の欠落がある。」（小林，1995，p.112)

このように小林は、学習内容という用語に対して、「それは教えるべき内容を客観的な文化としてとらえずに、『主観主義的』経験の内容として把握している」と批判的に検討しているのです（岩田，1997，p.87)。

3．高橋健夫の目標論と学習内容

高橋は体育の目標に関して、「運動（スポーツ）は現代人の生活に不可欠な文化（教養）として、それ自身に備わった固有の価値に基づいて意義づけられる」と述べ、「体育は運動（スポーツ）の文化的総合性において教育し、『運動（スポーツ）に自立する人間の形成』(注１)をめざす教科領域として定立させることができる」と述べています（高橋，1989，pp.9-10）。

そして高橋は、この運動（スポーツ）に自立する人間の形成が「運動の身体形成上の価値や人間形成上の価値を否定するものではなく、目的として運動(スポーツ）を教授する中でこれらの成果との関係を保とうとするもの」であると述べ、「『運動の教育（education in sport)』の考え方に立つとき、体育が内容とする運動（文化）に直接関わった目標を設定することが可能になる」としています（高橋，1989，p.10）。

そして、この運動（文化）に直接関わった目標として、この目標領域が子どもの目を通した体育目標としてもおおむね有効であることを実証し、運動、認識、社会的行動、情意の４領域としました（高橋，1989，pp.10-12）。

さらに、学習目標としてのこれら４領域を「運動（文化）の内容に関連して、①情意目標（楽しさ、価値観)、②技能目標、③認識目標、④社会的行動目標」とし、４領域の目標との関係についてつぎのように述べています（高橋，1989，p.89)。

「私見では技能目標が中核をなし、この目標との関連で他の目標が位置づくものであると考えている。『わかること』や『協力すること』は、『上手になること』に切り結んで意味をもち、また『上手になること』の結果として『好きになる』という情意的態度も形成されていくと考えられる。」(高橋, 1989, p.90)

このような体育の目標に関する領域論をもとに高橋は、運動（文化）の内容としては技術的内容、体育の科学的知識の内容、運動（スポーツ）の規範的内容を示しています（高橋，1989，pp.13-14)。

そして情意については「運動（スポーツ）に対する興味、関心、愛好的態度、価値観の育成を意味しており、これらの目標の達成は運動学習への動機を強化するとともに、運動を自分のライフスタイルに組み入れていくような主体的態度を形成するもの」と考えられるが、この情意目標は「体育の内容に直接対応するものではなかった」として、つぎのように述べています。

「他の３つの目標実現に向けた学習指導の方法として、教師行動のあり方として、学習環境のあり方として、さらに評価のあり方として、常にこの情意目標の実現に働きかけていくことが期待される。このような意味で、情意目標は、他の３つの目標とは次元が異なり、その達成度を客観的に捉えることが困難な性質をもつものであるといえよう。」(高橋，1989，p.14)

高橋は、運動に固有の内在的価値としての「運動に備わった客観的な側面（技術、戦術、規範、知識）」（嘉戸, 1990, p.45）（「構造的特性」という言葉でも表現される）と、「主観的側面（運動の参加によって体験される『意味のある経験』や『楽しさの経験』）」（「機能的特性」という言葉でも表現される）とを分けて捉えています。そして「中心的で具体的な内容になるのは、運動技術であり、これに関連した社会的行動や知識である」としています（高橋, 1989, pp.11-14）。

つまり、運動に固有の内在的価値における客観的側面（構造的特性）が教科内容の中心的内容になることを指摘しているのです。

4．佐伯年詩雄の学習内容論

佐伯は、教科における学習とは「教科目標の達成に向けて、児童生徒（生活体）の行動を変容するために、その可能性をもつと思われる経験を意図的・計画的に組織するもの」であるとし、体育授業の学習内容とは、「体育科の目標を達成するために、学び・習うことが望まれる内容（こと・もの）を、学習する児童の視点からとらえたもの」と定義しました（佐伯, 1995, p.113）。

つまり、「体育授業における学習内容は、目標に向けて意図的・計画的に組織された『経験のまとまり』を意味し、そのような経験を導くこと・ものである」としたのです。

そして、学習内容を明確にすることは、学ぶべき内容が教師と分離して客観的に提示されることにより、「児童の主体的な学習を中心とする授業の構成を可能とする」とともに、運動を「重要な教育内容としての位置づけることを可能にする」と述べています（佐伯, 1995, pp.113-114）。

佐伯は、このように学習内容の重要性を指摘した上で、学習内容の構成論について、「学習内容は、それを獲得・経験させることによって、児童生徒を目標の達成に向けて発達させようとするものであるから、その構成論は、体育授業においてどのような力を育てるのかという体育の学力論にもとづくことになる」としています（佐伯, 1995, p.114）。

そして、佐伯は学習内容の構成論について、運動文化論と運動目的・内容論(注2)の二つの立場があり、この運動文化論と運動目的・内容論のちがいについて、「学習内容構成論における客観主義と主観主義」という視点から分析をしています。

まず佐伯は、運動文化論の立場を「学習内容を獲得・内面化すべき客観的な文化としてとらえることから、客観主義もしくは文化主義」と呼び、運動目的・内容論の立場を「学習内容を児童生徒が自ら意味づける行動様式ととらえることから、主観主義もしくは経験主義」と呼んでいます。

そして、客観主義としての運動文化論における学習内容構成論は、「運動の技術・戦術、ルール、マナー、知識などの文化的要素を基礎から応用・発展へと系列化し、主として運動技術・戦術を中心とする文化的まとまりを段階的に構成し、それを児童生徒の発達特性に対応して配列する」ものであるとしています。

また、主観主義の運動目的・内容論における学習内容構成論は、「主として経験（生活）単元の考え方をとるものであり、児童生徒が生活において当面する問題を学習活動を組織するものの中核として取り上げ、その問題解決能力の向上を求める経験のまとまりを再構成し、それを問題解決のやさしいものから難しいものへ、個人的なものから集団的なものへ、さらに社会的・歴史的なものへと広げ、深めるように配列する」ものであるとしています。

さらに、「客観主義的な立場は、科学的知識や文化のまとまりを基盤とする教科を中心に教育領域を編成する考え方をとり、主観主義的立場は、生活経験のまとまりを基盤とする生活領域を中心に教育領域を編成する考え方をとる」とし、跳び箱運動を例にして、つぎのようにその違いを説明しています。

運動文化論では「『開脚跳びこしができるようになる』という学習目標を立て、それを達成するための『踏切、着手、着地』という技術過程を学習内容として提示することになる。」

運動目的・内容論では「『跳び箱運動を楽しむ』という学習目標を立てる。するとここでは、児童生徒からみて楽しめそうな跳び箱運動それ自体、つまり『楽しさを内包する跳び箱運動』が内容となるから、目標と内容が一体化することになる。」（佐伯，1995，p.119）

つまり、佐伯は運動文化論では「学習内容としての運動を、技術・戦術、ルール、マナー、知識などの文化的構成要素として客観的にとらえ、その学習を重視する」のに対して、運動目的・内容論では「楽しいという意味経験を学習目標・内容としてとらえ、児童生徒がそのような意味経験を得るように文化的構成要素を主体的に再構成することを重視する」と、捉えているのです（佐伯，1995，p.120）。

5．岡出美則による教科内容の提起

岡出は、教科内容という概念について次のように述べています。

「『教科内容』という概念は、残念ながら、体育の世界では未だ市民権を得ていない。むしろ『学習内容』という概念が使用されている。しかし、『教科内容』に込められた思いは『学習内容』のそれとは異なる。それは、教科で教える内容を他教科と同様、知識や技術の体系として捉えるという発想に立つものである。そして、教材はそのような『教科内容』を教えるための手段として位置づけられることになる。逆に、このような意味での『教科内容』概念が未成熟なため、器械運動や陸上運動が教材であるといった指摘が未だに見られることになる。そしてそれが、体育の授業ではこれらを体験させればよい式発想に陥れている。しかし、『意味』の経験は、知識や技術の習得と表裏の関係にある。」

そして、体力や身体の技術などについても触れつつ、「体育の授業の成果は、やはり、他教科と同様、『教科内容』としての知識や技術の習得により保障されるべきなのである」と、体育科における教科内容概念の重要性を指摘しました。

また、教科内容には複数の領域が存在することを指摘し、「現時点では、その『教科内容』は『身体と関わる知識・技術』と『人と関わる知識・技術』、『社会現象としてのスポーツに関する知識・技術』から構造化されよう」と述べています（岡出，1993，p.145）。

さらに、教科内容を検討していく際には「①『教科の枠を越える内容』と『教科固有の内容』の区別」「②『スポーツ種目の枠を越える内容』と『スポーツ種目に固有な内容』の区別」があるとも述べています（岡出，1993，pp.117-120）。

このように岡出は、教科内容概念の明確化の必要性を指摘し、教科内容概念の明確化は、今後の体育科における生涯スポーツに必要とされるスポーツに対する愛好的態度やスポーツの意味の批判的な再生産能力の育成にとっても重要であり、「『教育内容』には『学び方』に関する知識や技術、さらには『意味』に関する知識も含み込まれるべきである」と述べ、「教科の体育と教科外のスポーツの間に有機的な関係を生み出すことは、スポーツの多様な『意味』を保障していく上でも必要である」と、生涯スポーツを志向する体育における教科外のスポーツとの関係についても言及しています（岡出，1993，p.146）。

そして、スポーツの意味と教科内容を選択する基準を教育的責任に位置づけ、学校でしか保証できない経験や知識の必要性をあげ、学校教育で保証するべきスポーツの意味や教科内容は、教育学的な視点のもとで取捨選択されるべきであると述べています（岡出，1993，p.147）。

さらに岡出は、「スポーツという文化への実践的参加を促すには、『できる』こと以外にも必要な能力が存在することも併せて認識するべき」であり、「その手がかりは『教科内容』という発想に求めることができる」と述べ、「この概念は、教授の対象となる既存の知識や技術が常に批判的検討の対象に据えられていることを前提にしている」として、教科内容が持つ意味や意義についてつぎのように述べています（岡出，1993，p.167）。

「『意味』の問題を視座に入れた上で授業づくりを進めなければ、『教科内容』という発想も新たな権威主義の呪縛から逃れられなくなることは明らかであろう。それはまた、学ぶことの『意味』や『意義』を子ども自身が納得していく過程を保証していくことを求めるものでもある。と同時に、教授＝学習過程の対話的性格を自覚し、教師と学習者の関係を求めるものである。そしてこの過程では、教授の対象としての『教科内容』の妥当性とその教授方法の妥当性が子どもの現実を介して批判的に検討されることになる。この点にこそ、『教科内容』という概念の戦略的意義がある。それはまた、スポーツの『意味』や『意義』という視点から問い直すことも意味するとともに、批判的、生産的に『意味』を生み出す能力を保証していくことの必要性を示唆するものである。」（岡出，1993，p.168）

このように岡出は既存のスポーツの継承のみならず、教科内容がスポーツの意味経験の前提条件であるとの発想をもとに、スポーツの意義やそれが変容可能であること、さらにはそれが個々人の思いを反映した形で変容していくことを伝えるべきであるとの発想に基づくものであり、意義とは何かを問う主体者形成に向けて、教科内容を探求する必要性を主張したのです。

6．岩田靖による学習内容と教科内容の検討

(1) 教育内容と教材

岩田は教材論研究の立場から、体育の学力形成についてつぎのように述べています。

「体育の学力形成にとっての最も重要な課題は、授業において『わかち伝えうる』中身の探究、いわば『教育内容（学習内容）』研究と、『わかち伝えを可能にする』方法論の構成にある」（岩田，2017，p.115）

そして、教育学（一般教授学分野）における研究成果から「教育内容」と「教

材」の関係をつぎのように述べています。

「授業の『目的部分』に相当する『教育内容』（教科内容・学習内容）に対応した『手段部分』としての『教材』の意味内容が明確化されている。」（岩田，2017，p.116）

つまり、教育学における教育内容と教材のちがいが内容と手段の関係として検討されています。一方、岩田は「体育科教育では、『教育内容』と『教材』との間の識別が不明確なままに論じられてきた」と指摘し、体育科教育における「教科内容」と「教材」の関係についてつぎのように述べています。

「体育科教育において『何を教えるのか』という『教育内容論』（学習内容論）の問題と、それを『何によって教えるのか』という『教材論』の問題の相互の独自な理論的展開を妨げることになる。」（岩田，2017，p.115）

そして、「既存のスポーツ種目や技（子どもの運動遊びをも含む）は、教材を構成していく際の原型としての『素材』」と位置づけて、「素材」と「教材」を区別した上で「教材」をつぎのような概念として捉えています。

「『教材』とは、学習内容を取得するための手段であり、その学習内容の取得をめぐる教授—学習活動の直接的な対象になるものである。」（岩田，2017，p.125）

このように岩田は教材論研究の立場から、「教育内容あるいは教科内容」という教えるべき内容と、「教材」という手段の関係を明確にしているのです。

(2) 教育内容と教科内容

岩田は教育内容や教科内容と教材のちがいとその関係を明確にしました。

まず「教育内容」と「教科内容」について、岩田は「教育実践の中で、その目的部分を担う内容的側面は一般的に『教育内容』という用語が用いられるが、特定の教科においてそれを指す場合、『教科内容』の名辞が使用される」と述べて、体育科教育における教科内容についてつぎのように指摘しています。

「『教科内容』とは一般教授学の分野では『科学・芸術・技術の基本』と言われ、教科の指導において提示される科学的概念や法則、あるいは芸術的主題を示している。体育で言えば、体育授業の教授＝学習過程において、教師が子ども（学習者）にその習得を期待して用意する教育的に価値ある文化的内容である。」（岩田，1993，p.155）

このように岩田は、体育科教育における教科内容について「教育的に価値ある文化的内容」であり、「教科の指導において提示される科学的概念や法則」

であることを明言しています。

(3) 教科内容と学習内容

つぎに「教科内容」と「学習内容」について検討します。岩田は、体育科教育分野における内容論の登場について「戦後、体育科教育において『内容』概念が明確に表記されたのは 1953（昭和 28）年の小学校学習指導要領体育科編においてである」と述べています（岩田，2017，p.86）。

そして、体育科教育において「これ以後、内容論に関わる用語は『内容』、『学習内容』、『指導内容』、『学習指導内容』など様ざまに使用される傾向にある」（岩田，1993，p.155）として、「体育科教育の場合、1950 年代以降、『学習内容』という用語が定着している」と述べています（岩田，2017，p.117）。

しかし、体育科における内容概念として使用されてきた「学習内容」という用語は、小林が「教えるべき内容を客観的な文化としてとらえずに、『主観主義的』経験の内容として把握している」（小林，1982，pp.68-76）と批判していることや、「まず教材があって、それを指導する中で『何を』教えるのかということが考察される」（中村，1983，p.52）という傾向を強くもっていることへの批判があり、内容概念として適切であるかが問題にされてきました。このため、岩田は岡出の「『教科内容』に込められた思いは『学習内容』のそれとは異なる。それは、教科で教える内容を他教科と同様、知識や技術の体系としてとらえるという発想に立つものである」（岡出，1993，pp.142-147）を紹介しています。つまり、体育科教育において「教科内容」と「学習内容」という用語は、異なるものであると考えられるのです。

しかし、岩田は教科内容と学習内容の違いを指摘した上で続けてつぎのように述べています。

「ここでは、『教育内容』、『教科内容』、『学習内容』の各用語は同義のものとして扱うことにし、体育科教育では、1950 年以降、『学習内容』という用語が定着していることから、ここでもそれを踏襲することにする。」（岩田，2017，p.117）

これでは「教科内容」とは何か、「教科内容と学習内容のちがい」とは何かが明確にならない危険性を持ちます。

岩田は教材論において、「『素材』としての既成の運動文化と『教科内容』、および『教材』の諸概念が未分化な状態にある」ことを指摘し、「『素材』とは教授学的な視点から『教材化』される以前の『原型』としての個別の運動文化

（個々のスポーツ種目）を指す」と述べています（岩田, 1987, p.31）。そして、この教科内容の設定には、素材の分析による素材の教材化と、運動文化の文化的総合性という視点から教科内容を設定し、この教科内容を教えるために素材を選択あるいは改変するという教科内容の教材化という二つの方法があることを指摘しています（岩田，1987，p.34）（注3）。

岩田の教材論においても「教科内容」は重要な概念であり、教材論を具体化し発展させていくためにも「教科内容」の明確化が求められているのです。

第３項　体育科における教科内容研究の必要性

現状の体育授業における課題で指摘したように、体育科は運動文化を運動技能として習熟（できる）することだけを目的とした教科ではありません。運動文化は、独自な身体運動の目的的な意味を持つことによって成立し、目的的な意味を達成するための身体運動の仕方（運動の様式や技術）や諸条件が人類史的な人間の身体的・知的・技術的諸能力の外化された遺産として存在しているものであり、この運動文化のより価値ある変革・創造は人類史的な課題といえます（岩田，1987，p.33）。

一方、学校教育は、民主的な社会の実現や人類の進歩の方向を創り出す力を育てることを社会的使命とし、文化や科学の継承・発展における基礎的教養を子どもたちに教授することを社会的に要請されています。したがって、教えること・学ぶことを前提として創出されたものではない運動文化を対象として、学習者が運動文化の本質に触れるとともに、その価値と課題について学習していけるように教科内容を設定することは、体育科教育にとって主要な研究内容といえましょう。つまり、体育科において教科内容概念を明確にしていくことは、以下のような価値を持つと考えられます。

第１に、学校教育において体育科という教科が国民的基礎教養として保障するべき運動文化における能力や意味経験とは何かを究明することとなります。

第２に、国民的基礎教養としての能力や意味経験を保障するために、獲得するべき運動文化に共通する一般的・普遍的な科学の成果とは何かを究明することとなります。

第３に、一般的・普遍的な科学の成果としての運動文化に関する知識・技術を教科内容として設定することは、体育科の素材研究、教科内容研究、教材構成、指導過程研究の関係を明確にすることとなり、体育科のカリキュラム研究に貢献することができるのです（岩田，1993，pp.155-156）。

さらに、このような教科内容を究明していく作業自体が、教育実践研究として教師の自立を促し、教育の自由と教師の人間的再生を実現する可能性も持つと考えられます。

中瀬古は、「指導要領が『教材＝学習内容』という立場に立っている」ことに触れ、「教育内容を研究対象にすえるという背景には、『国家の教育への干渉・介入の問題性』という課題意識が存在する」として、「日本では、現在でも『教科書検定』や『指導要領の基準性・拘束性』によって教育内容や教材が統制されているといっても過言ではない」と述べ、「教育内容研究の背景には、教育の自由と統制という問題意識が存在し、『教材で教える』という視点は、この思想を内包している」と分析しています（中瀬，1998，pp.215-216)。

等々力もまた、学校体育が「スポーツをプレイ場面あるいは技術面でのみ理解（しようと）するいわば『一面的スポーツ観』を形成してきたこと」について、「58 年以降教育現場を覆った『指導要領体制』や、バックボーンを成すスポーツ（文化）研究の蓄積の貧困などが、その原因として考えられる」とし、「実技中心の教科体育が指導要領によって強要・推進され、確たる『教科内容』を手にすることなく自らの経験に依拠することを余儀なくされた時、少なくない数の体育教師が唯々諾々それに従ったことは想像に難くない」と述べています(等々力，1998，p.158)。

つまり、教材で教えるといった場合、そこには、何のためにという目標と、何をという内容についての問いが包含されており、教育目標─内容に対する専門職としての教師の批判的・反省的まなざしが存在するのであり、子どもたちに提示する教育目標や教育内容への責任を自覚するという教師の姿勢が表れるのです（中瀬古，1998，p.216)。

このように、教科内容研究は体育科の実践研究を土台とし、その自立的な研究を推進する可能性をもっているといえます。教師たち自身が、子どもたちの学習要求に根ざし、主体的に教育の目的、目標を考え、それに基づく教科内容を探求し、そこから教材選択、学習指導方法の策定を行うことは、国家による不当な教育目標・教育内容の押しつけを日常的にチエックすることとなります。そして、教師用指導書や副読本を効率よく伝達する主体性を喪失した教師を主体的で自立した教師に再生し、教育活動の自由と創造性を発展させるとともに、社会的・歴史的な文化創造の過程に子どもたち自身が参入する道を開く可能性をもつのです。中瀬古は、「自主的カリキュラムづくり」を行うことの意義についてつぎのように指摘しています。

「教師の批判的・反省的まなざしは、子どもの発達と素材となる文化財の洞察を不可避に要求するため、研究者・創造者としての教師像を提起するという点である。マニュアル依存症候群に陥った教師の人間的再生・自立のためには、重要な視点であろう。今日の学校教育の荒廃は、与えられた『目標－内容－方法』を効率よくこなすことだけに腐心する教師の存在が大きな原因の一つになっているというのは周知の事実である。このような半ばロボット化した教師を人間としての教師に再生するためには、教育科学研究や文化研究の成果と子どもの発達の事実を踏まえつつ、自前で『目標－内容－方法』を構想・実践するという教育活動の自由と創造性を保障することが必要条件であると考えられよう。」(中瀬古，1998，pp.226-227)

「自主的・自立的カリキュラムづくり」は、「教育の自由」と「教師の人間的再生」と「文化の再生」を実現する可能性を持っているのです。

さらに授業は、子どもたちと教師による創造的な共同作業であり、そこでの教科内容の構成と実践の過程は、文化自体にも影響を与え、文化のより人間的な変革と創造への道を開くのです。

体育科における教科内容研究は、運動文化のより人間的な豊かな発展をめざす文化変革・創造においても、教育の自由と教師の人間的再生の実現においても重要な可能性を持っています。

第４項　体育科の教科内容

１．体育科における教科内容と学習内容

ここまで検討してきたように、現在の体育科教育においては「教科内容」とは何か、「教科内容と学習内容のちがいは何か」が明確にできない状況にあります。岩田は以下のように述べています。

「『教科内容』の発想と同義的立場から、従来『学習内容』という言葉を用いてきた研究者・実践者もいるであろう。筆者もそうであり、『教科内容』という用語が定着していない状況を考慮して、多くの場合『学習内容』という名辞で代置してきた。」(岩田，1997，p.100)

一方、柴田は教科内容と学習内容のちがいについて、教材・教科内容・学習内容の関係からつぎのように述べています。

「教材は教科内容を具体化したものであるが、学習内容そのものではない。学習内容というのは、教材の学習（分析・総合）を通して生徒が習得する知識や技能をさす。(略)『教科内容』というのは、同じ内容を教科の系統性の観点

からながめ、名付けたものである。」（柴田，1981，p.154）

教科内容が「科学・技術・芸術などの基本的概念や原理」であるのに対して、学習内容は「生徒が習得する知識や技能」であるということです。つまり、科学・技術・芸術などの基本的概念や原理は、学習主体である子どもが「生活や経験を通して科学的概念を吟味し、捉え直す」ことによって知識や技能として習得されるのです（柴田，1981，p.52）。

２．体育科における教科内容の定義

教科内容が教師によって教えたい「科学などの基本的概念」であるのに対して、学習内容は子どもが習得する「知識や技能」であるということを述べました。この科学と教育の統一という視野を大切にして、体育科における教科内容の定義を試みたいと考えます。

各教科の固有性は、教科がよって立つところの科学・技術・芸術などの基本によって規定されるのであり、体育科における教科内容の固有性も体育科の背景にある文化や科学の根幹に位置づく真理や法則によって規定されます。そして、これまでの先行研究から示唆される体育科における教科内容概念の定義に関する課題は以下の３点だと考えられます。

第１は、体育科における内容概念を表す用語として、学習内容という用語ではなく教科内容という用語を使用するべきだということです。これは、これまでの体育科における内容概念として使用されてきた学習内容という用語が「教えるべき内容を客観的な文化としてとらえずに、『主観主義的』経験の内容」（岩田，1997，p.87）という性格を持つためです。また、「まず教材があって、それを指導する中で『何を』教えるのかということが考察される」（中村，1983，p.52）という傾向を強くもっているために、体育科の目的・目標との関係から内容を明確にすることを十分導くことができない危険性をもつためです。

第２に、体育科における教科内容概念には、客観的存在としての運動文化に関する科学の成果としての根幹をなす基本的概念や原理が位置づけられるという点があります。これはまず教科教育学において、教科内容を確定する際には、文化や科学の真理や法則の根幹をなす基本的概念や原理を明確にすることが示唆された点、そして体育科の場合、文化や科学の真理や法則とは運動文化に内在する法則性や価値などであると示唆された点（中村，1983，p.108）、さらに客観的側面（構造的特性）が教科内容の中心的内容になることが示唆された点（高橋，1989，pp.11-14）などによります。

第３に、体育科における教科内容概念における基本的概念や原理とは、客観的存在としての運動文化に関する知識や技術の体系が位置づけられるという点です。これはまず、「体育の授業の成果は、やはり、他教科と同様、『教科内容』としての知識や技術の習得により保障されるべきなのである」とされ、「現時点では、その『教科内容』は『身体と関わる知識･技術』と『人と関わる知識･技術』、『社会現象としてのスポーツに関する知識･技術』から構造化されよう」と示唆された点（岡出，1993，p.145）、また「運動に備わった客観的な側面（技術、戦術、規範、知識）」（高橋，1994，p.11）として「中心的で具体的な内容になるのは、運動技術であり、これに関連した社会的行動や知識である」と示唆された点などによります（高橋, 1989, pp.11-14）。このため本書では、体育の教科内容をつぎのように定義します。

体育科における教科内容とは、運動文化の人間的な変革・創造に向けた、運動文化に関する科学の根幹をなす基本的概念や原理としての知識や技術の体系である。

（注１）スポーツに自立する人間

高橋は「スポーツに自立する人間とは、①スポーツの定期的・合理的な実践を通じて健康で文化的な生活の実現をめざす人間　②スポーツの価値や必要性を理解する人間　③スポーツの愛好的態度を備えた人間　④スポーツ文化（組織体制、ルール、技術、科学、思想など）を批判的に受けとめ、そこでの矛盾や問題を克服し、スポーツ文化の発展に意欲をもった人間　⑤スポーツ行為（実践、観賞、組織運営）に必要とされる諸能力（スポーツ技能、スポーツ社会的行動、スポーツ集団を組織したり運営したりする能力、スポーツの科学的知識）を身につけた人間、として把握できる」と述べています（高橋，1983，pp.155-156）。

（注２）学習内容の構成論における運動文化論と運動目的・内容論

佐伯は、運動文化論と運動目的・内容論の学習内容の構成論について、つぎのように述べています。

「『ｃ．運動文化論』

運動文化論とは、『教育内容としての運動を技術・戦術、ルール、マナーから構成される文化としてとらえ、その継承と発展を担う力を学力として重視する立場』であり、『運動文化それ自体とその構成原理（スポーツの科学もしくは運動文化の継承・発展に関する科学と総称される）を学習内容とする。つまり、運動文化論における学習内容は、『運動技術・戦術、ルール、マナーにとどまらず、運動文化の歴史、運動技術の科学、運動文化の社会組織に至るまで広がり、深まることになる。』『具体的な学習内容構成論は明確ではないが、原則的にいえば、運動文化財を運動技術を中心としてとらえ、できることとわかることの統一的理解のやさしいものから難しいものへの配列を考え、児童生徒の発達特性とかかわらせて構成する運動技術の科学的理解に焦点を当てた学習内容構成論と、運動文化の歴史や社会組織の発展をとらえ、それを簡単なものから複雑なものへと配列し、発達特性とかかわらせて構成する運動文化の社会的構成論理に焦点を当てた学習内容構成論を立て、両者を段階的、もしくは統合的に編成する構成論がとられることになろう。』」

「『ｄ．運動目的・内容論』

運動目的・内容論は『生活における運動の文化的価値に注目し、それを教育内容としてとらえ、生活における運動の享受能力を学力として重視する』立場である。この運動目的・内容論の立場においては『運動の享受能力の核になるものを運動の魅力や価値の経験・認識（楽しさ）にもとづく主体的な意味構成の能力としてとらえ、それを中心に運動を生活において享受する生活化の諸能力を形成しようとする。』また、『運動を文化としてとらえるが、それを技術・戦術、ルール、マナーなどの個別要素に分解せず、それぞれの価値によって統御されるシステムとしてとらえる。』つまり、運動目的・内容論における学力は、『文化としての運動がもつ価値可能性（欲求および必要充足の可能性）の体験・認識を通じて、児童生徒が運動の文化的意味を主体的に構成し、それを生活において再構成する能力』であるとしている。したがって、運動目的・内容論における学習内容とは『運動の楽しさ』であり、『運動の楽しみ方』である。『運動を主体（児童生徒）の欲求もしくは必要を満たす運動の機能的特性（楽しみ）を中心にとらえ、その機能的特性の享受が児童生徒にとって最大化するように技術・戦術、ルール、マナーなどの運動の文化的システムを再構成することによって具体化され、同時にこのような再構成のしかたが楽しみ方として内容化される。』運動目的・内容論における学習内容構成論は、『運動の楽しみおよび楽しみ方の広がりと深まりの発展を、児童生徒の運動享受能力を中心とする発達特性に対応しながら配列するものであり、運動の機能的特性を中心とする運動享受の内的システムの構成から社会組織などを含む外的システムの構成へと発展する構成論をとる。』」（佐伯，1995，p.118）

（注３）素材の教材化と教科内容の教材化

岩田は、素材の教材化と教科内容の教材化について、つぎのように述べています。

〈素材の教材化〉

「『素材』である個別の運動文化（スポーツ）から出発して、その素材の分析を通して『教科内容』を明らかにし、その教科内容の教授＝学習にとって必要とされる手段としての役割を果たす『教材』が構成されていくと理解できると思われる。」

〈教科内容の教材化〉

「運動文化（スポーツ）についての理解を深めていくための一つの接点・側面としての『教科内容』から出発し、それを教えるための『素材』の選択、およびその教材化という過程をたどることになろう。」「この筋道には、運動文化（スポーツ）についての自然科学的・社会科学的知識や、運動文化に関する諸々のテーマ等を教科内容として取り上げ、それらの知識、事実・現象を担った素材を教材化していくという側面が含まれよう。」（岩田，1987，p.34）

【文献】

岩田靖（1987）体育科教育における教材論（I）—「教材」概念の明確化に向けての前提的考察—，スポーツ教育学研究，第7巻第2号，p.28，p.30，p.31，p.33，p.34
岩田靖（1992）戦後の体育科教育における教材概念の検討—昭和30年代の論議を中心に—，スポーツ教育学研究，第12巻第2号，p.80，pp.86-87
岩田靖（1993）誌上シンポジウム教科としての体育の未来像—授業づくりのキー・ワードとしての「教材」を検討する，体育科教育，1993年12月増刊号，大修館，pp.155-156
岩田靖（1997）体育科の教科内容論，竹田清彦・高橋健夫・岡出美則編著，体育科教育学の探究，大修館書店，p.87，p.99，p.100
岩田靖（2017）体育科教育における教材論，明和出版，p.86，p.115，p.116，p.117，p.125
小林一久（1981）運動の楽しさは体育の目標になりうるのか，体育科教育，1981年4月号，大修館書店，p.29
小林一久（1982）体育の目的と学力，現代教育科学25（10），p.68-76
小林一久（1995）体育授業の理論と方法，大修館書店，p.25，p.112
岡出美則（1993）問題提起21世紀の体育スポーツを考える，1993年12月増刊号，大修館書店，pp.142-147，pp.167-168
岡出美則（1996）新しい体育授業のあり方②，楽しい体育の授業78，明治図書，pp.117-120
岡出美則（1998）序，中村敏雄編，戦後体育実践論第3巻，創文企画，p.8
岡出美則（1998）スポーツ教育の主張と実践，中村敏雄編，戦後体育実践論　第3巻，創文企画，pp.27-30
岡出美則（1997）ドイツにおける「スポーツの中の行為能力」論形成過程にみるスポーツの意味をめぐる論議，体育学研究，第42巻第1号，pp.10-11
佐伯聰夫（1995）7.体育授業の学習内容，宇土正彦監修・阪田尚彦・高橋健夫・細江文利編，学校体育授業事典，大修館書店，pp.113-114，pp.118-120
柴田義松（1981）教科教育論，教育学大全集31，第一法規，p.52，p.154
高橋健夫（1983）スポーツと教育の展開，丹羽・辻野編，第一法規，pp.155-156
高橋健夫（1989）新しい体育の授業研究，大修館書店，pp.9-14，p.89-90
高橋健夫（1997）体育科の目的・目標論，竹田清彦・高橋健夫・岡出美則編著，体育科教育学の探究，大修館書店，pp.22-23
等々力賢治（1998），日本のスポーツ（文化）と学校体育，体育科教育，1998年11月増刊号，大修館書店，p.158

第2章

体育における教科内容の検討

第１節　学習指導要領における体育の教科内容

第１章では教科教育学における教科内容概念について検討してきました。ここまでの検討によって､教科教育学では目標―内容―方法の一貫性とともに、素材、教科内容、教材といった概念を区別して使い、そのことによって何のために、何を、どのように学ばせるかを明確にしようとしてきたことを明らかにしました。

そして､体育科では教科内容（教えるべき内容）と教材（教えるための手段）との区別を意識した論議が希薄であるとともに、「教科内容と学習内容」「教科内容と教材」の概念を混乱させたままにしてきた歴史が存在していたことを検討しました。

そこで、第２章では学習指導要領における体育科の教科内容（学習内容）概念の変遷を検討します。なお、戦後の学習指導要領を内容論の立場から、一般的教育目標達成のための生活体育論、運動技能を育成する体育論、体力獲得のための体力論、運動の楽しさを重視した楽しい体育論、基礎的内容を重視した体育論の４期に分けて検討します。

また、学習指導要領では教科内容と学習内容の概念区分は明確ではありません。したがって、この項では教科内容と学習内容を同じ概念として扱います。

第１項　生活体育における教科内容（1947 年～ 1957 年）

1.　1947 年学校体育指導要綱

戦後最初の学習指導要領であった学校体育指導要綱における教科内容は、民主的人間形成の手段としてのスポーツが中心教材の位置を占め、教材配列は、児童生徒の発育発達特性を考慮して、社会で行われていた運動文化財を再構成する方法がとられた児童中心の教材カリキュラムでした。

また、ここでの教材とは各種の運動であり、具体的には徒手体操（徒手・器械）と遊戯（遊戯・球技・水泳・ダンス）でした。

つまり、体育指導要綱は、戦前・戦中とまったく異なった民主的な目標やスポーツ教材を示しはしましたが、指導法については科学性を強調したにとどまり、具体的なものはなんら示されず、その結果、授業の現場では、放任に近い体育指導が随所にみられることになったのです。

つまり、学校体育指導要綱は、民主的な新体育の方向性を示したものの、その基盤は脆弱であり、放任に近い体育指導が随所に見られましたし、そこでの教科内容も教科内容＝スポーツ種目＝教材という、教科内容と教材が一体のものとして捉えられているものでした。

2.　1949 年学習指導要領

1949 年学習指導要領においては、目標―教材関係として捉えられているのであって、目標―学習内容（教科内容）―教材という関係は見いだされません。

この時期においては、運動（身体活動）＝教材であると理解されているとともに、学習活動と運動（身体活動）とが同一視され、教材は目標達成の材料、手段であると同時に、学習活動（経験のまとまり）でもあるという二重の性格をもつものとしてとらえられていました。

つまり、教材の中に学習内容（教科内容）としての意味を含ませていたのであり、一方では運動を教材として捉えながらも、他方では文化財と見、学習内容（教科内容）として取り扱っていたのです。

ここには、教材は目標達成の手段であり、その価値は目標を達成する上でどのような可能性があるかという立場で判定されるものであり、目標と教材とを結ぶものが指導法である、とする見方がありました。

したがって、1949 年学習指導要領には、教育目標達成の手段としての教材はありましたが、学習内容（教科内容）に相当するものは存在していなかったといえます。

3.　1951 年学習指導要領

1951 年の学習指導要領（中学・高校体育編）でも、教材は体育目標達成の材料、手段であると同時に、学習活動（経験のまとまり）でもあるという二重の性格をもつものとして捉えられているのであって、教材の中に学習内容としての意味を含ませています。

つまり、1949 年の考え方を踏襲し、1951 年学習指導要領でも一方では運動を「教材（教えるための材料）」としてとらえながらも、他方では文化財とし、学習内容として取り扱っていたのです。

このような理解を生んだのは、この時期の体育目標が身体的発達や社会的発達などといった発達的目標であり、教材概念は体育科独自の教科内容との結びつきから現れてきたものではなく、身体的発達や社会的発達目標達成のための手段という、運動の手段性が強かったためです。

つまり、この時期の体育の目標は、教育の一般的目標のための身体活動（運動）を通しての教育であり、内容論の不在と運動の手段性によって運動＝教材という理解となっていたと考えられます。

4. 1953年学習指導要領

1953年学習指導要領では、戦後はじめて学習内容（教科内容）という概念が明確にされました。学習内容（教科内容）という概念が導入されたのは、戦後の体育科における身体活動を通しての教育が、諸目標の達成を実現するための手段となる運動を提示しただけでは、その教育実践の中身が運動技能の指導に偏る傾向があったためです。

つまり、運動技能以外の諸目標が指導対象として意識化されにくいことへの憂慮から、学習内容（教科内容）という概念が導入されたのであり、ここに何が学ばれるべきかという、学習内容（教科内容）と教育手段としての教材との分化的思考が表面化されたのです。

しかし、学習内容（教科内容）と教材が概念的にせっかく分けて考えられたのに、具体的学習内容（教科内容）としては、これまで教材と呼ばれていた各種の運動種目を学習内容（教科内容）の重要な部分として取り上げることにしたとされ､実質は教材＝学習内容(教科内容)という捉え方は継承されたのです。

したがって、1953年学習指導要領における学習内容（教科内容）概念の導入は、体育目標に対して運動の手段性と密接に結びついて用いられてきた教材概念に内容的意味を加えた論理的整合性を欠く記述となったのであり、学習内容（教科内容）と教材とが不明瞭に論じられる傾向の端緒がここにあったのです。

第2項　系統主義から体力論における教科内容（1958年～1976年）

1. 1958年学習指導要領

1958年学習指導要領は、目標から内容を導くという戦後新体育の基本的立場を転換し、目標のための教材が選ばれ、その教材についての内容を示すという立場に立って学習内容（教科内容）を確定しようとしました。

これは形式的には目標―内容を重視しながらも、実質的には運動文化の学習が中心と考えられたためであり、目標と運動文化とのつながりが不明確であるという課題をもっていました。

つまり、生活的目標（レクリエーション的目標）を後退させ、身体的発達に関する基本的技能や基礎的運動能力を重視したのですが、基礎的運動能力（これは別な表現では、筋力、持久力、敏捷性などの体力要因として示されている場合もある）の養成を重視する面からとらえてみても、各運動領域とそれによって養われる能力との関係は明らかにされていなかったのです。

しかも、1958 年学習指導要領における学習内容（教科内容）としての技能と態度は、それぞれの運動分類の下位に位置づく、いわば能力論的な視点からの内容構成であったため、学習内容（教科内容）を知識や技術として抽出し、確定していこうとする発想が十分でなく、体育科の授業においてわかち伝えうる内容が十分明確にされないまま今日に至るという状況を生んでしまったのです。

また、運動文化財的な立場から体育の学習内容（教科内容）を運動領域（種目）とその内容を中心に考え、運動技能の系統性を重視しようとしましたが、運動文化そのもの、あるいは教材の科学的研究のたちおくれによって、運動文化財における文化的内容や運動技術の系統的内容を明示するには至りませんでした。

さらに、運動と生活目標との関係では、運動が発達刺激の手段としてだけでなく、個人生活や社会生活において、運動を楽しみ生活を豊かにするために必要なものであり、そのためには運動を体系的に習得させることが必要であるという理由から、運動文化財でもって運動領域を構成し、運動技能が学習内容（教科内容）の中心に考えられました。

しかも、学習内容（教科内容）としての運動技術の系統的内容を示すだけの実践的研究の蓄積がなかったため、運動学習の系統性を重視した割に、それが学習の系統性とどのような関係になっているかが明確ではなく、体育の学習の系統性と運動の学習の系統性が同じようなものとされていたのです。

つまり、1958 年学習指導要領では、目標と学習内容（教科内容）の関係における、内容と教材（運動）とのつながりが不明確になり、また運動の質や系統性の面においても、多くの問題点を含むことになったのです。

したがってこの 1958 年指導要領では、目標や学習内容（教科内容）が操作的・形式的には示されていますが、実質的には欠落しているため、学習内容（教科内容）やその到達基準を決定する根拠を欠き、そのことが教材研究の発展を阻んだのです。

2. 1968年学習指導要領

1968年学習指導要領では、運動技能を種目でとらえ、運動技能＝種目という捉え方をしました。このため、1958年学習指導要領における運動文化財的な立場から体育の学習内容（教科内容）を運動領域（種目）とその内容を中心に考え、運動技能の系統性を重視した考えをより強調したのです。運動＝学習内容（教科内容）あるいは学習内容（教科内容）＝運動技能＝種目とした1968年学習指導要領では、運動種目を教えること自体が学習内容であるとする学習内容（教科内容）観が明確になったのです。

このように、1968年指導要領においては、1958年指導要領で自覚化された運動の特性が、身体のはたらきの維持増進を直接のねらいとする合理的な運動としての体操、運動そのものを楽しみ、運動技能を競うことをねらいとする自然発生的な運動としてのスポーツ、人間の感情を律動的な運動によって表現することをねらいとする運動としてのダンスというように明記されたのですが、学習内容（教科内容）は依然として運動技能と態度が中心でした。スポーツにおける文化研究が不十分な時代という歴史的制約性はあるものの運動技能と態度以外のものは教えられていない状態でした。そして、この学習内容（教科内容）としての運動技能も、やがて体力のための技能という位置づけとなっていきます。

つまり、体育の独自性を明確化するために導き出された運動技能の学習は、体力（基礎的運動能力）の要請のための手段的性格を担うものとして理解されていきました。教材選択（素材選択）のレベルにおいても、運動の文化としての視点、いわば子どもに獲得させたい文化的力量の視点が探究されるのではなく、体力（基礎的運動能力）の発達に好影響があると思われる運動種目を選び、できる限り体力を向上させるような指導の仕方を工夫する必要があるとし、子どもに育てようとするものが体力的側面に還元されていったのです。

1958年指導要領を主導した系統学習論とは、このように運動学習を中心に据えているものの、その運動学習のめざすものは文化的内容としての運動技術やルールではなく、運動技術獲得のための基礎的運動能力であり体力だったのです。

したがって、1958年、及び1968年の指導要領における教科内容（学習内容）とは、体操における体力を高めることと、それぞれの運動領域における技能と行動のしかたや態度ということになります。

第３項　楽しい体育論における教科内容（1977 年、1989 年、1998 年）

1.　楽しさの位置づけ

1977 年、1989 年、1998 年の学習指導要領では、運動の楽しさが強調されました。この楽しさの位置づけに強く影響を与えた運動目的・内容論では、生活の内容（生活文化）としての運動を教育の目的として､内容として取り上げ、それを学習させる体育であり、学習内容（教科内容）の中核として、運動種目の独自のおもしろさとか楽しさを運動の本質的価値あるいは特性と捉え、学習内容（教科内容）の中核に位置づけなければならないとするものでした。

そして、運動の特性を学習内容（教科内容）の中核に楽しさを位置づけた上で、技術や戦術、ルール、マナー、そして施設・用具などの文化的な種々の要素を周辺的な位置に置き、中核的な内容である楽しさと関連づけて学習させることによってのみ、特性との関連がより深いものとして機能すると考えられました。

つまり、このような運動の楽しさを位置づける基盤には、「運動過程の楽しさ（学習内容）―運動への愛好的態度―運動への継続的参加」という理論仮説が存在していると考えられます（高橋，1997，p.156）。

また、楽しい体育論台頭の背景には、技術革新や産業構造の変化にともなう工業社会から脱工業社会への転換があり、世界規模でみんなのためのスポーツ（sport for all）の理念が提唱されるとともに、スポーツ権の確立を求める運動が展開され、生涯スポーツあるいは生活スポーツというように、スポーツの質的転換を求める運動の広がりがありました。

このように 1977 年、1989 年、1998 年の学習指導要領では、運動を手段としてだけでなく、目的として位置づけ、運動それ自体の教育的価値を認めたのですが、一方、これまで重視してきた体力つくりの目標や、社会性の発達目標を並行して重視しており、根本的には戦後の運動による教育の立場を堅持しました（高橋，1997，p.22）。

つまり、体力、人間形成という手段論と、運動自体が目的とする目的論が並列関係にあるものとして示されたのであり、1977 年、1989 年、1998 年の学習指導要領は、運動手段論と運動目的論が並記されているものでした。

2. 運動の楽しさと学習内容

1977年、1989年、1998年の学習指導要領における楽しい体育の理論的根拠となった運動目的・内容論は、生涯スポーツをめざす上で「スポーツに対する自立」(永島, 1997, p.54)の重要性を指摘したのですが、その自立のための学習内容(教科内容)を種目が特性を持った意味のある全体であるとし、その特性は種目独特のおもしろさとか楽しさという人間にとっての楽しさだとしました(高橋, 1997, pp.155-157)。

しかし、運動には複数の楽しみ方があり、それは子どもによって、また時間の経過によって変わっていくものですし、そのような変化する楽しさを学習内容(教科内容)という学びの直接の対象とすることには無理があります。

スポーツ的自立のために運動の楽しさを大切にすることは重要なことであり、スポーツを既存の不変のものとして画一化するべきではなく、運動文化(スポーツ)を人間が楽しむためのものとして変化させていくことは正しいと考えますが、一方、運動の楽しさは運動文化(スポーツ)をする者にとっての、また学習者にとっての主観に属することであり、楽しさを教えるべき内容としての教科内容と考えることはできません。

運動文化(スポーツ)におけるプレイの自発性を大切にするのであれば、個人個人が感じる主観的で多様な楽しさが大切にされるべきであり、その楽しさをこの運動では競争的な楽しさを味わうべきだとか、この運動では克服的な楽しさを味わうべきだと教師や学校が規定することはできないのです。

また、運動の楽しさには個人差があり、楽しさには客観的な規準が存在しません。つまり、一つの運動には複数の楽しみ方が内在されているのであり、その運動を行う個人によって、楽しさはまさに自発的に多様に経験されるもので、その楽しさを規定することはプレイ性自体を失うことになってしまいます。

学習者にとって主観に属する運動の楽しさが生起するのは、運動目的・内容論が周辺的内容とした技術やルールなどを学ぶことによってであり、「スポーツに対する自立」のために教科内容として学ばなければならないのは技術やルールなどの文化的内容なのです。

そして、運動文化(スポーツ)固有の文化的内容を人間にとっての楽しさとの関係からより豊かなものとしていこうとするところに「スポーツに対する自立」が社会的使命を帯びていることが浮かび上がってきます。

スポーツの楽しさは、それを行う者が感じるものですが、運動文化(スポーツ)の楽しさは社会的な環境が整っていなければ享受することができないものであり、「スポーツに対する自立」とは運動文化（スポーツ）の楽しさを求めるすべての人々にその実現を保障する社会構築をめざす社会的行為なのです。

したがって、そのような社会的行為としての「スポーツに対する自立」を実現するためには、運動の楽しさを体験するだけでは十分ではなく、運動文化（スポーツ）を対象化し、他の文化領域や、政治経済などとの関係性のなかで、客観的にとらえることができる「スポーツに対する自立」をも含み込んだものでなければなりません。

そして、このスポーツに対する自立を実現するためには、対象としての運動文化（スポーツ）の仕組みや、他の文化と異なるスポーツ独自の特性を客観的な教科内容として学ぶ必要があるのです。

3.　構造的特性と機能的特性の発展的関係

スポーツにおける運動技術を完成されたものとしてとらえ、また既存のルールを不変なもの、守るべきものととらえれば、完成された技術や守るべきルールを効率よく身につける学習過程が出現する危険性はあるでしょう。しかし、運動技術やルールは不変なものではなく、社会の変化にともなって変わってきましたし、今後も変わりゆくものであり、それは歴史が証明しています。

したがって、変わりゆく存在としての運動技術やルールを教科内容として学ぶことと、運動技術やルールを固定的な完成型として捉え、それを教科内容として学ばせることは、区別されるべきです。

つまり、運動技術やルールを固定的な完成型としてとらえる技術観・ルール観が問題にされるべきであり、教科内容としての運動技術やルール自体を内的な運動欲求を疎外するものとしてとらえるべきではないのです。

生涯にわたって運動文化（スポーツ）を楽しむためには、運動の楽しさを経験することは重要なことですが、その楽しさとは運動技術やルールの獲得によって実現するのであり、人類にとってより豊かな楽しい運動文化（スポーツ）を今後も創出していくためには、運動技術やルールといった構造的特性と、運動技術やルールが人間にとってどのような価値や意味を持つのかという機能的特性との関係を子どもたちとともに考え、固定的な技術観やルール観を打破し、より豊かな技術やルールのあり方を創造していくことこそが大切なのです。

ここに、1977年、1989年、1998年の学習指導要領における楽しい体育論の課題があり、運動文化の文化性を対象にするのであれば、構造的特性、効果的特性と機能的特性との関係を明確にしていくことが必要となります。

第４項　基本的内容と資質・能力の重視（2008 年、2017 年）

1.　2008 年学習指導要領

(1)「楽しさ」から「基本的内容」の重視へ

2008 年学習指導要領では、約 30 年（1977 年、1989 年、1998 年）の長きにわたって続いてきた「楽しい体育」から「基本的内容」を重視する体育への転換がめざされました。

2008 年学習指導要領の体育における目標は「生涯にわたって運動に親しむ資質や能力の基礎を育てる」とされ、「運動に親しむ資質や能力の育成」と「健康の保持増進」「体力の向上」の３つの具体目標が密接に関連しているとされました。また、改訂の方針として次の５点を挙げました。

①運動の楽しさや喜びを味わうことができるようにするとともに、発達の段階を踏まえ指導内容の明確化を図る。

②運動の系統性を図るとともに、運動を一層弾力的に取り上げることができるようにする。

③体力の向上を重視し、「体つくり運動」の一層の充実を図るとともに、学習したことを家庭などで生かすことができるようにする。

④保健については、身近な生活における健康・安全に関する基礎的な内容を重視する。

⑤健康な生活を送るために系統性のある指導ができるよう健康に関する内容を明確にする。

さらに、態度の目標では、道徳との関連で「集団行動」をすべての運動領域で「適切に行うこと」とされました。

そして、発達階梯では小学校から高校までの 12 年間を４年間ずつ３つに区切り、さらに２学年ずつまとめて目標と内容が示されました。特に、小学校５年生から中学２年生までの４年間が各種の運動の特性に応じた基礎的な技能を身に付ける時期とされ、中学２年の内容選択制が必修に改められました。

さらに、運動領域の変更もされました。30 年間続けられてきた小学校低学年の「基本の運動」「ゲーム」は、高学年への系統性が見えにくいものとなっていたことから、高学年の「各種の運動」へ接続する「運動遊び」となりました。また、「体つくり運動」が全学年で必修となり、中学校においては「武道」と「ダンス」が必修になりました。

(2) 基本的内容の重視

小学校では、動きや技能に関わる目標で、「基本的」ということが強調されました。小学校の低・中学年では「基本的な動きや技能」「体の基本的な動き」「基本的な技」「基本的なボール操作」、そして高学年では「特性に応じた基本的な技能」など「基本的」が強調されています。

中教審答申（2008 年１月）では、「身体能力とは、体力及び運動の技能により構成される」と定義されました。つまり「基本的」といわれる中身には、「体力「多様な動き（つくり）」「遊びにおける運動」、そして運動種目の「技」や「技能」が含まれていると考えられます。

また、中学校では「知識」が新たに目標に加わりました。中学１・２学年の技能に関する目標は、「知識や技能を身に付け」となり、３年の目標では「知識や技能を高め」となりました。「知識」の対象は、「特性や成り立ち、技の名称や行い方、関連して高まる体力」（1・２年）あるいは「体力の高め方、運動観察の方法」（3 年）であり、これらを「課題に応じた（自己の課題に応じた）運動の取り組み方」の工夫に「活用」することが期待されています。つまり、体育学習において知的な認識活動が目標に明示されたのです。

(3) 課題解決学習

1998 年学習指導要領までの楽しい体育における「めあて学習」に対して、今回は小学校中・高学年の「各種の運動の課題をもち」という記述や中学校の「課題を解決することにより」という記述が「各学年の目標」からなくなりました。そして、「自己の能力に適した課題をもち」（小学校中学年）、「自己の能力に適した課題の解決の仕方」（小学校高学年）が示されました。このように学習方法においても「めあて学習」から課題解決型の学習方法への転換がされました。

体育授業のスタイルにおいても転換が見られました。個人の学習欲求をもとにして学習内容を選択する「めあて学習」では、たとえばマット運動や跳び箱運動で取り組みたい技を個人に選択させていたため、体育館内にマットと跳び箱が 10 カ所以上置かれ、それぞれの場所で子どもが思い思いに取り組むような授業が行われていましたが、このような授業は減少していきました。そして、マット運動の共通技を子どもたちみんなが共通学習対象として取り組むような授業が増えていったのです。

(4) 基礎的内容と法的拘束性

体育の目標・内容が「楽しさ」という曖昧なものから「基礎的内容」へと転換されたことは、体育科における教科内容を明確にする上で評価するべきことでした。

ただし、文科省の学習指導要領作成において、体育科教育学の研究蓄積が十分に顧みられることなく、体育科に固有の教科存立論、教科構造論、教科内容論などが確立されていない中で、学習指導要領の法的拘束性が強化されています。このため、学習指導要領の法的拘束性によって学校現場の主体性を奪っている現状では、「基礎的内容」を重視したことによる問題も生じました。つまり、いかに良質な内容が系統的な配列として整理されていても、極めて法的拘束性が強い学習指導要領によって、教材としての運動や指導内容や方法が具体的に提示されることは、結果として各学校の教育課程編成における主体性を剥奪することとなったのです（森敏生，2008)。

たとえば、小学校中・高学年ボール運動の領域では、「ゴール型」「ネット型」「ベースボール型」の扱いが義務づけられました。このため、従来のバスケットボール（型)、サッカー（型)、ベースボール（型）の教材に加えて、ネット型のバレーボール教材などを実施しなければならなくなりましたが、小学生にとってバレーボール教材は難しく、ほとんど技能や戦術という「基礎的内容」が学べていません（久保，2008，p.83)。

また、中学校における「武道」「ダンス」の必修化では、指導する教師、施設の確保、防具や胴衣などの準備など教育条件の整備および財政的保障が不十分なままで実施しなければならなかったため、外部講師任せや形だけの指導といった「基礎的内容」の学習とはほど遠い学習の質的低下を招いたのです。

このように学習指導要領の法的拘束性を強化したうえで、体育・保健体育の「基礎的内容」をこれまでになく具体的に記述したため、本来各学校が作成するべき教育課程（学習指導要領第1章総則）と教師の主体性を著しく制約し、「考えない教師」を増やす傾向を強めたのです。

2. 2017年学習指導要領

(1) 資質・能力の育成とスタンダード化

2017年次期学習指導要領改訂案（以下、2017要領）では、「主体的・対話的で深い学び」を目指すことと、育成するべき資質・能力として「①知識・技能、②思考力・判断力・表現力等、③学びに向かう力・人間性等」が示されました。

一方、学校現場では「学校スタンダード」という標準化規制が広がっています。佐藤は次のように指摘しています。

「授業中の発言の手順から机上の学習用具の配置、休み時間の過ごし方に至るまで数十項目に及ぶ細々とした学校生活の『標準』という名の強制が子どもたちの日常を縛っている。『スタンダード』は教師や保護者にも及び、同じ指導や同じしつけが求められ、校内では項目の点検表をもとに授業を視察する管理職だけでなく、逸脱を注意し合い同調を求める同僚も少なくないという。」(佐藤，2017，pp.58-59)

そして、この学校スタンダードという標準化は、「学習指導要領体制」という教育の目標・内容・方法・評価への強い縛りの構造を基盤としています。梅原は学習指導要領の拘束性について次のように述べています。

「①あたかも法律のように遵守を迫る行政指導、②批判的な検討や精選やつくり変えを許さないという姿勢、③政府の教育政策に沿った指導の強調、④『解説書（文科省作成文章)』と一体化した実施、⑤文科省→各教育委員会、および学校長→各教師へといたる、ヒエラルキーにもとづいた指揮や指示の流れ。」(梅原，2017，p.69)

このような学習指導要領体制や学校スタンダード化の中で、はたして子どもたちに「主体的・対話的で深い学び」や「①知識・技能、②思考力・判断力・表現力等、③学びに向かう力・人間性等」の資質・能力が育つのでしょうか。また、教師は「専門職にとってもっとも必要とされるはずの判断を行う権限を剥奪」された中で、「主体的・対話的で深い学び」を実現できるのでしょうか（佐藤，2007，p.64)。

(2) 協同探究学習

「主体的・対話的で深い学び」について、私は「協同探究学習」と言い換えてもよいと考えています。子どもたちの「学び」とは、教師も含めた異なる他者と協同して主体的に探究することであり、この「協同性」と「探究性」はコインの表裏のように一体のものだと考えているためです。

協同探究学習では「技術指導と集団づくりの統一」を原則に、学習集団としての高まりが追求されました。つまり、教科固有の認識方法によって「学習集団」を高めていこうとしているのであり、「学び」が人間と人間の社会的関係の中で行われる営みとして捉えられています。一方、「主体的・対話的で深い学び」における「学習集団」の位置づけは、協同探究学習とは異なっています。この点を簡単に分析しておきましょう。

まず、2017 要領における資質・能力の概念は、以下に示す OECD（経済開発協力機構）の PISA（国際生徒評価計画）が言うところの、Competencies（コンピテンシー）概念に通底するものとして使われています。

カテゴリー 1：相互作用的に道具を用いる
　A 言語、シンボル、テキストを　B 知識や情報を　C 抜術を
カテゴリー 2：異質な集団で交流する
　A 他人といい関係　B 協力、チームワーク
　C 争いを処理、解決
カテゴリー 3：自律的に活動する
　A 大きな展望の中で　B 人生計画、個人計画
　C 自分の権利、要求

一方、2017 要領では、資質・能力はつぎの 3 層構造で構成されています。

【資質・能力】
①「何を知っているか、何ができるか（個別の知識・技能）」
②「知っていること・できることをどう使うか（思考力・判断力・表現力等）」
③「どのように社会・世界と関わり、よりよい人生を送るか（主体性・多様性・協働性、学びに向かう力、人間性など）」

そして、この 3 層構造は「学校教育法第 30 条第 2 項」の学力の 3 要素と重なっています。

①知識技能　②思考力・判断力・表現力等　③主体的に学習に取り組む態度

一見すると PISA のコンピテンシーと 2017 要領の資質・能力は重なっているように見えます。しかし、2017 要領における資質能力ではコンピテンシーの「カテゴリー 2：異質な集団で交流する」が明確に位置づいていません。かろうじて③に（協働性）で表記されているに過ぎないのです。

このため、中教審答申補足資料の取組例として「①言語活動の充実（国語、理科の例）、②ペア学習・グループ学習の推進、③ ICT（タブレットパソコン、

電子黒板など）の活用、④外部人材の活用等」が記述されていますが、あくまでも補足資料の1項目として「ペア学習・グループ学習」が表記されているに過ぎません。

さらに、学校教育法第30条第2項「学力の3要素」に至っては、学習集団という視野がなくなり、「個人の学習」という視野だけになっています。

「主体的・対話的で深い学び」の対象である文化や科学が、歴史的に創造・変革されてきたものであるならば、その学びもまた協同探究の営みなのです。教科固有の認識方法によって協同探究学習を実現しようとしていることと、2017要領における学習観の乖離がここに浮かび上がってきます。

(3) 2017要領体育編の目標—資質・能力—教科内容—教材

①目標—資質・能力—教科内容—教材関係

表1は、2017要領体育編の概要ですが、目標が以下のように示されました。

「体育や保健の見方・考え方を働かせ、課題を見付け、その解決に向けた学習過程を通して、心と体を一体として捉え、生涯にわたって心身の健康を保持増進し豊かなスポーツライフを実現するための資質・能力を次の通り育成することを目指す。」

そして、「心身の健康を保持増進し豊かなスポーツライフを実現するための資質・能力」として以下の3点が示されました。

「(1) その特性に応じた各種の運動の行い方及び身近な生活における健康・安全について理解するとともに、基本的な動きや技能を身につけるようにする。

(2) 運動や健康についての自己の課題を見付け、その解決に向けて思考し、判断するとともに、他者に伝える力を養う。

表1　2017要領体育編の目標—資質・能力—教科内容—教材関係

体育の目標：	「健康の保持増進」「豊かなスポーツライフの実現」
資質・能力：	「基本的な動きや技能」 「課題解決の思考、判断、表現力」 「運動に親しみ、体力向上と楽しく明るい生活を営む態度」
教科内容：	「基本的な動きや技能」 「運動に親しむこと」
教材領域（小学校高学年）：	「体つくり運動」「器械運動」「陸上運動」「水泳運動」 「ボール運動」「表現運動」「保健」

(3) 運動に親しむとともに健康の保持増進と体力の向上を目指し、楽しく明るい生活を営む態度を養う。」

つまり「健康の保持増進」「豊かなスポーツライフの実現」をめざして、「基本的な動きや技能」「課題解決の思考、判断、表現力」「運動に親しみ、体力向上と楽しく明るい生活を営む態度」という資質・能力を育成するということです。

そして、教科内容として何を教えるのかと言えば「基本的な動きや技能」と「運動に親しむ」ことになります。また、「基本的な動きや技能」と「運動に親しむ」こととは具体的にどのような内容かというと、小学校高学年陸上運動では「次の運動の楽しさや喜びを味わい、その行い方を理解するとともに、その技能を身に付けること」とされ、たとえば「ハードル走では、ハードルをリズミカルに走り越えること」と示されています。

②教材選択の根拠

この「目標—資質･能力—教科内容—教材」関係においては、第1に「目標」「資質･能力」「教科内容」が問われます。つまり､体育科教育において上記の「目標」「資質・能力」「教科内容」が適切なものかどうかを検討する必要があります。たとえば「豊かなスポーツライフ」とは、どのようなことを具体的に考えているのか。また、この目標を達成させる上で「資質・能力」に示されている内容は適切か、などの検討が必要です。

その上で、上記の「目標〜教材」関係では、「教科内容—教材」関係にもっとも大きな問題があります。つまり､教科内容である「基本的な動きや技能」「運動に親しむこと」を教えるために、なぜ教材領域（小学校高学年）として「器械運動」「陸上運動」などが選択されるのかという教材領域選択の根拠が示されていません。陸上運動ハードル走の例で言えば、運動の基本的な技能や楽しさを教えるために、なぜ「ハードル走」を教えるのかという教材選択の根拠が示されていないのです。

このため、ハードル走で「ハードルをリズミカルに走り越える」という運動経験をさせれば､体育を教えたことになり､目標としての「健康の保持増進」「豊かなスポーツライフの実現」が達成されたことになってしまいます。ここには、これまでの学習指導要領における「教科内容と教材の混同」が残されたままになっています。つまり、体育科の教科内容と教材の関係を曖昧にしてしまう原因が2017要領においても踏襲されているのです。

岩田は「歴史的・社会的に存在している運動文化（スポーツ）は人間の諸能力が対象化された独自な文化価値を持つことから、その運動文化そのものが教授＝学習の直接の内容とされる」と述べ、ここから「『教材＝運動＝内容』という等質変換的な理解」が導かれてきたと指摘しています（岩田靖，1987，p.30）。

つまり、2017要領においても「教材（ハードル走）＝運動（ハードルをリズミカルに走り越えること）＝内容(ハードルをリズミカルに走り越えること)」という考えが踏襲されているのです。このため、技能（ハードルをリズミカルに走り越える）が経験されれば、教科内容「基本的な動きや技能」「運動に親しむこと」が獲得され、体育の目標「健康の保持増進」「豊かなスポーツライフの実現」が達成できると考えているのです。

しかし果たして、技能（ハードルをリズミカルに走り越える）を経験しさえすれば「豊かなスポーツライフ」を実現させる資質・能力が獲得されるでしょうか。たとえば算数科であれば、目標「数量や図形についての基礎的・基本的な知識及び技能」を身に付けるために、教科内容「十進位取り記数法の仕組み」を、教材「4位数までの数の大小関係」によって教えることが当たり前に行われています。

これに対して、体育科においては2017要領でも、教科の自然科学的・社会科学的知識を「教科内容」として明確にすることが曖昧なままにされているのです。

【文献】

久保健（2008）体育，柴田義松監修，新小学校学習指導要領改訂のポイント，日本標準，p.83

森敏生（2008）学校体育研究同志会のパブリックコメント

佐藤博（2017）教育のマニュアル化は子どもに何を育てているのか，教育，2017年8月号教育科学研究会，pp.58-59

佐藤隆（2007）熱意と献身性の搾取，教育，2017年5月号教育科学研究会，p.64

高橋健夫（1997）体育科の目標論，体育科の教科内容論，竹田清彦・高橋健夫・岡出美則編著，体育科教育学の探究，大修館書店，p.22，p.156

梅原利夫(2017)学習指導要領の強い縛りに抗して，教育，2017年8月号，教育科学研究会，p.69

第２節　民間体育研究団体における体育の教科内容

第１項　戦後民間体育研究団体の教科目的と教科内容

これまでの体育科においては「学習内容」という用語に端的に表れているように、教科内容と教材の峻別が不十分なままであったために、文化や科学の真理や法則の根幹をなす基本的概念や原理としての教科内容概念が十分に検討されずに現在に至っていることが明らかになりました。そして、各教科の固有性は、教科が依って立つところの科学・技術・芸術などの基本によって規定されるのであり、体育科における教科内容の固有性も体育科の背景にある文化や科学の根幹に位置づく真理や法則によって規定されることも明らかになりました。

そこで第２節では、体育科の教科目的と教科内容について研究をしてきた民間体育研究団体を取り上げて、それぞれの研究団体が探究してきた体育科の教科目的と教科内容について検討をしてみたいと思います。

戦後の民間教育運動における体育研究団体には、以下のものがあります。(年は、発足した年)

1946年・西置賜体育指導者連盟
　　　　・日本教育舞踊研究会
1954年・日教組教研集会保健体育分科会
1955年・学校体育研究同志会
1956年・全国体育学習研究会
　　　　・教育科学研究会身体と教育部会
　　　　・全国小学校体育連盟
1957年・偶土会
1959年・北方体育学習研究会
1961年・菅平徒手体操研究会
　　　　・体育文化研究会
1962年・日本体操研究会
　　　　・清里会
1963年・全国民主体育研究合同集会
1987年・法則化体育授業研究会

1997 年・体育授業研究会

これらの中で体育の目的・内容を明確にして、現在まで全国的な活動を行っているのは、教育科学研究会身体と教育部会「からだつくり論の体育」、全国体育学習研究会「楽しい体育論の体育」、学校体育研究同志会「運動文化論の体育」だと考えられます。このため、以下において「からだつくり論の体育」「楽しい体育論の体育」「運動文化論の体育」について検討します（丹下，1996，pp.7-8）（小林，2003，pp.10-13）。

1．からだづくり論の体育

教育科学研究会身体と教育部会（以下、身体と教育部会）は、体育の本質を「からだつくり」と考えています。ここでの「からだつくり」とは、将来の生産労働と生活向上のために、体育文化（体操・スポーツ・ダンスなど）の教授・学習により、多面的に発達した身体を形成することです。また、重要な運動能力を発達させ、かつ身体と体育文化とについての権利意識と連帯感とを育てるとともに、身体の認識・技術の認識・仲間の認識を深めつつ、身体形成の科学・技術・思想の獲得をめざしています。

身体と教育部会は、1956 年に教育科学研究会第 1 回全国研究集会が行われた際に体育科教育について集団的研究に取り組み始めました。

身体と教育部会では、体育科教育をつぎのように定義しています。

「体育教育は、将来の生産労働と生活向上のために、体育文化（体操・スポーツ・ダンスなど）の教授・学習により、多面的に発達した身体を形成し、重要な運動能力を発達させ、かつ身体と体育文化とについての権利意識と連帯感とを育てるものである。このためには、順序を追って運動技能の習熟をはかり、正しい運動技術や基礎的なルールを教授・学習し、体育文化のおもしろさをわからせること、さらにこれらの過程において身体の認識・技術の認識・仲間の認識を深めつつ、身体形成の科学・技術・思想を学ばせることが必要である。」（正木，1962）

体育科の基本的なねらいを「からだつくり」とし、生活の基底にある生産、労働とのかかわりで体育を考え、体育科の目標を「生産労働のためのからだづくり」とし、「多面的に身体的な諸能力を発展させること」をめざそうとしました。また、「生産労働のためのからだつくり」とは、働く者としての資質をそなえさせることであり、からだのためにならない労働条件を見つけ出し、それらを「からだ」のために変えていくことのできるような力と身体的な権利を意識できる者に育てあげることが必要だと考えました。

さらに、体育授業においては「からだへの関心」をおこさせ、そこから「からだつくりへの意欲」をかきたてて、自分からすすんでからだつくりに立ち向かっていける子どもを育てること、また「からだつくりの方法や科学を正しく教えていくこと」だと考えました。そして、体育授業では「体育文化のもっている面白さ（価値）」をわからせることが、欠かすことのできないものであるとしたのです（正木，1996，pp.25-26）。

身体と教育部会では、この体育の本質に基づき、実践的・理論的研究を行っています。その研究内容を、久保は以下の４点に整理しています。

「①『からだつくり』の目標を『誰のためのどんなからだ、どんな体力』という方向で具体化する試み、②『からだつくり』と『体育文化の学習』の接点を『動作のつなぎと調合』というところに求める試み、③体育学習の系統性に関して『教材習得上のフシ（つまずき）』と『教材配列上のフシ』という概念を導入して『できそうなちょっと先』を示す試み、さらに、④基礎学力に関して、『どの程度できれば一人前と言えるのか（黒帯にあたるもの）』を明らかにする試みなどが行われた。」（久保，1997，p.13）

このような「からだつくり」の実践研究を宮城保健体育研究会（以下、宮城保体研）の研究成果から述べます。

宮城保体研では、主体としての人間の「からだ」（育てるべきもの）と対象としての「文化」（教えるべきもの）とを区別しつつ統一的に捉える体育授業を模索してきました。そして、野口体操（元東京芸術大学教授野口三千三氏が考案）に学び、「からだ」から力を抜き、「内なる目や耳」をとぎすまして、自分や仲間の「からだ」や動きや姿勢とその内部にうごめいているものを意識化することで、「からだ」そのものが何を感じてどう行為したがるかを重視した実践を展開しました。この「からだ」に問いかけ、少しずつ解きほぐし、耕すなかで、子どもたちは、人間の「からだ」の柔らかさ、不思議さに驚き、殻に閉じこもった「からだ」をひらいて、人や物と「からだ」できちんと向かい合えるようになっていったといいます。

そして、子どもたち自身が、運動という文化を学ぶ自分たちの「からだ」に問いかけ、自分の「からだ」がどうなっているのか、どう動けばよいのか、さらには、どう動きたがっているのか、を感じとれるようにしていきました。その中で、「からだ」にとって自然な動きとは何かを「からだ」の内側から探れる子どもたちを育てるとともに、対人関係も「からだ」そのもので相手と向き合い、交わる力を耕せるように実践を展開しました。

このような「からだつくり」の実践について、久保はその教育的な価値をつぎのように主張します。

「『からだ』の快・不快やどう動きたがっているかを感じ取り、『からだ』の要求や判断力を育てることは、『からだ』を通して子どもの自我や人格の粗型を育てることにつながるものである。」（久保，1997，pp.17-18）

さらに、「からだつくり」の体育は、からだに関する諸文化（運動、保健、舞踊など）をも創り変えていく可能性をもつと考えられています。「からだつくり論」について、丹下はつぎのように指摘しました。

「運動文化論が身体づくりを無視していないように、身体づくり体育が運動文化を無視しているわけではない。それはお互いに位置づけ方の相違である。」（丹下，1996，p.63）

城丸もまた「体育は、ゆずることのできない本質として身体形成と体育文化（運動文化）の学習とを持っている。その一方のみを強調する体育は必ずゆがむ」と述べています（城丸，1962）。

久保は、城丸や丹下の指摘を実践研究によって深化させ、つぎのように述べます。

「体育学習の過程では、子どもの『文化としてのからだ』と、体操・スポーツ・舞踊などの『からだの文化』が向かい合っている。ここで探究されているのは、一方では自分の『からだ』であるが、同時に、この『からだ』の探究は、『からだ』が向かい合っている『文化』の探究でもある。そして、この二重の探究のなかで、子どもたちは、『からだの文化』の中に結晶化されてきた先人の技や知恵を我がものにすることを通して、『文化としての人間のからだ』の諸力を発達させると同時に、その『文化としてのからだ』に導かれながら『運動文化』を創り変えていくのである。」（久保，1997，p.16）

このように「からだつくり論」の体育では、「文化としてのからだ」に働きかけ、育てることによって「からだ」の主体形成をめざすとともに、「からだの文化」である運動文化の変革・創造をも探究しようとしているのです。

2.　楽しい体育論の体育

全国体育学習研究会（以下、全体研）は、体育の本質を「楽しさ」にあると考えています。楽しい体育では、個人にとっての運動の意味が問題になり、運動の意味と価値は行う者にとっての運動の機能にあるとし、運動の機能的特性を求め、特性にふれる楽しさをそれぞれの児童・生徒が自己の力に応じて追求できることがめざされます。つまり、個人が力に応じて機能的特性を求めることができれば、学習は自発的になり、学習を深めようとする子どもの内在的力が解放され、生涯スポーツが豊かになると考えているのです。

全体研は、1957（昭和32）年3月に、体育の民主化と科学化を求めた竹之下休蔵の呼び掛けに応えて、神奈川県真鶴に全国から80名の有志が集まり、第1回の全国大会を開催したところから始まりました（永島，1989，p.3）。

全体研における研究区分は、大きくはつぎの2期に分けることができます。

(1) 正しい豊かな体育学習〈1957年～1973年〉

第1期の「正しい豊かな体育学習」では、体育におけるグループ学習についての研究が行われました。グループ学習の基本的な考え方や理論・方法の確立をめざしたこの時期においては、体育は全人形成を目標にし、スポーツを内容として重視し、児童中心の授業へと転換することがめざされました。特に新しい目標である「民主的な人間の形成」と、新しい内容である「スポーツの重視」に対応して、子ども中心の自主的な学習活動をどのように組織するかが体育の重要な課題となったのです。そして、教師中心の命令と号令による一斉指導に代わる新しい指導法としてのグループ学習研究が進められました（宇土,佐伯, 1982，p.243）。

この時期の全体研では、子どもたちの協力的な相互作用を中心に自主的な学習を進めるグループ学習を創出し、それが民主的な社会にふさわしい社会性の育成につながるのみならず、技能や体力の向上にもグループ学習が有効な方法であることを確かめていきました。

また、学習内容としてのスポーツの重視について、宇土と佐伯はつぎのように述べています。

「敗戦による社会の転換は、体育にとっては目標の『からだづくり』から『全人教育』への転換であり、内容の『徒手体操中心』から『スポーツの重視』への転換であり、そして『教師中心』から『児童中心』への指導法の転換であった。」（宇土，佐伯，1982，p.238）

つまり、敗戦に伴う社会の転換に対応するために、子ども中心の自主的な学習活動をどのように組織するかが重要な体育の課題となりました。そして、民主的な社会にふさわしい社会性の育成につながる学習指導として、子どもたちの協力的な相互作用を中心に自主的な学習を進めるグループ学習が注目され、グループ学習を手がかりにした社会の転換に対応する新しい学習指導の研究が進められたのです（宇土，佐伯，1982，p.238）。

(2) 楽しい体育学習〈1979 年〜現在（2008 年時点）〉

第２期の「楽しい体育学習」では、体育における運動の楽しさについての研究が行われました。宇土と佐伯によれば、全体研は 1979（昭和 54）年の第 24 回東京大会において、スローガンを「正しく豊かな体育学習」から「楽しい体育」に転換します。そして、このときから全体研の研究内容は、楽しい体育を実現するための学習指導法の具体化に向かい、特に、運動の機能的特性を生かした授業計画の立て方とその実施をめぐる諸問題が中心になり、運動に内在する楽しさを明らかにし、そのような楽しさを求めて子どもが自発的・自主的に運動の学習を進める授業について実践研究を進めました。

この機能的特性を生かした授業計画をつくるためには、運動自身がもっている楽しさを明らかにする必要があり、全体研は運動をその欲求充足の機能的特性を中心にして捉え、さらに学習する子どもの個人差に対応して、それぞれの子どもの力に応じた運動の楽しさを明らかにすることによって解決の手がかりを得ようとしたのです（宇土，佐伯，1982，pp.246-247）。

さらに、学習内容は学習目標（ねらい）と一体のものとして捉えられていきました。宇土と佐伯は、この点についてつぎのように述べています。

「学習のねらいは学習活動を自発的・自主的に方向づけるものであるから、運動それ自身の楽しさがこれに当たる。学習のねらい＝運動の楽しさに到達するためには楽しさを内在している運動それ自身を内容として学習しなければならない。こうして、全体研は運動をその機能的特性からとらえ、子どもから見た運動の特性→学習のねらい・内容→学習過程という楽しい体育の授業計画の立て方の一般的な原則を作りあげてきたのである。」(宇土, 佐伯, 1982, p.247)

また、楽しい体育における学習内容は、つぎの二つであると述べられています。

「内容としての運動の一つの側面は、それぞれの運動が人間に対してもつ意味、機能であり、他の側面は各種目を構成している諸要素すなわち運動の技術（仕方）とルールおよびマナーで、さらに最小限安全に関する内容を加えることが必要である。」(竹之下，1982，p.55)

このように「正しく豊かな体育学習」から「楽しい体育学習」への転換を図り、「楽しい体育」が確立することによって、学習内容としての「運動の機能」

と「運動の技術、ルール、マナー」の関係は大きく変化します。つまり、運動の技術、ルール、マナーなどは客観主義的な認識の下で獲得し、身につけるべき具体的な対象（モノ、コト）として位置づけられるのではなく、子どもの側からの欲求や必要の充足内容を示す主観主義的な認識の下での楽しさとその楽しみ方として位置づけられたのです。

そして、そのような主観主義的な学習内容のとらえ方を徹底させる立場からは、プレイ論から導かれる機能的な運動の一般的特性を基礎とした、学習者（子どもたち）の当該種目に関わる実際的状況をなるべく明らかにする手続きとしての「子どもから見た特性」の単元計画への位置づけが、実践的レベルでの学習内容をより具体的に明らかにする上で重要な意味をもつことになったのです（菊，1997，p.201）。

運動の特性を主要な学習内容とすることは、つぎのような学習概念の再検討を意味するといいます。

「『運動の特性』という考え方は、そもそも『運動を行う人間（子ども）から見た目的的な意味や価値』という観点から内容を捉えようとしたものであるから、『いま、ここでの私にとっての運動』という形で、内容を常に個別的／具体的なものとして考えようとしている。つまり、学習内容を特定の文脈や状況から切り離さないということであり、それは他の場面へも転移可能な能力として捉えられるものでなく『意味』を生み出す誘因、あるいは媒体として考えられているということになる。学習の主体と客体は分けられることなく、取り上げられるのはむしろその『関係性』そのものであって、この意味でここでの学習観は『間主観的、関係的』パラダイムを指向していると言ってよい。」

「このように『運動の特性を生かした学習指導』という考え方は、自明なものとしてこれまで考えられてきた、体育における『学習』という概念への問い直しを含んでいる。」

「めざされている方向は、『学習』概念を『学力』から『意味』を中心に再構築することにあると見てよく、この点からすると、体育における『運動の特性を生かした学習指導』という考え方は、かなり先行した視点を含むものであったと言うことができる。」（松田，1997，pp.93-94）

このように、運動を人間にとっての意味から検討することで、生涯にわたって運動を学び、豊かにしていく子どもの育成を全体研はめざしたのです。それは、「技能や態度を習得すれば確かに運動が『できる』能力は身につくし、その過程で『わかる』能力も身につくかもしれないが、その『できる』能力や『わかる』能力を使って本当に子どもたちが生涯にわたって運動に親しみ『する』かどうか」という意味の視点からの提起であったのです（松田, 1997, p.158）。

3. 運動文化論の体育

(1) 国民運動文化の創造

学校体育研究同志会（以下、体育同志会）は、体育の本質を「国民運動文化を創造する主体者形成」と考えています。「国民運動文化を創造する」ということは、現在のスポーツを含む運動文化を人間にとってより豊かな文化へと変革・創造させることをめざしているためです。また、「主体者形成」とは、国民の教育権、子どもの学習権、そして人権としての運動文化享受の権利保障を体育同志会の基本的立場としているためです（高津, 1989, p.117）。

体育同志会は、1960年代のはじめに体育という教科を成立させる根拠として運動文化という概念・構想を提起しました。会の創始者である丹下は体育を「国民運動文化による人間形成」と規定し、現実社会の諸課題と学校体育の関係を問いながら学校体育の任務を「国民運動文化の創造」の中に位置づけました。そして体育において運動文化について学ぶということは、技術や体力や行動科学など運動文化についての自然科学的な学習と、文化の歴史や現代社会と文化との関係などの社会科学的な学習の両面が必要であると論じています（高津, 1989, pp.118-120）。

(2) スポーツの権利主体

70年代に入ると、こうした丹下の教科構想を引き継いだ中村は「学校体育は何を教える教科であるか」と自問し、それに「運動文化の継承・発展に関する科学を教える」、のちに「運動文化に関する科学的研究の成果と方法を教える」とこたえて、歴史領域、技術領域、組織領域からなる教科内容の領域試案を提起しました。これは教科の成立根拠を運動文化やそれに関する科学に求めるという立場の内実をいっそう具体的な教科論、教科内容論として展開した先駆でした（中村, 1999, pp.165-166）。

70年代には社会における国民的スポーツ要求の広がりやスポーツ実施者の増加と呼応して「スポーツ権」思想が広く普及してきました。国のスポーツ政策に関連しては1961年に「スポーツ振興法」が制定され、1972年には「保健体育審議会答申」が出されました。国民の大衆的スポーツ運動では1965年には新日本体育連盟（現在は新日本スポーツ連盟）が創立され、「体育・スポーツが少数のひとの独占物であった時代は過ぎました。それは万人の権利でなければなりません」と唱われました。国際的に見ると、1975年には「ヨーロッパ・みんなのためのスポーツ憲章」が、1978年にはユネスコ「体育・スポーツ国際憲章」が定められて、人格の全面的発達にとって不可欠なスポーツはすべての人々の権利であると述べられたのです。

こうした国内外の動向は「国民運動文化の創造」ないしは「運動文化の継承と発展」の中心課題としてスポーツ権の確立と、その権利主体の育成を自覚させるに至ったのです。70年代の後半には体育科教育の目的・任務は「スポーツ分野の権利主体の形成」と規定されました。そこでは三つの面で運動文化論の深化・発展が試みられたのです。

一つめは、運動文化・スポーツの本質や構造を客観的・総合的に明らかにする試みです。スポーツは技術性と組織性からなる固有の様式をもち、法や政策といった社会的な条件や制度において存立する三層構造で描き出されました。

二つめはスポーツ権の内実をなす権利内容を明らかにする試みです。スポーツの構造とも関わってスポーツ権はスポーツの享受権あるいは内容学習権、スポーツの自治権、そしてスポーツの行政保障請求権あるいは社会的請求権の三つから成ると捉えられました。

そして三つめは、これらの解明に基づいて体育の学力と教科内容を明らかにする試みです。

体育の学力の全体像は、スポーツの技能習熟や技術認識を核とする技術的能力、集団組織論的な認識を核とする組織・運営・管理能力、そして社会科学的な認識を核とする社会的統治能力という三つの能力で捉えられました。そして、これらの三つの学力を「生きる力」に統一したスポーツの権利主体の育成がめざされたのです（海野，1989，pp.172-173）。

80年代の運動文化論の深化・発展は丹下が構想していた学校と社会との関連で体育の課題を描き出すための理論的根拠を与え、そうした課題をいっそう現実的な具体性と総合性をもって描き出すことを可能にしました。運動文化論に立脚する体育教育の理論的・実践的課題領域の広がりが体系的に自覚させるにいたったのです。このような中、教育課程研究や教育課程の自主編成への取り組みが理論的にも実践的にもクローズアップされました。しかし80年代の実践・研究は子どもを学習の主人公にする授業方法研究を深めたものの、教育課程づくりへの展開という点では個別的で萌芽的な試みにとどまっていました（久保，1993，pp.254-255）。

(3) 教育課程づくり

90年代に入って、教育課程づくりにおける「教材と教科内容の区別と関連」が重点課題となり、年間計画や自分たちの実践をこうした観点で見直す実践分析が進められました。そのなかで教育課程づくりにおける教科内容研究の重要性が改めて認識されてきました。最新のスポーツ科学や運動文化研究の成果に立った教科内容研究を授業づくりに生かすことが重要な実践課題となり、そうした実践課題を自覚的に引き取った様々な実験的実践が展開されるようになりました。こうした教科内容研究の進展をともなう実践的な蓄積を基礎にして、それらをこれまでの運動文化論のフレームワークで束ねながら、新たな教科のイメージが探られ教科論が語られました。出原によって提起された「文化としてのスポーツを教える体育」の構想は、その代表的なものです（出原，1993，p.19）。それはスポーツの技術学、競争や勝敗の意味や原理、スポーツの文化発展論という三つの教科内容の柱から成っていました。「文化としてのスポーツを教える体育」は「運動文化の継承と発展」に内包された「変革や創造」をとりわけ強調して「スポーツにヒューマニズムを刻み込む子ども」を育てようとしたのです。そのためには、スポーツの技能習熟、スポーツの技術的認識に加えてスポーツの文化的認識を中核とする学力を保障できるような教科構成が追求されなければなりません。これまでの実践的諸成果に立った技術的な内容をめぐる実技や実習の学習だけではなく、教室での理論学習の意義が改めて捉え直されて提唱されるとともに、教室での体育の手がかりが示されました。こうした提起を受けて、体育理論の実験的実践の蓄積が図られました（出原，1993，pp.19-21）。

このような教育課程研究の蓄積によって1998年８月に体育同志会長野大会で、教育課程分科会を中心に体育同志会有志による教育課程自主編成プロジェクト（以下、プロジェクト）が呼びかけられ、2003年に保健体育分野における「私たちの教育課程試案第１巻（理論編）」、2005年３月に「教育課程試案第２巻（実践編）」が刊行されました。そして、試案をより具体化した体育授業叢書輝くシリーズ全７冊（幼年、小学校低学年、中学年、高学年、中学校、高校、障害児）も作成されています。

このように体育同志会は「国民運動文化を創造する主体者形成」に向けて、実践と理論研究の成果を教育課程試案としてまとめ、実践研究を続けているのです。

4. 体育の目的・内容における複合性

体育の本質を、体育同志会は「国民運動文化を創造する主体者形成」、身体と教育部会は「からだつくり」、全体研は「楽しさ」と考えています。体育同志会が対象としての「運動文化」を、また身体と教育部会と全体研が主体における「からだつくり」と「楽しさ」を体育の本質として研究対象にしてきたとも考えられます。そして、この「運動文化」と「からだ」と「楽しさ」のそれぞれを、3つの研究会は共に大切なものとしています。

つまり、3つの研究会は体育の目的として、対象としての運動文化をより豊かな文化へと継承・変革・創造させていくことと、主体としての子どもが社会と文化の創造における主体者として育っていくことを共にめざしているのです。

また、対象としての運動文化と主体におけるからだや楽しさが相互に関係しあっていることも共通の認識となっていますし、運動文化やからだや楽しさにおける権利主体として子どもたちを主体的に育てることも共通にめざしています。

運動文化を大切にするにしても、からだを大切にするにしても、楽しさを大切にするにしても、体育授業の場では、それらはトータルなものとして立ち現れます。それぞれの体育実践の目標論を明確にした上で、トータルに立ち現れる運動文化・からだ・楽しさの関係を明らかにする実践研究の交流・共同化をめざす必要があるでしょう。

高橋は、「現在なお、体育の基本的性格をめぐって統一した考え方がなく、従って、その目的・目標にも多様性がみられる」と述べ、体育科の複合的教科性について以下のように述べています。

「戦後体育が内容として育んできたスポーツ、体操、ダンスを排除するのではなく、これらを統合する上位概念が選択されるべき」(高橋, 1997, p.36)

「体育科をこれらの異質のスポーツ文化(sport culture)の特性に対応して『スポーツ教育』『身体の教育』『身体表現の教育』を役割とする複合教科ととらえ、それぞれの文化的特性と教育的可能性を最大限に発揮するべきである」(高橋, 1997, p.37)

そして、スポーツと身体の関係については次のように述べています。

「スポーツは客観的な文化であり、身体はスポーツに参与する主体の属性であり、双者は対立するものではない。それらを統合する論理こそが構築されなければならない」(高橋, 1997, p.37)

また、楽しさとスポーツの技術や知識の関係についても次のように述べています。

「スポーツにおける主観的な『意味体験（楽しさ体験)』を強調する立場と、スポーツの客観的な技術や知識の学習を強調する立場の対立があるが、これについても二つの側面からの理解が必要であり、体育の教科内容や方法はこれらの関係の中でこそ決定されるべきであろう」(高橋, 1997, p.37)

体育実践は子どもたちと教師が地域父母に支えられ協同で行っていく営みであり、そこでの実践の主体性こそが重視されるべきです。目的・目標論の違いを明確にした上で、トータルに現れる「子どもたちの事実」を対象として体育実践研究を協同的に行うことによって、体育分野の実践研究は豊かになっていくはずです。

第２項　全体研「楽しい体育論」と体育同志会「運動文化論」の教科内容

1.　体育科の教科内容検討における「からだつくり論」

１項では、体育科の目的・目標における「運動文化（スポーツ、体操、ダンスなど)」と「からだ」､そして「楽しさ」の複合性について検討してきました。

つぎに２項では、体育の目的・目標を達成するための内容論について、全体研と体育同志会を取り上げてその「教科内容」の考え方について検討をします。

１項で取り上げた「からだつくり論の体育」を取り上げなかったのは、「からだつくり論の体育」においては教科内容がまだ十分明確になっていないと考えたためです。

第１章第１節において、教科教育学における「教科内容」をつぎのように定義しました。

「教科内容とは、民主的な人格と主体的な学びの能力の形成をめざした、学習者の発達と生活の条件を基にした、教科が依って立つところの科学・技術・芸術などの基本的概念や原理である」

本書では、この教科内容における「基本的概念や原理」を主に教えるべき内容として捉えたいと考えています。なぜ「教えるべき内容」を強調するのかと言えば、上記の教科内容概念の定義において「能力の形成をめざした」とあるように､教科内容には「教えるべき内容」と「育てるべき内容」があるためです。

久保は、「体育の『直接的な教授＝学習対象』である教育内容が、身体運動文化を素材としてその中から必要かつ基礎的・基本的なものを精選・編成することによって得られる」として体育科の教科内容をつぎのように述べています。

「スポーツ（広狭両義）や舞踊に関する技術であり、ルールであり、知識（概念や法則）であり、マナーその他の文化内容である。」（久保，2010，p.68）

そして、この教えるべき内容によって「育てられるべき内容」についてつぎのように述べています。

「それらの内容の学習を通して随伴的･並行的に獲得される(育てられるべき)資質や能力（体力、運動能力、感覚、認識、意欲、関心、態度、モラル、観、等々）もまた､教育が『影響を及ぼし､方向づけや統制を行』うべき内容である。」（久保，2010，p.68）

さらに、この２種類の教育内容（『教えるべき内容』と『育てるべき内容』）の両方にまたがるものとして「身体、体力・運動能力、身体感覚、からだの認識、からだの使い方等々と直接的に向かい合い、それらを耕し、育てることを目的とした身体運動文化、すなわち、体操やボディワークや身体技法などから編成された教育内容」があると指摘します（久保健，2010，p.68)。

久保が述べるように、体育科の教科内容には「教えるべき内容」と「育てるべき内容」、そして両者に「またがる内容」があると考えます。そのことを認めた上で、本書では直接的な教授－学習の対象である技術や知識としての教科内容を明らかにしたいと考えています。

その理由は、「はじめに」で述べたように体育科では教科内容が明確ではなく、教材を経験させるだけの授業になっているためです。たとえば跳び箱運動という教材で教科内容として何を教えるのかがはっきりしていません。このため、跳び箱運動という運動種目を教材として経験させれば、運動種目としての内容を教えたことになり、運動種目の経験という目標が達成されると考えられています。このような運動種目の経験に終始する体育授業では、運動文化やからだや楽しさにおける権利主体として子どもを育てることは不十分であると考えているためです。

このため、まずは「教えるべき内容」としての運動文化における基本的概念や原理を具体的内容として明確にしつつ、授業実践から「育てるべき内容」も明らかにしていくべきだと考えます。

教育行政政策として進められている2017要領においては、「資質･能力（コンピテンシー)」の育成が強調されています。資質・能力は「教育内容」を学ぶことによって身につくものであり、先に述べたように教えるべき内容「教育内容」と育てるべき内容「資質・能力」は一体の関係において検討されるべきものです。この「教育内容－学力（資質・能力）関係」を明確にする必要性においても、運動文化における基本的概念や原理を具体的な教科内容として明らかにすることが求められています。

この視点から「からだつくり論」の教科内容を検討すると、具体的内容は未だ明確になっていないと考えられます。久保はマイネルの「動きの感性学」に学び、つぎのように述べています。

「スポーツの『結果を生み出す〈いま・ここ〉の動きの「かたち」の良否』を見分ける、動きの感性学的認識の必要性が強調されている」（久保，2003，p.219）

また、芸術分野における「形象的認識」(注1)との関係を踏まえてつぎのように述べています。

「こうした身体を通しての『感性学的認識』や『形象的認識』では、身体感覚を鋭くするだけでなく、得られた感覚を素材に、それらを快や美や真といった軸に沿って深め普遍化していくことも求められる」（久保，2003，p.219）

では、この感性学的認識や形象的認識を育てるための具体的な教科内容とは何かというとそれは「学習主体の身体の『つくり・しくみ・はたらき』」ということになります。そして、教科内容としての「身体の『つくり・しくみ・はたらき』」を教える教材として「動物まねっこ歩き」などが紹介されています（久保，2013，pp.3-5）。(注2)

このように「からだつくり論の体育」では、育てたい内容としての感性学的認識や形象的認識、そして具体的な教科内容としての「身体の『つくり・しくみ・はたらき』」、教材としての「動物まねっこ歩き」などが提示されています。ただし、前述したように教科内容が具体的内容としては未だ明確になっていないと考えられます。つまり、教科内容としての「身体の『つくり・しくみ・はたらき』」とは何かが具体化できていないのです。この具体化できていないのは、からだつくり論の教科内容においては「身体が（捉える）」という「からだによる気づきや理解」として考えられているためです。学習者の一人一人が「運動している身体に生じていることを感覚的・形象的に分析＝総合して、そこに潜んでいる理（ことわり）を見つけ出す力」によって具体的に明確化できる内容であって「言語化できる基本的概念や原理」とは異なります（久保，2003，p.219）。

このため、本書では「からだつくり論の体育」における教科内容を検討することはまだむずかしいと考えたのです。

2. 全体研における教科内容の検討

(1) 目標と内容の混同

佐伯は1980年第25回京都大会において「学習内容は目標を達成するために学習されるものである。楽しい体育では目標＝運動の特性であり、特性は運動種目に内在するものであるから、特性を持つ種目自体を学習しなければ目標を達成することはできない。従って、特性を持つ種目＝学習の目標＝内容となる。つまり、運動の特性が目標と内容を導くことになる」として、楽しい体育における目標・内容論を提起するとともに、プレイ論に基づく特性論の分類を具体的に行いました（佐伯，1980，p.10）。

永島も「種目としてのゲームが学習の目標となり、学習内容になる必要がある（目標と内容の一致）。その種目の魅力・おもしろさはゲームの中にあるからである」と述べるとともに、「独自のルール、技術や戦術、施設･用具、チーム、さらにマナーなども加わって、これらすべてがこのゲームの魅力・おもしろさを保障するために、相互に関連しあい一つのまとまりをもった全体を構成している」と述べています（永島，1997，p.40）。

つまり全体研では、種目のおもしろさを学習することが体育の授業であると考えているので、その種目のおもしろさ＝学習目標となり、種目のおもしろさ＝教科内容（学習内容）となると考えているのです。ここには授業の外のプレイとしてのスポーツと体育の授業を一体のものとして捉えようとする考え方があり、スポーツを授業の対象とするにしてもスポーツで何を教えるのかを問題とし、授業の外のプレイとしてのスポーツと体育の授業は別のものだとする考え方とは体育科教育自体の考え方に違いがあるといえます。

永島の「種目としてのゲームが学習の目標となり、学習内容になる必要がある（目標と内容の一致）」という捉え方は、運動技術やルール、マナーなどの総体としての運動種目がもつ運動特性を大切にしたいという願いとしては理解できるものの、概念把握の曖昧さを招く原因となっているのです（永島，1997，p.40）。

つまり、教科内容（学習内容）とは、教科目標を達成するための学習されるべき具体的対象であり、教科内容と教科目標は区別されなければなりませんし、教科目標と教科内容を一体化させる発想からは、運動文化に関する科学の根幹をなす基本的概念や原理としての知識や技術の体系である教科内容を確定することはできないと考えられます。

(2) 運動種目と運動技術の混同

また全体研では、運動技術と運動種目の関係について、正しい豊かな体育学習をスローガンとしていた時期から一貫して運動種目＝運動技術と捉えてきました。それは、以下の記述に明らかです。

正しい豊かな体育学習期（1965年）

・「個々の運動種目そのものが技術である。したがって、まず個々の種目が運動技術としてとらえられる」（竹之下，1965，p.15）

・「それぞれの運動種目は技術としてとらえられる。すなわち、それぞれの運動種目は一定の名称で呼ばれる運動技術であるということができる。」（竹之下，1965，p.150）

楽しい体育学習期（1973年）

・「いろいろの種目があるが、個々の種目はそれぞれに技術として捉えることができる」（竹之下，1973，p.42）

したがって、全体研では運動種目＝運動技術という捉え方をしているので、運動種目を学習することは教科内容としての運動技術を学習することと同一に捉えています。

一方、朝岡は、わが国において技術概念が拡大解釈されてしまった原因として、第１に「技術と技能を短絡的に結びつけるわが国独自の解釈」、第２に「『競技力』を『体力×技術』と単純化してとらえたこと」、第３に「日本語の『運動』という概念の曖昧さ」を指摘します。そして、つぎのように述べています。

「欧米諸国では、はじめから、スポーツにおける『技術』は外から確認できる具体的な運動の展開の仕方に関連して運動技術として取り上げられ、精神力、社会的能力、体力、戦術といった競技力を規定する他の要因からも、補助手段としての機械技術からも明確に一線が画されていたのである」（朝岡，1997，pp.14-15）

そして、「個々の種目における行動課題を合理的に解決する仕方という意味で、特定の運動形態が技術とみなされている」と、運動技術について規定し、「行動課題の合理的達成法とみなされる特定の運動形態の習得に関わって、『～の技術』『～の技術の技術』『～の技術の技術の技術』というように、『どのようにすれば』それが『できるのか』を重層的に問いかけていくところに、スポーツの世界へ『技術』概念を導入する意義が見出される」と述べています（朝岡, 1997, p.16)。

また三木は「運動技術とは、目標となる運動や運動課題をもっともよく解決するための仕方のことである」と規定し、「その仕方は、個人によって『私の〈こつ〉』が発見され、他人に伝達されることによって誰にも有効な『われわれの〈こつ〉』になったものである」と、運動技術の特性について説明しています（三木, 1997, p.19)。

朝岡や三木が論述しているように、運動種目と運動技術は異なる概念です。それは例えば陸上競技の走り高跳びは運動種目であり、ベリーロールや背面跳びには合理的な跳びこし方としての運動技術があります。つまり、運動種目＝運動技術という捉え方は、運動種目に内包される運動技術という教科内容を曖昧にしてしまう危険性をもっていますし、運動種目に内包されるルールやマナーといった運動技術以外の教科内容も曖昧にしてしまう危険性があります。

したがって、運動素材としての運動種目と教科内容は区別されなければならないのです。教科内容としての運動技術を教えるために、運動種目を教材化する上で選択するのであって、運動種目＝運動技術とした発想からは、運動文化に関する運動技術という教科内容を確定することはできません。

(3) 楽しさと学習内容

高橋は、全体研が主張する機能的特性（楽しさ）について「運動生活の全体を学ばせるということは、生涯スポーツとの関係をめざす体育においては重要な課題であり、運動生活のし方・進め方を学ぶことを学習内容として位置づけることは大切だと考える」とした上で、「問題は運動の機能的特性（楽しさ）ということが学習内容の中核に位置づくかどうかということである」として、学習内容としての楽しさについて次のように述べています。

「学習内容とは、学習されるべき具体的対象があって、意図的・計画的な学習によって習得でき、体験できるものでなければならない。ところが、ここで言われる『運動の楽しさ』とはプレイ論に基づいて仮定される『参加動機』を意味する。しかし、実際に体験できる楽しさは、つとめて個人的・個性的であり、個々人の個性や能力レベルに規定される部分が大きく、可変的である。このような意味で、確かな学習内容として位置づけるには余りにも頼りない。」(高橋, 1997, p.22)

また、「もし学習内容の中核に楽しさ体験を位置づけたとしても、子どもたちは具体的に何を学べばよいのか明確」でなく、「機能的特性（楽しさ）と言っても、結局、それは大人（教師）が設定した観念でしかない」と、学習内容として楽しさを位置づけることを批判しています。

そして、「楽しさは、学習内容や学習方法を工夫し選択するための構成原理あるいは指標（方向目標）として位置づけるべきではないのか」と問い、生涯スポーツの実現を志向するための「学習内容のとらえ方は、『運動技術』と『運動の社会的行動』に関わった諸問題を学習対象にしながら、『認知的・反省的活動』を介在させて学習し、問題を解決して、結果として『情意的体験』をもつというもの」であると述べています（高橋，1997，p.22）。

岩田も全体研が主張する機能的特性（楽しさ）における学習内容領域論としての問題性について、「『機能的特性』（競争・達成・克服・表現）という学習者の心理的欲求からみた学習内容領域の柱立てはたぶんに不安定である」と述べ、「例えば、『克服』というものを『達成』と区別する必然性はあるのだろうか。観念的なレトリックの域を出ていないのではないか」として、「構造が存在するからこそ、機能が現出される」と述べています。そして、「運動の『課題性』が楽しさを生み出す源泉なのであり、それを支えているのはまさにそれぞれの運動（スポーツ）の『構造』であろう」と、機能的特性論に基づく学習内容を批判しています（岩田，1997，pp.37-38）。

岩田によれば「学習の過程において学習者が直接的に関与する対象は『楽しさ』なのではなく、運動の『課題性』を解決するための知識・技術」であり、「運動が『できる』ようになったり、運動について『わかる』ようになることに、まずは大きな価値がある」と述べています（岩田，1997，p.38）。

さらに岩田は、永島が依拠した竹之下の論述の検討から、構造と機能の関係についてつぎのように述べています。

「竹之下は運動の『機能的特性』（運動の楽しさ）と『構造的特性』の関係性を密接不可分なものとして理解していたと言える。つまり、『楽しさ』を無媒介に『存在するもの』として捉えているのではなく、運動の構造的側面の学習を通して『創出されうるもの』として把握していたと考えられる。そして、その関係性において、『運動の楽しさ』を『ルール、技術、マナー』といった具体的な学習対象（学習内容）とは次元を異にした、授業（目標・内容・学習過程）を方向づける原理の意味合いで論じているように思われる。換言すれば、具体的対象である『構造』の学習を子どもに意味あるように方向づけるフレームと

して『機能』を位置づけていたと理解できるのではないか」(岩田, 1998, p.17)

ここには、全体研の楽しい体育論における機能的特性に基づく学習内容への根本的な批判があり、体育の教科内容の中核は、構造的特性（技術、ルール、マナーなど）であり、機能的特性は構造的特性を学習した結果、形成される内容であるとする考え方があるのです。

第1章で検討したように、教科内容とは、教科目標を達成するために学習されるべき具体的対象であり、運動学習の場合の教科内容とは、運動文化に関する知識や技術としての運動技術やルールなどが中心になると考えられます。

つまり、運動の楽しさは、学習内容や学習方法を工夫し選択するための構成原理あるいは指標（方向目標）であり、教科内容（学習内容）としての運動技術、ルールなどを学習した結果の情意的体験であって、運動の楽しさは教科内容にはなりません。

教科内容という運動学習における中心概念を明確にし、教科内容をめぐって豊かで探求的な学習活動を実現するために、全体研における教科内容概念の再検討は重要な課題であると考えます。

(4) 現代社会への問いかけ

全体研における目的・内容論の背景には「一定の決められた学力に向かっての学習ではなく、他者やスポーツとの関わりの中で、自分らしさが関係として在ることを認めつつ､その関わりを生成していくことが学力の実質を構成する」という学習観があり、ここには従来の学校や教科そのものに対する捉え方の違いが存在すると考えられます（青木, 1997, p.25)。

細江は、これまでの社会における期待される人間像は「何をするか目標があらかじめ与えられており、その目標に向かって一生懸命努力する『目標達成型人間』であった」のに対して、これからの社会では「様ざまな価値観や文化の中から、自分にとって意味のあるものは何かを自分の力で探し求める『目標探究型人間』が期待される人間像〈観〉となろう」と述べています（細江, 1991, pp.28-29)。

このような学力観、人間像の背景には、学校の在り方そのものを変えて、時間割もなくして、教科や内容も自由に選べるというプレイ論的な教科の理論があり、そうした学校論的な問題提起と結びつかなければ本来は展開できないでしょう。

菊は教科内容としての体育を考える場合には、社会の構造変動における教育全体の役割変化をまさに構造的にとらえる視点をもつと同時に、これまでのような公教育制度を前提とした（その枠内に守られた）体育科内部の論理だけでは通用しない側面が数多く出てくる可能性があることを自覚する必要があるのではあるまいかと指摘します。

そして、「従来の『教科内容』の内容それ自体をとらえる視点を、運動文化の客観的構造から子どもの欲求との関係で運動の意味と価値を重視する方向に転換させようとする力」が生涯スポーツというキーコンセプトのなかで生じていると指摘しています（菊，1997，p.22）。

このような従来の構造的特性における教科内容という考え方自体を見直そうとする論理は、したがってつぎのような指摘となっています。

「今日の社会状況を『未完の近代』と規定しつつ、より高度な近代知の対象として構造的なスポーツ技術、ルール等を獲得し、認識していくことこそがより客観的な学習内容（教科内容）を保障するという考え方がある。確かに、この論理は学習内容を実体化し、構造化することによって、たいへんわかりやすい議論が展開でき、しかも教科内容という形で対象を措定しやすくはなる。しかし、そのことによって逆に、学習過程における子どもたちの欲求をどのようにとらえ、身体知、臨床知として子どもたちが何を学んでいるのかがよく見えてこない状況を作り出してはいないだろうか。技術の物象化と目的化は、隠れたカリキュラムの進行と共に新たな学習の疎外状況を生み出すという結果に陥る危険性をも考えておく必要があるだろう。」（菊，1997，p.23）

そして、子どもの欲求をとらえる視点が、近代社会の競争的な関係の中で超越的な志向の下に一元的に形成されているとすれば、第三の立場としてプレイにおける共感的志向にもとづくそれが考えられてもよいように思われるとして、共感的志向についてつぎのように述べています。

「共感的志向とは、超越的志向を伴わなくとも、今もっている自分の力でモノやヒトに対して『溶け込み』、一体化する融合感覚とそこで展開される運動の『心地よさ』を十分味わおうとする志向である。例えば、これまでのスポーツに対する欲求論では、人間と運動との関係を『今持っている力』と『高まった力』とでとらえる場合、そのいずれもが競争・克服・達成の欲求を前提として押さえられ、子どもたちの欲求が超越志向に向かうことを当然の現象としてとらえてきた。子どもの欲求を伸ばすことは、超越的・共感的両志向において十分に把握されなければならない。現在問われている教えるべき内容にとって重要なことは、その能力化を技術（構造）に一元化するのではなく、多様な志向と関わりの上で個性的な能力化を図りつつ、そこから基礎的な学習内容を自ら見出し、展開していこうとする体育学習を形成する教育研究者としての教師の専門的力量と臨床的知の豊かさであるように思われる。」（菊，1997，pp.24-25）

小林が指摘しているように、全体研のプレイ論に基づく論理は、その根底に現代社会におけるより速く、より高く、より強くという競争性、超越性を限りなく求めていくことへのアンチテーゼが存在するものと考えられます（小林，1991，p.30）。そして、そのアンチテーゼに基づいてプレイ論をもとに体育科教育における学習論を展望しようとしているのでしょう。

しかし、現代社会への問いかけが共感的志向に向けられたとしても、それが欲求を教科内容として成立するのかどうかについては疑問が残ります。

ここには現代社会への問いかけと、体育科教育における学習論との乖離があるのではないでしょうか。

菊が言う多様な志向とかかわりの上で個性的な能力化を図るためには、基礎的な学習内容としての運動技術、ルールなどをまさに自らにとっての意味生成の対象として対象化していく必要があり、この構造的特性の対象化において、未来に開かれた意味も生成されるのだと考えます。

したがって、全体研の今後の課題は、楽しい体育への転換において置き去りにしてきた構造的特性の目的・内容論、意味論からの再検討ではないかと考えます。

3.　体育同志会における教科内容研究

体育同志会においては、はやい段階から学力形成のために運動文化の何を教えるべきかという教科内容の究明が研究課題となり、系統性研究の段階では運動技術が主な教科内容と考えられていました（海野，1989，p.143）。

そして、系統性の一人歩きの克服のなかで、体育の学力が問題にされ、3つの学力としての「(1) 技術的・技能的能力、(2) 組織・運営管理能力、(3) 社会科学的認識（後に、社会的統治能力）」が示され、この学力形成をはかるための教科内容とは何かが問われていきました（草深，1983，p.27）。

このため、体育科の教科内容について体育同志会では、具体的な究明が行われてきたと考えられます。ただし、体育同志会において体育科の教科内容の全容が解明されているかといえば課題が残されています（草深，1983，pp.44-45）。

(1) 教科内容としての運動技術

体育同志会では、1960年代に運動文化の特質を運動技術の構造に求める運動技術中核説を基に、各教材ごとの技術指導の系統性を確立していきました。しかし、体育同志会が明らかにしたのは草深が指摘しているように技術指導の系統性であって、技術の系統性ではありませんでした。

運動技術とは、「個々の種目における行動課題を合理的に解決する仕方」（朝岡，1997，p.16）や「目標となる運動や運動課題をもっともよく解決するための仕方」（三木，1997，p.19）と説明されているものであって、体育同志会が基礎技術として規定しているものは、技術指導における基礎技術と考えられるものであって、運動文化の共通概念としての技術ではないと考えられます。つまり、体育同志会においては、技術指導における基礎技術は考えられていますが、運動文化の基本的概念としての運動技術の規定や、この運動技術規程をもとにした教科内容が示されているわけでないと考えます。

(2) 教科内容の全体構想

体育同志会においては、第３章で詳しく検討しますが、中村試案、草深試案、出原試案などの先駆的な教科内容試案が提起されてきました。しかし、これらの教科内容試案に対する検討を基にした教科課程試案が示されているわけではありません。久保は、この点について次のように述べています。

「1960年代から70年代に展開された『技術指導の系統性』研究と『グループ学習による民主的集団づくり』の研究成果の上に、80年代初頭に、学校体育の目的を『国民スポーツの主体者形成』にあるとして、その主体者を育てる体育の『教科内容』と『学力』が模索された。しかしこれは、その先見性にもかかわらず、その後十年ほどの間、実践として幅広く展開されるには至らなかった」（久保，1993，pp.254-255）

このように、これまでの体育同志会の教科内容研究では、先駆的な研究の蓄積がされつつあるものの、体育科の教科内容の明確化や体系化は未だ実現し得ていないと考えられます。つまり、体育同志会においては教科内容におけるすぐれた先駆的試案が提起されてはきたものの、実践研究としては、技術指導の系統性を生かした教材を、異質協同のグループ学習で指導することによって子どもたちの技能習熟を図り、教材の楽しさを保障することにとどまっていたためではないかと考えられます。したがって、体育同志会においては先駆的な教科内容試案の詳細な検討と、これにもとづく実践研究の集積が必要であり、実践研究の集積により教科内容試案が明確化され、教科内容試案の明確化によって実践研究がより豊かに発展していくことが目指されるべきだと考えます。

4. 民間体育研究団体における体育科の教科内容

第１章２節で定義したように、体育科における教科内容とは、運動文化の人間的な変革・創造に向けた、運動文化に関する科学の根幹をなす基本的概念や原理としての知識や技術の体系です。戦後民間体育研究団体において、この体育科の教科内容を理論・実践の両面から検討してきたのは全体研と体育同志会であると考えられます。

全体研では、機能的特性としての運動の楽しさが教科内容とされてきました。また、体育同志会においては運動文化に関する科学の成果が教科内容とされてきました。

体育科における教科内容の定義によれば、全体研における教科内容としての運動の楽しさは、学習内容や学習方法を工夫し選択するための構成原理あるいは指標（方向目標）です。つまり、教科内容としての運動技術、ルールなどを学習した結果の情意的体験であって、運動の楽しさは教科内容にはなりません。教科内容をめぐって豊かで探求的な学習活動を実現するために、全体研における教科内容概念の再検討は重要な課題であると考えます。

また、体育同志会の教科内容研究では、先駆的な研究の蓄積がされつつあるものの、体育科の教科内容の明確化や体系化は未だ実現し得ていないと考えられます。体育同志会においてはすぐれた先駆的試案が提起されていますが、実践研究としては技術指導の基礎技術や系統性を生かした教材を、異質協同のグループ学習で指導することによって子どもたちの技能習熟を図ることにとどまっているのではないかと考えられます。

したがって、全体研や体育同志会などの民間体育研究団体においても、体育科の教科内容を明らかにすることは十分ではないと考えられます。

なお、この項における体育同志会の教科内容研究については、1990 年代までの研究を取り上げました。体育同志会の教科内容研究は、2000 年代に入って「体育・健康教育の教育課程試案」を作成し実践研究によって検証する新しい段階へと発展していると考えますが、この教育課程試案づくりと実践研究についてはつぎの第３章スポーツの教育で検討します。

(注1) 形象的認識

久保によれば形象的認識とはつぎのように説明されています。

「芸術の分野では、感覚を出発点に概念によって普遍性を高めて行く論理的認識に対して、同じことを形や色や音の『かたち』をつくることによって行うとして、そのことを『形象的認識』と呼んでいる」(久保，2003，p.219)

(注2) 動物まねっこ歩き

久保が紹介した「動物まねっこ歩き」を、石井が小学1年生の体育授業実践「動物のロコモーション」として紹介しています (石井，2013，pp18-21)。

また、からだほぐし編集委員会によって「からだほぐしを楽しもう」として具体的な教材が紹介されています (久保健、高橋和子、原田奈名子，2002)。

さらに、續木は「多様な動き・遊び (むかしあそび)」を紹介しています (續木，2018，pp.178-183)。

【文献】

青木真 (1997)「めあて学習」再考の視点，体育科教育45-4，1997年4月号，大修館書店，p.25

朝岡正雄 (1997)「運動技術学」入門，体育科教育1997年2月号，大修館書店，pp.14-15，p.16

細江文利 (1991) 生涯学習社会における体育授業像，体育科教育，1991年4月号，大修館書店，pp.28-29

石井崇史 (2013) 動物のロコモーション，たのしい体育・スポーツ，2013年5月号，学校体育研究同志会，p.18-21

岩田靖 (1997) 学習内容論と学習過程論の間，体育科教育，1997年4月号，大修館書店，pp.37-38

岩田靖 (1998) 運動の楽しさと教材づくり，体育科教育，1998年5月号，大修館書店，p.17

出原泰明 (1993)「教科内容」研究と授業改革，学校体育研究同志会編，体育実践に新しい風を，大修館書店，pp.19-21

菊幸一 (1997) 子どもの欲求と教えるべき内容，体育科教育，1997年12月号，大修館書店，pp.22-23，pp.24-25

菊幸一 (1997) 学習内容の構造化，中村敏雄編，戦後体育実践論　第2巻　独自性の追求，創文企画，p.201

小林篤 (2003) 戦後の民間研究団体を総括する，体育科教育，2003年7月号，大修館書店，pp.10-13

小林一久 (1991)「楽しい体育」論の教授学的検討，体育科教育，1991年4月号，大修館書店，p.30

高津勝 (1989) 体育・スポーツの国民的展開と運動文化論の構想，学校体育研究同志会編，国民運動文化の創造，大修館書店，p.117，pp.118-120

久保健 (1993) まとめにかえて，学校体育研究同志会編，体育実践に新しい風を，大修館書店，pp.254-255

久保健 (1997) からだ育てと運動文化，大修館書店，p.13，p.16，pp.17-18

久保健、高橋和子、原田奈名子（2002）からだほぐしを楽しもう全３巻，汐文社

久保健（2003）運動文化論としての「身体」問題，体育・健康教育の教育課程試案１，学校体育研究同志会教育課程自主編成プロジェクト，創文企画，p.219

久保健（2010）身体運動文化の基本問題，身体運動文化に関する概念システムと領域構成，2008 年度～ 2009 年度武蔵野美術大学共同研究助成報告書，p.68

久保健（2013）今月の授業体つくり運動，たのしい体育・スポーツ，2013 年５月号，学校体育研究同志会編，pp.3-5

草深直臣（1983）運動文化論研究の生成と展開，立命館大学人文科学研究所紀要―保健・体育研究，第２号，p.27，pp.44-45，pp.62-63，pp.64-65，p.66

正木健雄他（1962）保健・体育科では何を教えるのか，教育，1962 年 12 月増刊号，国土社

正木健雄（1996）教育科学研究会，体育科教育，1966 年７月号，大修館書店，pp.25-26

松田恵示（1997）運動の特性を生かした学習指導，中村敏雄編，戦後体育実践論　第３巻　スポーツ教育と実践，創文企画 p.93，p.94

松田恵示（1997）めあて学習の考え方と実践，中村敏雄編，戦後体育実践論　第３巻　スポーツ教育と実践，創文企画，p.158

三木四郎（1997）技術学習における教師の役割と任務，体育科教育，1997 年２月号，大修館書店，p.19

永島惇正（1989）研究委員会問題提起，つみかさね第 33 回佐賀大会，p.3

永島惇正（1997）運動の楽しさは学習内容か，体育科教育，1997 年４月号，大修館書店，p.40

中村敏雄（1999）学校体育は何を教える教科であるか，中村敏雄編，戦後体育実践論　資料編　戦後体育実践主要論文集，創文企画，pp.165-166

佐伯聰夫（1980）楽しい体育の授業づくりの考え方と方法～学習指導計画の作り方を中心に～，1980 年第 25 回京都大会，つみかさね第 23 号，全国体育学習研究会，p.10

城丸章夫（1962）学校教育における保健・体育の位置，現代教育学 14　身体と教育

高橋健夫（1997）体育科の目的・目標論，竹田清彦・高橋健夫・岡出美則編，体育科教育学の探究，大修館書店，p.36，p.37

高橋健夫（1997）運動の楽しさと運動技術の指導について，体育科教育，1997 年２月号，p.22

竹之下休蔵（1982）小学校体育の学習と指導―新しい授業の手びき―，光文書院，p.55

竹之下休蔵（1965）小学校体育の学習と指導新しい授業の手びき，光文書院，p.15

竹之下休蔵（1965）小学校体育の学習と指導新しい授業の手びき，光文書院，p.150

竹之下休蔵（1973）体育科学習指導の研究，光文書院，p.42

丹下保夫（1966）体育研究民間サークルの成果と今後の問題（上），体育科教育，1966 年７月号，大修館書店，pp.7-8

丹下保夫（1996）体育研究民間サークルの成果と今後の問題（下），体育科教育，1966 年８月号，p.63

續木智彦（2018）子どもの体力とからだについて，スポーツの主人公を育てる体育・保健の授業づくり，学校体育研究同志会編，創文企画，pp.178-183

宇土正彦, 佐伯聰夫（1982）小学校体育の学習と指導―新しい授業の手びき―, 光文書院, p.238, p.243, p.246, p.247

海野勇三（1989）国民運動文化の高揚と運動文化論の追求，学校体育研究同志会編，国民運動文化の創造，大修館書店，p.143，pp.169-170，pp.172-173

第３章

スポーツ教育

第１節　スポーツの教育

第１項　運動文化とスポーツ

１．運動文化とスポーツの教育

まず、運動文化とは何かを確認しておきましょう。森は運動文化についてつぎのように述べています。

「運動文化は、体操、遊戯、スポーツ、ダンス（舞踊）、レクリエーションなど、社会の発展とともに人間がつくり出し継承し発展させてきた人間の自由な身体運動の文化を総称したものである。それは、社会的な理念や法制度、機構や組織（連盟・協会やクラブ）、固有の規範（ルール、マナー）、手段（施設・設備、用具、練習や技術の体系）などからなる一定の体系的な様式をもつ。」（森, 2007, p.197）

つまり、運動文化とは体操、遊戯、スポーツ、ダンス（舞踊）、レクリエーションなど身体運動の文化を総称したものです。本書ではこの運動文化の中からスポーツを取り上げ、スポーツの教育について以下の理由から述べていきたいと考えています。

第１は、序章と１章で紹介したように、学校のブラック化によって「こなしの体育授業」が増加している現状を打開するためには、教科内容（教える内容）が明確な「こだわりの授業」に取り組むことが急務だと考えているためです。

第２に、体育における教科内容の検討から、体育同志会においては教科内容について先駆的な実践研究の成果が蓄積されており、いくつかの教科内容試案が提起されているためです。

第３として、体育同志会が提起している運動文化の教科内容試案は、そのほとんどがスポーツを対象としていると考えられ、「スポーツの教育」として再構成することで教科内容がより明確になると考えているためです。

2.　スポーツとは何か

現代社会は、地球環境の悪化が懸念される中で産業、文化、教育など社会全体における基本的構造を変革していく必要性に迫られています。そこでは今後、競争・開発に変わる共生・再生といった価値観の重視がめざされていくでしょう。そしてそのような価値観の形成をめざしたとき、スポーツは人類にとって重要な文化となります。なぜなら、スポーツは、人間の生物的な運動欲求を満足させるという生存への意志を基底として、その満足の質の向上を共同して追求するという人類史的課題の達成という方向性を持っています。

(1) スポーツの語源

佐伯は、スポーツの語源についてつぎのように紹介をしています。

「スポーツの語源は、デポルターレ『deportare』というラテン語だといわれている。この言葉は『port』が港を表し、『de』が『離れる』を意味している。では、何から離れるのかというと、労働から離れるということである。(略)その後、フランス語にデスポール『desport』が出てきて，さらに英語でスポート（スポーツ）『sport（s)』ができて、いまのような激しい身体活動を伴うスポーツを表す語となった。したがってその言葉ができてから行われるようになる身体活動と、それ以前から行われていた身体活動を区別する必要がある。それゆえに、いま行われているスポーツを19世紀後半期に生まれたものとして『近代スポーツ』と呼んだりする。」(佐伯，1987，pp.521-524)

(2) 近代スポーツ

関は、中村敏雄の近代スポーツ論を対象に、「『スポーツ』をどうとらえ、どう継承・発展させていくべきか、あるいは『スポーツ』と国民との新たなかかわり方をどう創造していくべきか」と問うています(関, 1997, p.302)。そして、スポーツを「近代スポーツ」に限定して捉える必要性を以下のように述べています。

「『スポーツ』に内在する『人間疎外』の克服が新しい運動文化の創造を意味しており、したがって、この『疎外』の究明を中心的な課題とし、その根源を『スポーツ』の近代化の過程に求めていくという研究方法からいっても、『スポーツ』を『近代的な特徴を具えた』いわゆる「近代スポーツ」に限定してとらえることが必要であった。」(関，1997，p.306)

関が指摘するようにスポーツという文化は、歴史的に生み出され変化し発展してきました。そして、スポーツの歴史において近代的な特徴を具えた「近代スポーツ」は民主主義の成立とともに誕生しました

ノルベルト・エリアスは18世紀のイギリスにおいて、スポーツの発生と議会制度の発生が同質的な関係にあったことを指摘しています（エリアス，1995，p.48)。つまり、マナーをもとにしたルールという規則を課すことで、

競争的な肉体の行使において暴力によって相手を傷つけないスポーツを生み出したこと。そして、スポーツ創出における社会的土壌として、議会制民主主義の成立があったことを明らかにしているのです（エリアス，1995，p.67）。

多木はエリアスが「スポーツがイギリスで発生する過程とイギリスの議会制度の発生とが同時代的かつ同質的な関係にあることを指摘している」ことについて紹介し、近代社会が生み出したスポーツの特徴をつぎのように述べています。

「近代スポーツのひとつの特徴は、身体の闘争であるにも関わらず、そこから暴力的な要素を除き、身体の振る舞いにたいしてある規則を課したことにある。」（多木，2014，pp.12-16）

スポーツについて高津も、つぎのように述べています。

「スポーツとは、イギリス社会の文明化・産業化とともに成立し、世界の文明化・産業化と歩調を合わせて各地に波及していった身体競技であり、余暇社会的に組織された、文化的能力としての身体的技量を楽しみごととして競い合う行為、あるいは、それを観賞する行為ということになる。」（高津，2008，p.35）

そして、「スポーツとは、ルール・組織・マナーのみならず、施設・用具・衣類・教師・コーチ・トレーナー・ジャーナリズム、などなど、その文化領域の成立と存続に関わる財の生産と消費を含む相対的に自立した社会的・文化的な複合体であるといいうる」とスポーツの定義を試みています（高津，2008，pp.35-36）。

また友添は、古代ギリシャや中世ヨーロッパで行われていた運動競技と近代に生まれた「近代スポーツ」を区別した上で、「広義のスポーツの概念」を以下のように述べています（注1）。

「近代スポーツが保持してきた資本の論理、自由競争の論理、平等の論理、禁欲的な倫理観、モダニズム等のスポーツ独自の論理を中核にしながら、人類が長い歴史的過程の中で醸成してきた可変性をもった人間の身体運動に関わる文化の総体」（友添，2009，p.37）

さて、体育授業の存立根拠を教科内容という視野から考えると、スポーツという文化の教科内容を検討することは重要であると言えましょう。

その重要性を示す事例として、日本体育学会は1996年6月、第15期中央教育審議会会長宛に「豊かな人生に結びつくスポーツ的教養を培う場として、体育は21世紀へ向けてますます重要性を増す」という要望書を提出しています。そしてこの中でスポーツにおける文化的教養を教えるべきだという主張を

「(3) 豊かな人生に結びつくスポーツ的教養を培う体育授業」において、つぎのように述べています。

「運動・スポーツは豊かな余暇の内容あるいは人生を支える健康・体力づくりの手掛かりとして、すべての国民の生涯にわたる重要な生活内容・生活文化になっている。健全で賢いスポーツ生活の実現にはスポーツを教養として学習する必要があり、国際的にも生涯スポーツの基礎教育としての体育（例：アメリカ、ドイツ、オランダなど）が求められている。体育では、心身の発達を十分配慮しながら、スポーツの楽しさと必要性、楽しみ方や正しい行い方を理解・習得させることが大切であり、またその学習は自発的・主体的にゆとりをもって進められ、なによりもからだで体験しつつからだで覚えることが必要である。合わせてスポーツ観、スポーツ規範、スポーツ技術などの文化的内容を知的に理解することも重要であり、豊かな人生に結びつくスポーツ的教養を培う場として、体育は21世紀へ向けてますます重要性を増す。」

また、スポーツ基本法が2011年6月に制定されました。このスポーツ基本法では、第2条の基本理念で「スポーツをする権利」が以下のように明記されています。

「スポーツは、これを通じて幸福で豊かな生活を営むことが人々の権利であることに鑑み、国民が生涯にわたりあらゆる機会とあらゆる場所において、自主的かつ自律的にその適性及び健康状態に応じて行うことができるようにすることを旨として、推進されなければならない。」

つまり、スポーツをすることはすべての人々の「権利」であることを示しています。スポーツは、人間が持つ創造的な能力を発揮する機会を与え、楽しみを持って環境と相互交渉し、それを最高の自己表現の機会とするものであり、しかもその実現の過程で人間同士、あるいは人間と自然のコミュニケーションを深めるものであり、価値ある文化だということが認められました。

一方、スポーツは物質的利益と結びつかない創造的社会的行為の純粋性を持ちながら、優越であろうとすることは他者や自然を傷つけることも辞さない「勝利至上主義や弱肉強食」という基本的性質を持っています（中村，2007，p.207）。

つまり、「協同」という価値観と「競争」という価値観をコインの表裏のように併せ持っているところにスポーツという文化の特性があり、スポーツの文化的特性を学び、人類にとってのこれからのスポーツの継承発展を考え、実現していくことは人類にとって「競争／協同」の関係を考える上で重要であり、その教育は価値あるものといえましょう。

第２項　スポーツの教育的価値と教科内容

体育科においても教科の自然科学的・社会科学的知識を教科内容として明確化することが求められています。このため、本書において体育科におけるスポーツ分野において自然科学的・社会科学的知識を教科内容として明確化する試案と実践プラン・実践事例を提示したいと考えています。

高橋はスポーツの教育的価値について次のように述べています。

「スポーツに大きな教育的価値が取りつけられるのは、それが人間の特殊な身体性に関わった文化であり、この人間の身体性に関わって多様な発達の可能性が認められるためである」（高橋，1997，p.37）

また竹田は体育科教育学とスポーツ教育学の関係について次のように述べています。

「国際的な研究の動向を視野におくならば、『体育学』が『スポーツ科学』に再編されることは時間の問題であり、体育科教育学も『スポーツ教育学』として再組織を図ることが必要であろう」（竹田，1997，p.13）

そして出原は、体育科教育で論じられているさまざまな学力論や主張を概観すれば、その立場はおよそ「①スポーツの継承のための学力」「②スポーツの変革、創造のための学力」のふたつに分けることができると述べています（出原，1998，p.89）。

出原は、①の学力観は「『社会』や『文化』の『変化』は『応じる』ものであり、子どもや国民がこれらを変革するという視点がない」「『現状適応』型、『順応』型」であると述べ、これに対して②の学力観は、「継承する学力を土台としながらもこれに変革・創造のために学力を付け加える。変革・創造するために今ある文化や技術を継承するという考え方にたっている」と述べています（出原，1998，p.89）。

つまり、出原の主張する「②スポーツの変革、創造のための学力」は、単にスポーツの享受能力を個別的に身につけるだけの「継承のための学力」ではなく、現在のスポーツをそして社会をそのすばらしさも矛盾も自らの継承・変革するべき対象として捉え、現在のスポーツや社会に実際に働きかけていく学力を形成しようとするものであり、そのような学力形成のための体育授業研究の今日的課題をつぎのように指摘しています。

「今日のスポーツを次の社会と時代の主人公として創り変える力が、今のすべての子どもに共通に必要なものである。現代スポーツの非人間的な部分、ヒューマニズムに反する部分を創り変える力を子どもに育てることが、体育授業に対する国民的な要請である。そして、『スポーツにヒューマニズムと人権を刻み込む学力』の内実を具体的実践として明らかにしていくことが、体育授業研究の今日的課題である。」（出原，1998，p.91）

以上述べられているように、スポーツを継承・発展する主体者を育てるために、スポーツにおける基礎的学力を実践的に教えることは、スポーツの教育における目的であると考えます。友添はスポーツ権を基底としたスポーツにおける主体者形成論についてつぎのように述べています。

「スポーツにおける主体者形成論は、単に技術認識の獲得や技能習熟だけをめざすのではなく、それらを基盤にスポーツ文化の変革・創造による社会体制の建設という、従来のわが国の体育の教科論にはまったく存在しなかった社会的学習に収斂する独自の性格をもつものであると考えられる」（友添，1997，p.139）

さらに、スポーツをめぐって、スポーツの商業主義支配やドーピングが進行する中で、スポーツが持っている構造的欠陥を理解し解決することは、避けて通れない課題として立ちはだかっています。現代のスポーツは、この意味からも大きな転換点にさしかかっているのであり、スポーツ分野における自然科学的・社会科学的知識を教科内容としてその成果と課題を含めて教える「スポーツの授業」が果たす意義は大きいのです。

そして、スポーツをそのすばらしさも矛盾も自らの継承・変革するべき対象として捉え、現在のスポーツに働きかけていく学力を形成するためにはスポーツにおける「教科内容」を明確にする必要があります。そのためには、これまで提示されてきた先駆的な提案についての検討に基づく「教科内容試案」の作成と、これに基づく「カリキュラム試案」の作成、及びカリキュラム試案を基にした実践研究が必要だと考えます。

スポーツ分野の教科内容が明確になり、教科内容を教材化して体育授業が行われることによって、子どもたちにスポーツ基本法の「スポーツをする権利」を教えることができるようになり、仲間と共にスポーツを追求することができるための社会的知識と行為能力を身につけることが可能となるでしょう。スポーツをする権利を教え、スポーツという文化の科学性とスポーツの行為能力を基礎的教養として教えることによって「豊かなスポーツライフ」は実現するのです。

（注１）スポーツの定義

スポーツという文化を定義することのむずかしさを、友添は以下のように述べています。

「スポーツに普遍的で確定的な内包と外延をもたせた一定の意味を与えることは実際不可能に近いともいえよう」（友添，2009，p.29）

また、中房は「スポーツを構成する要素に、もはやどこにも『身体』がない！」と指摘した上で、「国際競技連盟の世界連合（GAISF）」による2012年のスポーツの定義を紹介しています。

「①「競技」の要素が含まれていること。②「偶然」の要素に過度に依存しないこと。③参加者の健康と安全に過度なリスクをもたらさないこと。④生物に害を与えないこと。⑤単一のサプライヤーが提供する機器に頼らないこと。」（中房，2018，p.20）

このように時代の流れの中でスポーツの定義は変化してきましたし、これからも変化していくのです。

【文献】

ノルベルト・エリアス（1995）スポーツと文明化，法政大学出版局，p.48

出原泰明（1998）「文化変革」のための学力論，中村・高橋・友添編，「発信型」学校体育の創造，体育科教育，創刊45周年記念増刊号，大修館書店，p.89，p.91

高津勝（2008）スポーツ社会学の可能性，創文企画，p.35

丸山真司（2015）体育のカリキュラム開発方法論，創文企画，pp.61-62

森敏生（2007）子どもと教師でつくる教育課程試案，日本標準社，p.197

中房敏朗（2018）歴史としてのフットボール文化，運動文化研究，35号，学校体育研究同志会，p.20

中村敏雄（2007）近代スポーツの実像，創文企画，p.207

佐伯聰夫（1987）岸野雄三他編，最新スポーツ大事典，大修館書店，pp.521-524

関春南（1997）戦後日本のスポーツ政策—その構造と展開，大修館書店，p.302

高橋健夫（1997）体育科の目的・目標論，竹田清彦・高橋健夫・岡出美則編，体育科教育学の探究，大修館書店，p.37

竹田清彦（1997）体育科教育学の性質，竹田清彦・高橋健夫・岡出美則編，体育科教育学の探究，大修館書店，p.13

多木浩二（2014）スポーツを考える，筑摩書房，pp.12-16

友添秀則（1997）社会的学習，竹田清彦・高橋健夫・岡出美則編，体育科教育学の探究，大修館書店，p.139

友添秀則（2009）体育の人間形成論，大修館書店，p.29，p.37

第2節　スポーツ教育の教科内容

これまでの体育では、教科内容が不明確であったことを述べてきました。教科内容が明確でなかったために、学習指導要領の例示運動種目を経験させることで、「運動技能」「運動（スポーツ）の楽しさ」「運動能力や体力」「社会性」が育つであろうという経験主義に陥っていたのです。

スポーツ文化の教科内容を明確にするために、まずこれまで提案されてきた体育の「教科内容試案」を検討します。最初に検討するのは「中村敏雄試案」「草深直臣試案」「出原泰明試案」です。そして、中村・草深・出原の各試案をもとにして作成された、体育同志会教育課程自主編成プロジェクト（以下、プロジェクト）による「教師と子どもが創る体育・健康教育課程試案第1巻（以下、試案1」を検討します。

第1項　スポーツ教育の教科内容における先行研究（1）

1.　中村敏雄試案

はじめに、中村敏雄試案を検討します（中村, 1999, pp.165-166）。中村試案では、教科内容が「技術領域」「歴史領域」「組織領域」によって示されています。中村は、この試案を1973年の日本体育学会で以下のように示しました（中村, 1973）。

「【序】

一般に、今日の学校体育（ここでは高校を考察の対象とする）は、スポーツ、体操、武道、ダンスの技能指導と体力強化とに重点をおいているのが実情である。

体育学部、あるいは体育学科における教育内容をもって、それを体育指導と考えるならば、高校以下の諸学校における体育指導の現状は、果たして体育指導の名に値するものであるのかどうか。以下の報告は、このことへの反省と批判に立脚している。

【目的】

「学校体育は何を教えるべきものであるのか」を明らかにしたい。またその履修単位数やクラブ活動、部活動との関係についても考察したい。

【要旨】

［A］

学校体育は、大別して次の三領域の内容を指導すべきであろうと考える。

Ⅰ　歴史領域

この領域では、人類のそれぞれの時代、社会、階級、における運動文化の諸特性と、新しい運動文化創造の正史的必然性について指導する。

1. 古代・中世における運動文化の諸特性
2. スポーツの発生、発展における社会的条件
3. スポーツに内包されているイデオロギー
4. 日本における体育やスポーツの発展
5. 国民運動文化創造の目的と意味

Ⅱ　技術領域

この領域では､運動文化の技術の分析･総合を実験､実習も含めて指導する。

1. 運動文化の技術における文化的諸特性
2. 運動文化の技術に内包されている諸矛盾
3. 運動文化の技術の分析・総合の視点と方法
4. 国民運動文化における技術の条件
5. 実習

①運動文化の技術の歴史的追跡と追体験

②運動文化の技術の実験的分析研究

Ⅲ　組織領域

ここでは、運動文化を享受し、また変革、創造してきた組織的な活動の歴史、およびこれからの集団や社会における組織的活動のあり方について指導する。

1. 古代・中世における組織的活動の実態
2. スポーツクラブの発生と市民運動の展開
3. 国際的なスポーツ組織の発生とその発展
4. 国家のスポーツ政策と国内スポーツ組織の関係
5. 国内スポーツクラブの組織と活動
6. 今後の社会における組織的活動のあり方
7. 実習

①国内、国外のスポーツ組織の実態調査

②組織活動における方法原理

［B］履修単位

高校１年＝歴史領域＝１単位
高校２年＝技術領域＝２単位
高校３年＝組織領域＝１単位
合計４単位
［C］クラブ活動、部活動

1. クラブ活動、部活動は、校内活動にとどまらず、校外の諸集団とも積極的な交流をはかりつつ、上記体育学習の成果に立脚しながら、自らの活動と研究の統一をはかる。
2. クラブ活動は選択必修制とし、全校生徒が同時にこれを履修できるようにし、その種目数をふやす。
3. クラブ活動では、すべての種目に指導者が配置され、虚弱者、心身障害者のためのコースも設ける。
4. クラブ活動の総履修単位数は９単位程度とする。
5. 部活動は、ほぼ現行通りに組織されるが、その性格は大きく変貌すべきものと考える。

【まとめ】

教科としての学校体育は、上記三領域の内容を指導すべきものであると考える。技術領域の実習における研究課題は、クラブ活動や部活動の中からも発見され、その研究成果はこれらの諸活動に還元される。組織領域における実習では、地域社会や父母、労働者集団に存在する諸問題も研究課題としてとりあげ、それらについての研究成果もこれらの諸集団に還元される。

このように考えることによって、学校体育は、クラブ活動や部活動、あるいは校外の諸活動や諸組織とも間接的ではあっても有機的な関係を持つことができるようになり、実践、研究における成果の相互交流をも包摂することになると考える。

部活動の性格については、運動文化の大衆化を目的とする変革、創造の過程における専門家集団としての役割を明確に自覚すべきであると考える。」(中村，1973)

中村試案では、学校体育を「運動文化の継承・発展に関する科学を教える」ものと規定しました。そして、ひとまず高校に限定しながらの提案として、その教科内容として「運動文化と人間の歴史、運動技術の科学、運動生活の組織」を示したものです。中村が示した「(1)歴史領域、(2)技術領域、(3)組織領域」は、運動文化の構造を背景として、スポーツ文化変革への取り組みにおける教科内容領域の全体像をはじめて提起したものとして評価することができます(草深, 1989, p.222)。また、この中村試案がもとになって、体育同志会における学力論研究と教科内容研究が進展し、教科内容領域としての（1）技術領域、(2) 組織領域、(3) 社会領域が確定されていったと考えられます（草深, 1989, pp.62-63)。

丸山は、体育同志会が明らかにしてきた「Ⅰ．技術領域、Ⅱ．組織領域、Ⅲ．社会領域」という教科内容領域について、次のように述べています。

「Ⅰ当該スポーツの目的や課題（条件）に適合するような合理的で無駄のない課題解決（機能的・合理的解決）であり、いわゆる技術・戦術問題の分析と技術・戦術練習。科学的内容としては技術学やトレーニング論が対応する。

Ⅱ当該スポーツを媒介とする人と人との関係において生じる問題に対する民主的手続きや合意形成による課題解決（ルールや規範、制度などの仕組み・構造論的解決）である。ここにはルールづくり、試合や競技会（イベント）づくり、その実施運営、見直しと改正の既定といったことがらがある。中村が提起するような『スポーツ・ルール学』といった学問の構築と対応する領域。

Ⅲ上記の２つ（ママ）課題領域で生じることがらの意味の問い直し、社会文化的な背景や根拠の問い直しといった新たな（再創造・再認識も含めて）意味づけ（意味生成）による課題解決。つまり機能合理的な課題解決そのものの意味を問い直し（ex. フラッグフットボール)、ルールや競争様式として確定されている構造や仕組みの意味の問い直し(ex. 丸太投げ)である。体育理論(教室でやる体育）の授業もここに位置づく。文化的変革と創造の契機がスポーツの享受主体のこうした意味的問い直しから生み出される。」(丸山, 1999, p.9)

この丸山の指摘によれば、中村試案における「組織領域」には「ルールや規範」に関する記述が見いだせません。運動文化（スポーツ）における「ルールや規範」は教科内容として重要なものであると考えられ、この位置づけの明確化が必要です。

また、同志会の研究史からは、中村が示した「(1) 歴史領域、(2) 技術領域、(3) 組織領域」を「(1) 技術領域、(2) 組織領域、(3) 社会領域」として位置づけるように研究を進化させてきました。特に、丸山の指摘する「Ⅲ．社会領域」においては「機能合理的な課題解決そのものの意味を問い直し」「構造や仕組みの意味の問い直し」が強調されています。つまり、運動文化の持つ特性としての意味をも教科内容と考えているのであり、この「運動文化の特性」を教科内容として位置づける必要があります。

最後に、中村試案は高校生を対象に考えられたものであり、小学生や中学生を対象に考えられたものではなく、この試案をこのまま小学生や中学生を対象とすることはできません。

2. 草深直臣教科内容、領域試案

つぎに草深直臣の教科内容試案を検討します（草深, 1983, pp.62-63）。草深は教科内容を「技術学」「技術論（歴史）」「組織論（運営、ゲーム、組織）」「社会論」で考えています。

表1　草深直臣試案「体育科教育の学習内容と領域」（草深, 1983, pp.62-63）

<table>
<tr>
<td>Ⅰ. 技術学的分野（材料・道具の理解と習熟）
（A）Body Tool Control（個体レベル）身体運動そのものの動力と制御の矛盾
①動力技術（運動達成量の変化）；トラック競技
②制御技術（運動形態の変化）；マット
③結合技術の転化；器械体操
（B）時空間認知・構成
主として、移動性道具とBodyの矛盾
a）対人的レベル　b）集団的レベル
①道具操作と認知　①同左
②空間認知と構成　②同左
③対他的認識と戦術戦法　③連係技術と情報
ex. テニス　ex. サッカー　バレー
c）トレーニング方法</td>
<td>Ⅱ. 組織論的分野（メンバーの合意形成）
（A）組織の運営・管理
①メンバーの確定と分業
②ルール（広義）策定と遵守（ルールの矛盾についての理解と構成原理）
③トレーニングの計画と決定
（B）ゲームの運営
①審判方法の決定
②評価と鑑賞</td>
</tr>
<tr>
<td colspan="2">Ⅲ. 技術論的分野（技術の社会的発展の認識）
（A）一般的技術史
①技術の発展要因
②技術とルールの関係と矛盾
（B）技術学史
（C）技術の交通論</td>
</tr>
<tr>
<td colspan="2">Ⅳ. 社会論的分野（スポーツ文化の社会発展史）
（A）スポーツ文化史（主として、近代スポーツ史を中心に）
①「スポーツ禁止令」から「近代クラブ」の成立
②「近代スポーツ」の理念
③「近代アマチュアリズム」の成立
（B）スポーツ制度と運動
①統轄組織
②大衆的運動と組織
（C）スポーツ法と政策・行財政</td>
</tr>
</table>

草深試案は、中村試案の批判的検討を基に「スポーツの文化様式」を「1）技術性、2）組織性、3）社会性」から構成し、スポーツの権利内容と文化内容に対応する学力を「1）技術的・技能的能力、2）組織・運営管理能力、3）社会的統治能力」の３つにまとめました。そして「権利認識」と「文化内容」との論理的混乱を避けるために、スポーツ様式（技術体系・スポーツ組織）とスポーツ制度からなる「スポーツ文化の構造」試案と「体育科教育の学習内容と領域」試案を分けて提案しました（草深，1983，pp.61-63)。このように草深試案は「スポーツ文化の構造」試案を提起した上で、それにもとづき「教科内容試案（草深試案では「学習内容と領域」試案)」を提起しています。つまり草深試案は「運動文化に関する科学の根幹をなす基本的概念や原理としての知識や技術の体系」と考えられる試案を提示した上で、教科内容試案を提示しているところにすばらしい点があります。

しかし、教科内容は文化や科学の「基本的概念や原理」によって規定されますが、この概念や原理が学ばれる際には、これを学ぶ子どもの側の発達や生活の論理が必要であり、文化や科学の真理や法則における根幹をなす「基本的概念や原理」は、子どもの「発達」や「生活」という主体の側の論理によって、教科内容となっていくのです（今野，1981，p.40)。

草深試案を、この子どもの「発達」や「生活」という主体の側の論理から検討すると、草深試案は「スポーツ文化の構造」に規定されすぎています。例えば小学生を想定した場合、草深試案をそのまま教科内容として授業を構想することはむずかしいのです。「Ⅰ．技術学的分野　①動力技術」がトラック競技を運動素材として提示されていますが、陸上運動におけるトラック競技のどのような動力技術を対象に教材化を図ればいいかがイメージしにくいのです。

また、中村試案でも指摘したように、草深試案においても「運動文化の特性」が示されていないため、「運動文化の特性」を教科内容として位置づける必要があります。

3. 出原泰明の教科内容、領域試案

出原は、体育の教科内容としてつぎの３つの柱をあげています。

「 ①「スポーツ文化の発展」論（スポーツ文化の発展史論。スポーツと社会、スポーツの社会的条件など）

②競争・勝敗（コンペテイション）（スポーツ文化の特質Ⅰ）

③技能、技術、戦略、戦術（スポーツ文化の特質Ⅱ。技術学を軸にした自

然科学的内容を含む）」（出原，1993，p.19）

そして、この３つの柱は「教科の背後にあるスポーツ文化の構造や特質に規定され、そこからスポーツ文化の主人公にふさわしい国民的教養の基礎に当たる部分を抽出しようとしたもの」であり、「体育の教科内容の全体構造を示すものであり、子どもの発達や学年段階に合わせてさらに細かく具体化される必要」があるものだと説明されています。

出原試案では、中村試案、草深試案が位置づけていなかった「運動文化（スポーツ）の特性」が示されています。出原は、体育の教科内容として「①スポーツ文化の発展」論（スポーツ文化の発展史論。スポーツと社会、スポーツの社会的条件など）、②競争・勝敗（コンペテイション）（スポーツ文化の特質Ⅰ）、③技能、技術、戦略、戦術（スポーツ文化の特質Ⅱ。技術学を軸にした自然科学的内容を含む）」を示し、教科内容に「運動文化の特性」を位置づけました（出原，1993，p.19）。

また、草深試案が子どもの「発達」や「生活」という主体の側の論理よりも「スポーツ文化の構造」を全面に出していたのに対して、出原試案は子どもの「発達」や「生活」という視点から「『みんながうまくなること』を教えるのが教科としての体育の役割である」と主張し、「『みんながうまくなること』を教

表２　出原泰明試案「中学校の教育課程（試案Ａ）」

中学校の教育課程（試案Ａ）				
	教科内容	１学期	２学期	３学期
１年	①下手とは何か（能力観）	器械　／水泳	水泳／	
	②系統学習と技術の発展史		／陸上（ハードル）	
	③みんなでうまくなる（集団観）			サッカー
２年	④競争／記録とは何か	陸上（短距離）		
	⑤技術の分析・総合		バレーボール	
	⑥勝敗とは何か			剣道（柔道）
３年	⑦鑑賞・表現	民舞		
	⑧創造・創作		集団マット	
	⑨戦術・戦略			タッチフットボール（バスケ）
＊１すべての授業はグループ学習で行う（グループ学習の指導の力点は学期に一つ程度）				
＊２「体育理論」は別枠で行う				
＊３「クラブ活動」重視／同好会多数／各種スポーツ大会				

える」ということは、これを目的とするとともに教科内容としても「『みんながうまくなること』をあげているところに特徴がある」とし、この教えるべき内容として「感動」「方法」「社会的意味」を確定したいという意図を強調しました（出原，1993，p.19）。

さらに出原試案では、教科内容の３つの柱をもとに、ひとまず中学校３年間にふさわしく教育課程化した「中学校の教育課程（試案Ａ）」（93 ページ表2）を示し、この試案は義務教育終了時点での“15 歳のスポーツの国民的教養のイメージ”を実現することを目指して、まず教科内容を検討し、それを九つのユニットで構成し、それぞれの教科内容を教えるのにもっともふさわしい教材種目を選択、配置し、教材種目は教科内容にふさわしく加工されるものとされています（出原，1993，pp.19-21）。

このように出原試案では、中村試案、草深試案をもとにしつつ、子どもの「発達」や「生活」という主体の側の論理をより意識したものとなっている点が評価されます。

出原試案では、中村試案や草深試案になかった「運動文化の特性」を体育の教科内容として示しました。しかし、教科内容の柱として示した①「スポーツ文化の発展」論（スポーツ文化の発展史論。スポーツと社会、スポーツの社会的条件など）、②競争・勝敗（コンペテイション）（スポーツ文化の特質Ⅰ）、③技能、技術、戦略、戦術（スポーツ文化の特質Ⅱ。技術学を軸にした自然科学的内容を含む）がそれぞれどのような関係になっているのかは明示されていません。

また、体育科の目的として「みんながうまくなること」をあげ、教えるべき内容として「みんながうまくなること」の「感動」「方法」「社会的意味」を示しましたが、教科内容の柱である「①「スポーツ文化の発展」論、②競争・勝敗、③技能、技術、戦略、戦術」と教えるべき内容としての「感動」「方法」「社会的意味」の関係も明示されているわけではありません。

さらに、「中学校の教育課程（試案Ａ）」に示されている九つのユニットの内容と教科内容の柱である「①「スポーツ文化の発展」論、②競争・勝敗、③技能、技術、戦略、戦術」の関係も明示されていません。

このように、出原試案は中村試案、草深試案が位置づけていなかった「運動文化の特性」を示し、子どもの「発達」や「生活」という主体の側の論理をより鮮明にすることによって実際の授業をイメージしやすい試案を提示したのですが、提示した教科内容の柱や教科内容として示した九つのユニットの関係が曖昧であるという課題を残しているのです。

第２項　スポーツ教育の教科内容における先行研究（2）

1項では、中村試案、草深試案、出原試案の検討をしてきました。つぎに、プロジェクトによる試案1を検討します(プロジェクト,2003)。この試案1は、体育同志会の教師・研究者有志によって編成されたプロジェクトチーム29名によって作成されました。

1．試案１がめざしたもの

試案1は「教育課程」というタイトルになっています。通常、「教育課程」は各教科と教科外活動を含む学校教育で教えるべき内容の全体をさす用語であり、体育・健康教育分野においては「教科課程」という用語を使用するべきでしょう。それなのに「教育課程」という用語を使用したところに、この試案がめざした目的が表れています。試案1が「教育課程」というタイトルを使用した理由について安武はつぎのように述べています。

「同志会の実践・研究分野が『保健・体育』という教科教育に限らず、運動会などの体育的行事やクラブ活動、さらには地域のスポーツ活動や野外活動も視野に入れているためであった。また、それらを体育・スポーツ情勢、教育や社会情勢も踏まえた上で子どもの生活課題・発達課題に応える実践研究が目指され、そのことを反映しようとしているからである。それ故に、『運動文化論に立脚した』立場からではあるが、『学力と人格形成のプログラム』の全体像を描き出すという壮大な目的を課したのである。」(安武，2016，p.63)

2．試案１における体育の目的と目標

(1) 目的と目標

まず、体育科教育の目的について試案1ではつぎのように述べています。

「わたしたちは子どもをスポーツの主人公にすることを体育科教育の目的・任務と考えている」(プロジェクト，2003，p.182)

そして、スポーツの主人公を育てるために「ともにうまくなる」「ともに楽しみ競い合う」「ともに意味を問い直す」という３つの実践課題を提示しています。この３つの実践課題は「スポーツの主人公になりゆく主体の側から文化実践の課題を示すと同時に『ともに』を強調している」ところに特徴があります。その理由について試案1では次のように述べています。

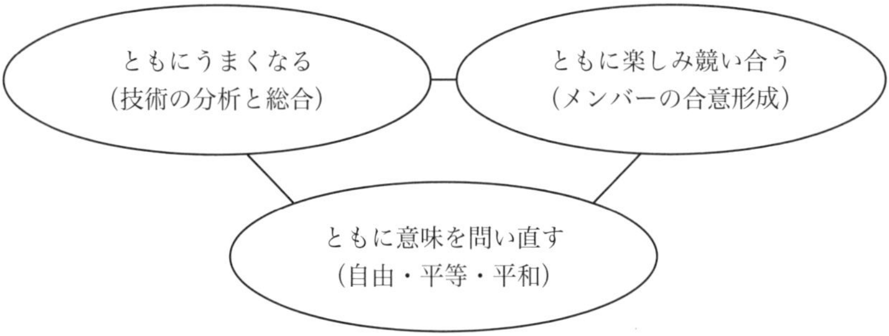

図１　運動文化の主人公に求められる実践的な課題（課題の追求と方法）

「①教育や学習をめぐって時代のキーワードとして『共同性』に注目が集まっている。」

「②先行世代である大人（教師、父母、地域住民など）と次世代の子どもとの共同や子ども同士の共同をますます重視する必要がある」

「③三つの『ともに』の課題は、わたしたちから子どもたちへの文化の変革と創造に向けた共同の『よびかけ』でもある」（プロジェクト，2003, pp.182-183）

このように「ともに」という共同性を実践課題として強調したところに試案1の特徴があり、この共同性の強調は、後述するスポーツの文化的特性と関係しています。

また、ここで提示された「ともにうまくなる」「ともに楽しみ競い合う」「ともに意味を問い直す」という３つの実践課題は、各階梯における目標と関係しています。この実践課題と目標の関係について、森はつぎのように述べています。

「この三つの課題は、スポーツの授業における目標でもあります。運動文化の主人公に求められる文化的実践のエッセンスとなる課題を示したものである。そこには客体である運動文化の体系との関連性および、実践における主体の共同的・対話的な関係性が含まれている。また、三つの課題は学校体育だけに限定されず、これからの地域・社会における運動文化の変革・創造を見通してイメージ化したものである。当然、子ども・青年だけに要求される課題ではない。教師の運動文化の捉え方や教材づくりの視点としても重視すべきものである。」（森，2007，p.198）

この実践課題と目標（以下、目標･課題と表記する）は、たとえば第２階梯（小学校第５学年〜第６学年）では、つぎのように示されています。

「（1）ともにうまくなる・運動（技術）にはうまくなっていくすじみちと方法があることがわかる。・運動技術をみんなで分析・総合する力を身につける。

（2）ともに楽しみ競い合う・みんなの合意を大切にしながら、みんなでルールを決めたり、創り出したりすることができる。・授業や行事における発表会、記録会、ゲームなどの初歩的な計画と運営のしかたがわかる。

（3）ともに意味を問い直す・今ある運動文化（技術・道具・ルール・組織・制度など）は、社会や歴史、環境と関わりを持っていることに気づく。・運動文化はその時代の人々が受け継ぎ、創り変えてきていることがわかる。」（プロジェクト，2003，pp.57-58）

(2) 目標・課題と教科内容の関係

「ともにうまくなる」「ともに楽しみ競い合う」「ともに意味を問い直す」という３つの目標・課題は、つぎの項で述べる「教科内容の領域構成試案」と関係しています。その関係を試案１ではつぎのように述べています。

「実践主体によるスポーツ文化の課題追求は、技術性、組織性、社会性というスポーツの重層構造的な性格と多面的な関わり合いをもち、そうした文化の性質を反映したものとなろう。またそうした課題追求の過程には、主体と文化的内容との関わり合いの性質によって相対的に区分される固有の原則的な追求方法があるように思われる。」（プロジェクト，2003，p.183）

スポーツの主人公を育てるための目標・課題「ともにうまくなる」「ともに楽しみ競い合う」「ともに意味を問い直す」は、教えるべき内容（教科内容）としての「技術性、組織性、社会性」における文化の性質を反映して固有の原則的な追求がされることを指摘しているのです。

ここで注意するべきは、目標・課題である「ともにうまくなる」「ともに楽しみ競い合う」「ともに意味を問い直す」が、教科内容としての「技術性、組織性、社会性」に単純に対応しているのではないという点です。つまり、目標・課題「ともにうまくなる」－教科内容領域「技術性」という対応関係になっているのではなく、「技術性、組織性、社会性」という文化の性質を反映した固有の原則的な追求方法になるのです。この原則的な追求方法について、森はつぎのように述べています。

「第一は『ともにうまくなる』という課題である。この課題の意味は、様々な能力、経験、要求の違いをもった仲間が協同し合って『うまくなること』(技術・戦術的な能力を獲得すること）を共同的な関係性を内に含んだ能力や経験として獲得していくことである。この課題の原則的な追求方法は『技術の分析・総合』である。第二は、『ともに楽しみ競い合う』という課題である。文化の楽しみから人を排除することのない競い合いのあり方を追求する。互いの個性的な能力を承認し・生かし・発揮し・高め合う方向で競い合いの様式を創り出していくことである。『メンバーの合意形成』をはかることが原則的な追求方法となる。第三は『ともに意味を問い直す』という課題である。これは第一、第二の課題に対する自分たちの追求の意味や価値の問い直しである。先行する時代の問題解決や現実の様々な地域・社会の実践的試みに照らして自分たちの取り組みを反省・省察する。そのことでより『開かれた学習』へのモメントを自ら生み出すことである。ここでは、自由・平等・公正・人権・平和など、運動文化の矛盾や発展方向を読み取るための原則的・価値的な観点からの問いかけが求められる。」(森，2007，p.198)

安武はこの目標・課題と教科内容の関係についてつぎのように述べています。

「『ともに意味を問い直す』という実践課題領域は、当初『教科内容』の『社会的内容』と主に対応するような図（『試案 1』187 頁）が示されていた。私自身もそのような理解をし、『主には第３階梯以降の課題となろう』(『たのスポ』2000 年 10 月号）としたが、近年『意味を問い直す』ことの重要性は第１階梯や障害児の実践においても重要視されている。」(安武，2016，p.65)

この指摘は、目標・課題「ともに意味を問い直す」―教科内容領域「社会的内容」について発達段階との関係に言及したものですが、先に述べたように目標・課題－教科内容領域の関係においても同様に対応関係になっているのではないのです。つまり、どの階梯でも目標「ともに意味を問い直す」は重要ですし、「ともに意味を問い直す」という目標を達成するためには、教科内容「技術性、組織性、社会性」が対象となるのです。また、同じように目標「ともにうまくなる」についての原則的な追求方法は『技術の分析・総合』ですが、教科内容としては「技術性」だけでなく「組織性、社会性」も対象となります。「ともにうまくなる」ためには、グループ学習としての組織性や社会性も学ぶ必要があるためです。

なお、この目標・課題―教科内容の関係については、「第５章　スポーツの授業例」で具体的に詳しく述べていきます。

3.　運動文化に関する教科内容の領域構成試案

つぎに次ページ図2における「教科内容の領域構成試案」について検討しましょう。

(1) 教科内容の領域構成試案

プロジェクトメンバーの森は、試案1「運動文化に関する教科内容の領域構成試案」について以下のように述べています。

「運動文化の主人公に求められる3つの実践的な課題を追求・解決していくために獲得されなければならない基礎的な事項が教科内容として編成される。その際、次のような観点が考慮される。第一に、運動文化の総体性を反映した内容構成であること。第二は、教科内容を①領域、②領域内の基礎的な内容事項、③基礎的内容を構成する要素的な内容というように階層的に構造化すること。第三に、これまでの運動文化に関する内容領域試案を参考にすること。第四に、これまでの実践的な試みと蓄積を手がかりに、現実に実践化への見通しがもてる内容構成にすることである。」(森，2007，p.198)

上記の観点をもとに作成された教科内容の領域構成試案は、ローマ数字Ⅰスポーツの技術性に関わる内容(領域)、Ⅱスポーツの組織性に関わる内容(領域)、Ⅲスポーツの社会性に関わる内容（領域）で構成されています。

この3つの「技術性」「組織性」「社会性」という内容（領域）は、「教科課程の全体のなかで検討・点検するために必要なフレーム」であり、教科内容の領域配分を示しています。この領域区分ははっきりと分けられるものではなく、およそのラインであり、相互に内容的な関連もあるため点線で示されています(プロジェクト，2003，pp.187-188)。

プロジェクトの代表世話人であった丸山は、この領域構成試案の3つの「技術性」「組織性」「社会性」という内容(領域)についてつぎのように述べています。

「『領域構成のレベル』はカリキュラム全体（各階梯間や改訂毎）の年間計画における領域配分を判断するというような性質のレベル」(丸山, 2015, p.187)

2017要領の教科内容「基本的な動きや技能」「運動に親しむこと」と対比すると、領域構成のレベルとして「技術性」「組織性」「社会性」という内容（領域）の具体化に試案1の画期的な特徴が表れています。2017要領の「基本的な動きや技能」とは、主に「技術性」に関することであり、「運動に親しむこと」は「技術性」「組織性」「社会性」を学ぶ過程・結果において形成される内容といえましょう。

I　技術性に関わる内容（領域）

1. 技術的内容
（運動技術、戦略・戦術の認識と技能習熟）
①運動の場(時間・空間＝対象的諸条件)および場の特性(媒質)に応じた身体コントロール
②わざ、表現様式をもった身体コントロール
③運動対象(用具)の特性に応じた身体コントロール
④ゲーム場面に応じたコンビネーションの構成(戦略)
⑤試合・ゲーム・レースプラン(戦略)の構成

2. 技術指導(技術学習)の系統性
（うまくなるには筋道があること）
①基礎技術の規定
②系統性とスモールステップ
③指導(学習)と言語化

3. パフォーマンス(できばえ)の分析方法
（技術・戦術分析）
①パフォーマンスの観察方法
②パフォーマンスの記録・記述の方法
③結果の分析と総合(事実、原因、手だて)

II　組織性に関わる内容（領域）

1. グループ(組織)づくり
①グルーピングの方法
②グループの機能(役割)分担
③グループミーティングの方法

2. グループの戦略・プランづくり
①グループの目標の立案
②試合・練習計画の立案
③計画の評価と調整

3. ルールづくり・ゲームづくり
①ルールの基本原則の理解
②ルールづくりの意味
③ルールの仕組み・内容
④ルールを守ること

4. 競技会・発表会(大会)の企画と運営
①競技方式とその特徴
②競技会・発表会の企画
③競技会・発表会の運営と管理

5. スポーツ(表現作品)の評価と鑑賞
①よいプレイ・よい試合とは何か
②技術美
③作品づくりとしてのスポーツ表現の様式
④スポーツ批評

III　社会性に関わる内容（領域）
（この領域は必ずしも理論学習でという必然性はない。実践学習に関連する内容として学習する場合もある。内容によっては理論でしか扱えないものもある。）

1. 技術の社会・歴史的な性質と発展(「うまい」「へた」を社会歴史的に認識する)
①スポーツ手段(道具)や対象(場)の変化と技術・戦術の変化
②ルールと技術・戦術の関係(矛盾とその解決)
③練習やトレーニング方法の科学的な研究と開発
④技術・戦術を普及し発展させる組織の取り組み

2. スポーツの発展史と発展論(運動文化の発展をどう捉えるのか)
①近代的な理念・様式の成立と発展
②文化の普及と変容や発展の様相(ローカリゼーションとグローバリゼーション)
③人類の現代的な価値追求(平和、自由と平等、人権、環境など)とスポーツの理想や理念
④スポーツ振興法と政策・行財政の展開

3. スポーツの主体の成立と形成(スポーツの主人公が担うこと)
①文化の担い手の拡大と組織化(クラブ、協会・連盟)
②スポーツ組織の自治と自立(手段、ルール・規範、財政の管理運営)
③スポーツ権の生成と展開(理念、体系、法的根拠)
④現代スポーツの社会問題を解決する主体の形成(様々な事例と主体形成の可能性)

図２　試案１「運動文化に関する教科内容の領域構成試案」(プロジェクト, 2003, p.181)

そして図２の西洋数字で示された、たとえば技術性における「1. 技術的内容」「2. 技術指導（技術学習）の系統性」「3. パフォーマンス（できばえ）の分析方法」などは教科の基本的な内容事項を示しています。

さらに図２の修飾数字で示された、たとえば1. 技術的内容における「①運動の場（時間・空間＝対象的諸条件）および場の特性（媒質）に応じた身体コ

ントロール」「②わざ、表現様式をもった身体コントロール」などは、教科の基本的な内容を構成するより具体的な内容事項であり、以下のように述べられています。

「単元の授業づくりにおいて、運動・スポーツ素材との関係で具体的に肉付けされ、子どもたちの追求の筋道にそって構成されるのがこのレベルの内容である。」（プロジェクト，2003，p.188）

この西洋数字で示された教科の基本的な内容事項「1．技術的内容」や修飾数字で示された具体的な内容事項「②わざ、表現様式をもった身体コントロール」などについても丸山はつぎのように説明しています。

「『基本的内容事項レベル』は教材単元の枠を越えた共通の教科内容のレベル、そして『基本的内容事項を構成する具体的な内容事項』は各教材単元の授業づくりにおいて教材特性と関わって具体化され単元計画に盛り込まれて構成される内容のレベルである。」（丸山，2015，p.187）

ここでも2017要領の教材領域（小学校高学年）「体つくり運動」「器械運動」「陸上運動」「水泳運動」「ボール運動」「表現運動」「保健」における教科内容「基本的な動きや技能」「運動に親しむこと」と対比すると、教えるべき内容の具体化に試案1の画期的な特徴が表れています。2017要領小学校体育第5学年及び第6学年B器械運動ウ跳び箱運動「切り返し系や回転系の基本的な技を安定して行ったり、その発展技を行ったりすること」が「技を行うこと」という経験で終わっているのに対して、「わざ、表現様式をもった身体コントロール」について「（うまくなるには筋道があること）」や「パフォーマンス（できばえ）の分析方法」という技の技術的仕組みを理解する具体的内容が提示されています。

(2) 教科内容を教える

上記のように、2017要領では教科内容が明確ではなく、「教材＝運動＝教科内容」という考えが踏襲されています。そして、運動＝教材を経験しさえすれば、教科内容が獲得され、体育の目標が達成できると考えています。

この教科内容不在の状況に対して、試案1ではスポーツ分野における「教科内容領域」の試案を提示し、体育科ではスポーツ分野における「技術性、組織性、社会性」を教科内容として教えるべきであることを提案しています。この提案によって、たとえば跳び箱運動では「技を行うこと」という経験で終わっていた体育の授業が変わっていきます。跳び箱運動は器械体操競技の跳馬競技が素材になっています。跳馬競技は「表現の質（雄大さ、美しさ、難易度、正確さなど)」を競い合うスポーツです。つまり、跳馬競技は「表現の質」を競うことを目的として、いろいろな技などの「技術性」やルールなどの「組織性」を発展させてきました。また、ロイター板などの器具や用具を含む「社会性」も発展させてきました。このため、跳馬競技というスポーツを素材として、以下の教科内容を設定することができます。

【教科内容例 1 表現の質】

スポーツはいろいろな面白さをもっています。その中に「表現の質」を〈競争／協同する〉面白さがあります。跳び箱運動によって、スポーツの面白さにおける「表現の質（美しさ、難易度、正確性など)」を、学習する授業ができます。

【教科内容例 2 スポーツの仕組み】

跳び箱運動教材によって、スポーツ文化における「技術性（技や技術)」「組織性（ルールや競技方法)」「社会性（器具や用具)」というスポーツの仕組みを学習する授業ができます。

試案 1 は教科内容の明確化によって、スポーツという文化が「技術性、組織性、社会性」によって成立していることや、スポーツの特性である「競争／協同」関係を教えることが可能になり、単にスポーツの経験をするだけの授業から脱却できる展望がひらかれました。この「文化としてのスポーツを教える体育」について、丸山は出原の主張を引用してつぎのように述べています。

「『文化としてのスポーツを教える体育』授業のイメージを①これまでの「できるようにする」「うまくする」だけの体育から脱却し、文化としてトータルに教えることを目指す授業、②スポーツの技術学（技術や戦略・戦術の科学）を教える授業＝「できる」「うまくなる」ことに加えてその原理や法則、構造を教科内容として持つ授業、③スポーツが他の文化と区分される固有の特徴である「競争」「勝敗」の意味や原理を教える授業、④スポーツと人間の関係を歴史や哲学、政治・経済との関わりを土台にして、スポーツの価値や文化としての発展論を教える授業であるとした」（丸山，2015，pp.180-181）

2017 要領では、教科内容が「基本的な動きや技能」「運動に親しむこと」であり、「できるようにする」「うまくする」だけの体育から脱却できていません。一方、試案 1 によって、スポーツという文化の成立を「技術性、組織性、社会性」という教科内容として、その原理や法則、構造を教えること。また、スポーツ文化固有の特性として「競争／協同」関係の意味や原理、そしてスポーツの価値や文化としての発展論を教える授業づくりへと変革・創造できる道が切りひらかれています。

4.　民主的公開性

(1) 試案

ここまで試案１の目的・目標と教科内容について検討することで、試案１がスポーツの価値や文化としての発展を教えることで、運動経験をさせるだけの体育授業を変革・創造できる可能性について述べてきました。

試案１には、もう一つの大きな課題、学習指導要領の「拘束性」を乗り越える可能性があります。その可能性について試案１はつぎのように述べています。

「民間教育研究団体である体育同志会が教育課程の自主編成に取り組むことの意味は、何より子どもや父母のごく当たり前の教育要求を真正面から受け止め、それに誠実に応え、同時に自由で主体的な現場の教師と実践を励ますことであり、教師の自由と自立の獲得、実践の自由と創造性の確立に寄与することである。」(プロジェクト，2003，p.172)

約60年前の1958年学習指導要領改訂によって、文科省が官報に告示することで学習指導要領は法的な性格を持つものとして各学校・教師を拘束し、その拘束力を年々強化してきました。中野はつぎのように指摘します。

「1958年、学習指導要領の国家基準性が再び強化され、教師はその実施を義務づけられるようになった。教師は学習指導要領の枠内でしか、各学校でカリキュラムを作成できなくなったのである。」(中野，2009，p.1)

つまり、教育の目的・内容・方法は学習指導要領に示すので、一人一人の教師は学習指導要領通りに教えればよく、「余計なことを考える必要はない」ということなのです。このため、各学校に教育課程の編成権があるにも関わらず、教師は「教育の目的・内容・方法」を考える自由を著しく制限され続けてきました。私の体験でも、以下のようなことは日常茶飯事でした。

「教師が考える必要はない。学校全体の教育目標などは校長や副校長が考えること。校長から言われたことを、教師は黙ってやっていればいい。それを教師がいちいち考えようとするから、めんどうなことになる。めんどうなことはしたくないし、しないでいい。」

年度末に、各学校では１年間の学校評価をします。１年間の教育活動評価をする際に、教師が学校教育目標などを考える必要がないと、この主任教諭は断言しました。そして、会議に参加していた校長は、この発言に対して無言の承認を与えていました（大貫，2013）。

2011年ベネッセ調査によれば、指導内容の増加に伴い、教師たちはともかく「教科書内容を教える」ことを重視し、「探究的学習（考える）」は軽視しようとする傾向が示唆されていると以下のように報道されました。

「1998年の同種調査と比べ、教員が重視する点は『強制してでも学習させる』『授業の楽しさを多少犠牲にしても、学問的に重要な事柄を押さえる』『一人前の大人になるために必要なことを教え、訓練する』が増え、（中略）探究的な学習を進めることには5割強が不安を訴えた。」（増谷，2011）

このような学習指導要領の拘束性に対して、小山は教師一人一人が教育の目的・内容・方法を考えて授業づくりをしていく必要性についてつぎのように述べています。

「創造的な授業研究のためには、学習指導要領に縛られない自由な発想が必要である。教師はスポーツ文化研究を行い、目の前の子どもの発達の実態と照らし合わせて学習目標を設定し、授業を構想していく。そのために学習指導要領は参考にするものの、それに縛られていては実践の幅は広がっていかない。」（小山，2016，p.8）

小山が願う創造的な授業研究は、先進諸国では当たり前のこととして実施されています。日本の学習指導要領体育編に当たるドイツのスポーツ指導要領作成について、丸山はつぎのように紹介しています。

「ドイツでは教師によるスポーツ指導要領の評価を正当に位置づける風土があり、指導要領改訂作業のプロセスでこのような教師の声（評価）を活かすシステムを構築しようとしている点、とりわけ指導要領の作成・執行側が新しいスポーツ指導要領実施についての教師の声を調査し、多様な批判的意見を取り上げている点は注目に値する。」（丸山，2015，pp.159-160）

日本の学習指導要領における拘束性は、「考えない教師」を生み出す元凶となっているのに対して、試案1が求めた「教師の自由と自立の獲得、実践の自由と創造性の確立」がドイツでは実現しているのです。試案1は、教育実践の自由を求めるために「試案」というタイトルをつけています。

「わたしたちが提案する『教育課程試案』は現場教師の手による民主的な手続きによってつくられる『手引き』としての『試案』であり、それは決して教育実践に対して拘束力をもつものではない。」（プロジェクト，2003，p.172）

文部科学省が作成する学習指導要領が唯一無二の教育課程であり、そこで示された目的－内容－方法をただ従順に教えることが教師の役割だとする上意下達な教育行政では、2017 要領のメインテーマ「主体的・対話的で深い学び」を実現することは不可能です。教師自身が「従属的・閉鎖的で浅い学び」を強いられているのですから。

(2) 実践の蓄積

日本の教育における最大の課題である学習指導要領の拘束性によって生み出されている「考えない教師」を、試案１が乗り越えていく可能性をもっていることについて前項では指摘しました。もう一つ、試案１は学習指導要領の拘束性を乗り越える可能性をもっています。それは「歴史性」と「科学性」です。

プロジェクトの試案１では、実践記録 118 本を共通の 15 項目における視点で分析するという膨大な作業による「体育実践カタログ」をベースにしています。そこには、これまでの教育課程研究という「歴史」を背景として学校現場の「教育実践」を土台にするという教育課程づくりの思想があります。さらに、試案１では作成過程で「中間報告」を公表し、体育同志会内外からの批評を求めました。ここにも文科省学習指導要領とは教育課程づくりの思想が大きく異なっています。

38 年間公立小学校の教師を私はしてきましたが、学校では１年間の教育成果の振り返りをして「教育課程づくり」をすることがありませんでした。しかも、最近では各学校の「教育課程」を教育委員会に届ける時期が早まり、１月には教育課程案ができていて教育委員会との事前打ち合わせが行われるようになったため、校長・副校長（教頭）・教務主任の３者だけで各学校の教育課程案を作成し、教育委員会への届け出をしています。つまり、各学校の教師たちが全く知らないところでその学校の１年間の教育課程案が作成されて決定されるのです。

また、１年間の各学校で指導する「教科年間計画」が職員会議などで提案されることもほとんどありません。つまり、国語や算数、体育などの年間計画が作成されていないのです。なぜ年間計画が作成されずにすむのかと言えば、「教科書通り」に教えればそれでよし、ということだからです。私は勤務校で体育主任だったときに４月の職員会議で必ず「体育科年間教材配当計画」を作成し、提案をしました。しかし、他の教科でこのような年間計画が提案されたことは一度もありませんでしたし、38 年間の教師生活において校長の誰一人として

「教科年間計画」の提案を行うよう指示した人はいませんでした。

ここにも、学習指導要領通り、そして教科書通り教えていればそれで事が済むという「従属的・閉鎖的で浅い学び」の学校体質があり、この体質は学習指導要領の拘束性によって生み出されているのです。

保健体育の分野であれば体育同志会だけでなく、全国体育学習研究会、教育科学研究会身体と教育部会などの全国的な研究団体は、長年にわたって教育実践をつくりあげてきた実績をもっています。つまり、体育科教育に関する実践研究の蓄積としての「歴史性」と「科学性」をもっているのです。また、民間の体育研究団体だけでなく、日本体育学会、日本スポーツ教育学会、日本体育科教育学会といった学会でも、それぞれ教育課程試案を作成すればいいでしょう。

これら民間の体育研究団体や学会に、それぞれの教育課程試案の作成を任せれば、それぞれの「歴史性」と「科学性」を反映した試案が公表されることになります。

こうして、保健体育分野だけでもいくつもの教育課程試案が作成され、それを各学校が検討し、自分たちの学校に合う教育課程を創っていけば、教師たちは「自ら考える教師」になっていきます。教師が自ら考える力を蓄え伸ばしていくことで、子どもたちに「生きる力」や「主体的・対話的で深い学びの力」を育てることができるのです。

文科省をはじめとする教育行政は学習指導要領を作成し、現場教師たちに押しつけ従属させるのではなく、現場で子どもたちを日々教育している一人一人の教師を信頼するべきです。そして、教師たちが自ら教育課程を考え、より豊かな授業や学校を自分たちの力でつくりあげていくための援助をこそするべきなのです。

体育同志会という一研究団体が「教育課程試案」を作成し公表したのは、このような現場教師・学校の自立を願うためだったのです。

5. 課題

プロジェクトの試案1は、指導要領に対して教育課程づくりは多様であり、ドイツの例に見られるように公開性・合意性を基盤として作成されるべきことを示しました。また、「各学校が教育課程を作成する」という原則の実現のためには、文科省作成の指導要領を上意下達によって各学校へ押しつけることを止め、多様な教育課程試案が作成されることを文科省は支援し、各学校において主体的に教育課程づくりが行われることについて提言をしています（プロジェクト，2003，pp.223-229）。

試案１は教材ではなく教科内容を中心とした体育実践のあり方を提示しました。これまでの体育授業においても運動技術や戦術、ルールなどは教えるべき内容とされてきました。しかし、運動技術やルールがスポーツのどのような成立条件となっているのかは明確ではありませんでした。このため教科内容として技術やルールを教えることが、器械運動などの運動種目を教えることと混同されていたのです。

試案１では「Ⅰスポーツの技術性に関わる内容」「Ⅱスポーツの組織性に関わる内容」「Ⅲスポーツの社会性に関わる内容」という３つの教科内容が示されました。指導要領の種目主義（マット運動のやり方を教える）とは異なり、教材であるマット運動によって教科内容としての「技、表現様式をもった身体コントロール」の仕組みが＜わかり・できる＞ことがめざされています。

では、試案１はスポーツにおける特性や成立条件を教える授業づくりという点で十分だったかといえば課題は残っています。たとえば、「③スポーツの特性『競争』『勝敗』の意味や原理」「④スポーツの価値や文化としての発展論」についての教科内容は具体的に提示されているわけではありません。このため、試案１第４階梯（高校第１学年〜第３学年）社会性に関わる内容では「近代スポーツの発展史」について、つぎのように述べられています。

「『近代』という時代がスポーツに刻んだ足跡を学びつつ、その果たしてきた役割と今日それがどのような矛盾に直面しているかという問題認識を踏まえ、科学とヒューマニズムの視点からこれを変革していく展望を学習する。」（プロジェクト，2003，p.104）

また、「現代スポーツと社会的テーマ」では、つぎのように述べられています。

「現代社会が織りなす様々な事象とスポーツとの関連や、スポーツに現れた現代社会の事象を取り上げ集団的且つ探究的に探っていく。」（プロジェクト，2003，p.104）

つまり、試案１の高校生段階においても「現代社会とスポーツの関連」や「近代スポーツにおける科学とヒューマニズムからの変革展望」という文言が示されただけであって、その具体的内容は不明なままです。

次節で具体的に提示したいと思いますが、私はスポーツの教育における特性とは、「競争性／協同性」関係にあり、この特性はスポーツの成立条件としての「技術性、組織性、社会性」関係によって実体化されていると考えています。

つまり、スポーツの教科内容を教える授業では、「運動技術それぞれの固有性とは何か」を教えるために、たとえば「身体表現」を目的とする器械運動の運動技術と「速さ」を目的とする陸上運動の運動技術を比較し、その共通性と相違性を探究するようなものとなるでしょう。したがって、試案1における課題として、スポーツ文化における特性や成立条件などを明確にして、探究的に学び取る授業を構想し、実践し、検証していく必要があります。

また、プロジェクトの試案1自体が学校現場で試され、その成果と課題が検討され、試案1の再構築へと結びつく「理論と実践の往還」が必要です。各学校で行われる教育課程づくりは、使われることに価値があり、教師の主体性によってつくりかえられ交流されることによって、本当の意味での各学校の教育課程となっていくのです。

次節以降において、この試案1における課題について、私の試案を述べたいと思います。

【文献】

学校体育研究同志会教育課程自主編成プロジェクト（2003）教師と子どもが創る体育・健康教育課程試案第1巻，学校体育研究同志会編，創文企画，pp.57-58，p.172，pp.182-183，pp.185-188

出原泰明（1993）序章「教科内容」研究と授業改革，体育同志会編，体育実践に新しい風を，大修館書店，p.10，pp.19-21

今野喜清（1981）教育課程論，教育学大全集26巻，第一法規，p.40

小山吉明（2016）体育で学校を変えたい，創文企画，p.8

草深直臣（1983）運動文化論研究の生成と展開，立命館大学人文科学研究所紀要―保健・体育研究，第2号，pp.61-63

草深直臣（1989）国民運動文化の高揚と運動文化論の追求，学校体育研究同志会編，国民運動文化の創造，大修館書店，p.222

丸山真司（1999）体育の教育課程における内容領域編成について，体育同志会第7回教育課程プロジェクト提案，p.9（未公刊）

丸山真司（2015）体育のカリキュラム開発方法論，創文企画，p.104，pp.159-160，pp.180-181，p.187，pp.223-229

増谷文生（2011）2011年3月10日，朝日新聞朝刊

森敏生（2007）1 体育科は何をめざす教科か，柴田義松監修，子どもと教師でつくる教育課程試案，日本標準，p198

中村敏雄（1973）運動文化と人間形成（III），日本体育学会24回大会発表

中村敏雄（1999）学校体育は何を教える教科であるか，中村敏雄編，戦後体育実践論資料編　戦後体育実践主要論文集，創文企画，p.165，p.166

中野和光（2009）刊行のことば，日本教育方法学会編，日本の授業研究上巻，学文社，p.1

大貫耕一（2013）誰のため、何のため，体育科教育，2013年7月号，大修館書店，

pp.30-33
安武一雄（2016）教育課程試案の作成とその後，学校体育研究同志会編，たのしい体育・スポーツ，2016年１・２月合併号，p.63，p.65

第３節　スポーツ文化の教科内容試案

第１項　スポーツの授業における目的

いよいよスポーツの授業における本質に迫ることになります。まず、私が考えるスポーツの授業における目的を紹介します。

【スポーツの授業における目的】
○スポーツ文化を継承・変革・発展させる主体者を育てる。
○スポーツ文化を人間にとって価値ある文化として発展させるために、スポーツ文化に関する基礎的教養をすべての子どもたちに教える。

この目的を達成するために、第２章２節では、スポーツ文化の教科内容について検討をしてきました。この検討にもとづけばスポーツ文化の教科内容は以下のように示すことができると考えています。

スポーツ文化の人間的な変革・創造に向けた、スポーツ文化に関する科学の根幹をなす基本的概念や原理としての知識や技術の体系。

このスポーツ文化に関する科学の根幹をなす基本的概念や原理は、「特性（競争性／協同性）」と「成立条件（技術性、組織性、社会性）」だと考えています。

つまり、スポーツ文化の特性における競争性としての「競い合い、技術・戦術の高まり」や、協同性としての「競い合う相手や仲間とのコミュニケーション、プレイの共有や合意形成」などの教科内容を基礎的教養として学び、スポーツ実践の行為能力を身につけていきます。また、スポーツ文化における勝利至上主義などの課題についても学ぶことで、人間にとってより価値のある文化としてスポーツ文化を発展させることを考えていきます。

第２項　スポーツ文化の特性（競争性／協同性）

１．競争性

スポーツ文化の特性における「競争性」についてまず考えたいと思います。森は、「近代資本主義の競争社会が形成されていくことと、近代スポーツの競争形式が整えられていったこととは深く関わっている」と述べ、スポーツの広がりについてつぎのように述べています。

「資本主義のシステムと同様に、スポーツがここまで広がっていったのは、誰もが公平で平等な条件のもとで、一定の合理的方法と明確な価値尺度に基づいて自由に競争する仕組みを作り出し、その仕組みによってスポーツを享受する空間を世界に拡大することができたからでした」(森，2014，p.8)

森が述べているように、人間は卓越性を追求する創造的な本性をもっており、この創造性としての卓越性の追求を、合理的な方法と明確な価値尺度に基づき、異質な他者と共に探究するところに「競争性」の本質があると考えられます。

ダニエル・E・リーバーマンは、「現生人類と旧人類とのもっとも根本的な違いは、私たちに文化的変化を生み出す能力があったことだと言えるだろう」と述べ、ホモ・サピエンスという種の特徴について以下のように述べています(リーバーマン，2015，p.199)。

「私たちが新しい発想を生み出したり伝え合ったりする素質に並外れて恵まれているということである。ホモ・サピエンスは本質的に、そして圧倒的に、文化的な種なのだ」(リーバーマン，2015，p.225)

そして、このようなホモ・サピエンスにおける文化の芽生えが後期旧石器時代であったとしてつぎのように述べています。

「人々が初めて信念や感情を象徴的なかたちで定期的に永続的な媒体に表現するようになったのが、この後期旧石器時代だったのである」(リーバーマン，2015，p.210)

更科は「ホモ属は石器を使い始め、肉を頻繁に食べるようになった」と述べて、石器という道具についてつぎのように述べています。

「簡単な打ち欠けだけで石器を作る文化をオルドワンと言い、石器の表と裏の両面に加工をしたハンドアックスなどを作るようになった文化をアシューリアンと言う」(更科，2018，p118)

そして、アシューリアンの手で使う石器について「切る、削る、掘るなど、何にでも使われた可能性がある」と述べています。また、石器を作る知識についてつぎのように指摘しています。

「石器を作る知識は、すぐに他の個体や他の集団に伝わったようである。ホモ属には新しい知識を受け容れる能力があったということだろう。」(更科，2018，pp.119-120)

さらに、脳の大きさと石器の関係について、「脳が大きくなって石器を使い始めたのではなく、石器を使い始めてから脳が大きくなった」と述べています(更科，2018，p124)。

現生人類は「文化を通じて革新をはかろうとする驚くべき傾向と能力」によって文化を生み出し、文化によって環境に適応していきました（リーバーマン，2015，p.211)。

この人間の創造的な卓越性の追求について、波多野は人間の学習能力の視点からつぎのように述べています。

「人間は、他の動物にくらべて生まれつきの行動のしくみをごくわずかしかもっていないかわりに、強い知的好奇心と向上心、そしてそれにもとづく大きな学習能力をそなえているのが特徴だ、といわれている」(波多野・稲垣，1977，p.181)

人間は、好奇心・向上心に富む能動的存在として環境に働きかけ、環境を変えていく創造的な卓越性の追求を本性としています。この人間の創造性という本性が競争性の根幹にあるのでしょう。

2. 協同性

つぎに、スポーツ文化の特性における「協同性」について考えたいと思います。

大島は、ポルトマンの著書「人間はどこまで動物か」(ポルトマン，1961)を引用してつぎのように述べています。

「人間は『生理的早産』と言われるほど本能的には未熟な状態で生まれ、その後ゆっくりと成長を続ける動物である。」(大島，1973，pp.65-66)

この生理的早産によって赤ん坊が生まれることは、育つことと学ぶことの一体性を示すと同時に、人間における「協同性」を導くことになりました。ハラリは人類進化における協同性の重要性をつぎのように述べています。

「自活できない子供を連れている母親が、子供と自分を養うだけの食べ物を一人で採集することはほぼ無理だった。子育ては、家族や周囲の人の手助けをたえず必要とした。人間が子供を育てるには、仲間が力を合わせなければならないのだ。したがって、進化は強い社会的絆を結べる者を優遇した。」(ハラリ，2016，p.23)

ハラリが指摘する社会的絆という協同性の強弱は、人類史においてホモ・サピエンスだけが生き残った謎にも関係しています。真柴はロビン・ダンバー「人類進化の謎を解き明かす」の解説でつぎのように述べています。

「ネアンデルタール人が絶滅し、現生人類だけが生き残った要因も多々考えられるにせよ、言語や社会・コミュニケーションの複雑さ、文化的な創造力、交易ネットワークによる協力体制といった、認知能力を根幹とする共同体の質・規模のちがいが大きいのではなかろうか。このことは取りも直さず、今日にまで続く私たち『人間』とその社会の核心とは何かを改めて教えてくれるだろう。」（真柴，2016，p.337）

真柴が述べているネアンデルタール人の絶滅についてダンバーは「ネアンデルタール人はおよそ２万8000年前（化石が残っている最後の年代）に姿を消した」と述べています。そして、氷河期の氷床によって南へ追われた「ネアンデルタール人の共同体規模が同時代の現生人類のそれよりかなり小さかった」ことが決定的だったのではないかとして、つぎのように述べています。

「両種の間で共同体の規模がやや異なることが決定的な役割を果たしたのではないか。おそらく現生人類はいざとなれば、結束の固い共同体の男性多数に頼ることができたと思われる。さらに、旧人に比べてはるかに広い地域から仲間を呼びよせられたのだろう。」（ダンバー，2016，pp.233-241）

ハラリもネアンデルタール人が消えてしまった理由について「ホモサピエンスによって絶滅に追い込まれたという可能性がある」（ハラリ，2016，p.31）と述べていますし、リーバーマンもネアンデルタール人消滅についてつぎのように述べています。

「現生人類が急速にヨーロッパ中に広まるにつれ、ネアンデルタール人の集団はどんどん小さくなって、最後には孤立したレフユジア（退避地）に閉じこめられたあと、永久に消滅してしまった」（リーバーマン，2015，p.204）

他の人類種であるホモ・ネアンデルターレンシス、ホモ・エレクトス、ホモ・ハイデルベルゲンシスなどが絶滅し、ホモ・サピエンスだけが生き残った原因に、現生人類が本性としてもつ強い「協同性」があったことを示しているのです。

現生人類の協同性（社会性）と脳との関係について、ダンバーは社会脳仮説を提示しました。ダンバーの社会脳仮説について真柴は次のように解説します。

「社会脳仮説は、社会的行動の複雑さ（相手の心を読み取るメンタライジング能力など）や社会の規模と、脳（新皮質）の容量には相関があるとする。」（真柴，2016，p.334）

つまり、霊長類の脳が進化する原動力となったのは「複雑な社会性の進化」だったというのです。社会性が複雑化することによって相手の心を読み取るメンタライジング能力が必要となります(注1)。「眼窩前頭皮質の容量がメンタライジング能力を決め」るため、眼窩前頭皮質の容量増大とメンタライジング能力は相互に関連しあって発達してきたと考えられます。そして、ダンバーたちが行った実験によって、「メンタライジング能力が社会ネットワークの規模を決めること」がわかってきました（ダンバー，2016，pp.57-62）。広井もソーシャル・ブレイン（社会脳）についてつぎのように述べています。

「人間の脳が現在のようなかたちで高度に発達した過程において、他者あるいは他個体との（情緒面を含む）相互作用が決定的に重要な役割を果たしたと理解するものである」（広井，2016，p.16）

更科も、初期の人類が「食物を運搬し、さらに分配していた可能性が高い」と指摘し、この食物分配の結果、オス同士の争いが緩やかになったため、「人類の犬歯は小さくなっている」と述べています（更科，2018，pp.59-70）。

つまり、ホモ属は互いに食物をめぐって争うことよりも、分配することで生き残る平和な戦略を採用したのです。このため、食物を運ぶための直立二足歩行を行うようになりました。更科はつぎのように述べています。

「手で物を運べるという直立二足歩行の最初の利点が、一夫一婦に近い社会と結びついて、たまたま初期人類で進化した。」（更科，2018，p.131）

人類は直立二足歩行を進化させることで、「高度な協力関係の土台」をつくり、現在の繁栄を築いたのです。

このように人類進化の過程において、「社会性」が脳の進化に影響を与えてきたことが明らかになってきました。人間は社会性としての「協同性」をその本性としているのです。

3.「競争性／協同性」関係

スポーツ文化の特性である「競争性／協同性」関係を明らかにするために、人間の本性としての「競争性」と「協同性」について考えてきました。さて、スポーツ文化の「競争性／協同性」関係に話をもどしましょう。

人間は、創造性による「競争性」と社会性による「協同性」によって、さまざまな文化を創造し発展させてきました。スポーツ文化もこの人間の競争性と協同性によって創造され発展してきたと考えられます。

森は、スポーツの競争についてつぎのように述べています。

「異質な他者を対等な存在として尊重し、異質な他者と相互に追求する『卓越性』の目標・内容や条件を『共に探究する』営みという性質をも宿しています」（森，2014，pp.10-11）

また、山本は競争性と協同性の関係について以下のように述べています。

「みんなとうまく連携、あるいは協力することも相互作用の一形態で、“競い合い”とは対になっています。“競い合い”がない場では、連携や協力はあまり機能しないのです。逆にいうと、“競い合い”が連携や協力を生むといってもよいでしょう。」(山本, 2016, p.12)

競争と協同は「対」になっています。コインの表と裏といってもいいでしょう。他者と協同して競い合うこと、あるいは競い合うことによって協同することで「競争性／協同性」関係が成立しているのです。

第３項　スポーツ文化の成立条件（技術性、組織性、社会性）

前項では、スポーツ文化の特性「競争性／協同性」関係について考えてきましたが、「競争性／協同性」関係は、それだけでは実体がありません。つまり、何をどのように競っているのかという「成立条件（技術性、組織性、社会性）」との関係によって実体となります。

1.　スポーツの「技術性、組織性、社会性」

体育同志会のプロジェクトは、試案１において、スポーツ文化の全体的構造に対応した教科内容として、スポーツの「技術性、組織性、社会性」を示しました。重要な内容なので、少し長いのですが以下に紹介します。

「Ⅰ　スポーツの技術性に関わる内容（領域）は次の基本点（ママ）な内容事項から構成される。

①運動技術、戦略・戦術といった技術的な内容の認識や習熟

②技術指導・学習の道筋（系統）についての認識と指導・学習における言語化という方法の認識

③自分たちの技術・戦術のできぐあいを対象化し分析するための方法である。

この領域は主として『ともにうまくなる』ための認識や方法や技能を配置したものである。」

「Ⅱ　スポーツの組織性に関わる内容（領域）は次の基本的な内容事項から構成される。

①グループの組織化の方法

②グループの目的意識的な活動の計画・展開・調整の方法

③自分たちが楽しむスポーツのルールやゲーム作りとその原則・仕組み・方法・意味の認識

④自分たちの達成を競い合い表現し合い評価し合う競技会や発表会の企画・運営・管理の方法

⑤プレイや試合それ自体の美的価値を共同で創出し共有し形成する鑑賞や評価である。

この領域の内容は主として『ともに楽しみ競い合う』ための認識や方法を配置したものである。」

「Ⅲ　スポーツの社会性に関わる内容（領域）は次の基本的な内容事項から構成される。

①スポーツ技術の社会的・歴史的な性質やその発展過程に関することがらである。つまり『うまい』や『へた』を社会や歴史との関係で変化するものと捉えるということである。

②運動・スポーツが発展してきた歴史や運動・スポーツの文化としての発展についての理論（考え方）である。

③スポーツの主体の歴史的な成り立ちと、主体形成の社会的な実現状況や可能性についての認識である。言いかえれば『スポーツの主人公』が自らの権利としてあるいは行使するために獲得しなければならないことがらについての認識である。

この領域の内容は主として『ともに意味を問い直す』ための文化的認識、社会や歴史的な観点から運動・スポーツ文化を捉えるものを配置している。」（プロジェクト，2003，pp.185-187）

体育同志会のプロジェクトは、スポーツ文化の教科内容として、スポーツの成立条件を「技術性、組織性、社会性」という内容で明確にしたのです。

2.　成立条件の「組織化―未組織化」

スポーツの成立条件「技術性」「組織性」「社会性」は、「組織化―未組織化」の関係で現れています。つまり、スポーツの「技術性」がトップアスリートのように高度に組織化された状態と、公園で友人とスポーツを楽しむようなまだ十分組織されていない未組織化な状態があるのです。

スポーツを行う者は、この技術性が組織化された状態と、まだ十分組織されていない未組織化な状態としての「組織化―未組織化」関係の上に位置づいています。

同様に「組織性」もオリンピック競技会のように高度に組織化された状態と、学校の校庭で放課後に子どもたちが遊んでいるような十分組織されていない未

表１　スポーツの成立条件「技術性」「組織性」「社会性」と組織化—未組織化関係

〈技術性における「組織化—未組織化」関係〉
〈組織性における「組織化—未組織化」関係〉
〈社会性における「組織化—未組織化」関係〉

組織化な状態があり、スポーツを行う者はこの組織化された状態と、未組織化な状態の「組織化—未組織化」関係の上に位置づいています。

さらに「社会性」も、スポーツの享受権や自治権、社会的請求権が十分保障されている状態と十分保障されていない状態があります。休日にテニスを楽しみたいと思った時、スポーツクラブで自由にテニスコートを使える状態と、公営テニスコート抽選で落選してテニスができない状態があり、スポーツを行う者はこの社会性が組織化された状態と、まだ十分組織されていない未組織化な状態の「組織化—未組織化」関係の上に位置づいています。

つまり、スポーツの成立条件「技術性」「組織性」「社会性」は、「組織化—未組織化」の関係で現れています（表1)。

第４項　スポーツ文化の教科内容試案

1.　出原泰明の教科内容とスポーツ文化の教科内容試案

出原は体育の教科内容としてつぎの三つの柱を示しています。

「 ①『スポーツ文化の発展』論（スポーツ文化の発展史論。スポーツと社会、スポーツの社会的条件など）
②競争・勝敗（コンペテイション）（スポーツ文化の特質Ⅰ）
③技能、技術、戦略、戦術（スポーツ文化の特質Ⅱ。技術学を軸にした自然科学的内容を含む)」(出原, 1993, p.19)

出原の「②競争・勝敗（コンペテイション）（スポーツ文化の特質Ⅰ)」とは、私が示したスポーツ文化の特性「競争性／協同性」関係だと考えます。また、出原の「③技能、技術、戦略、戦術（スポーツ文化の特質Ⅱ。技術学を軸にした自然科学的内容を含む)」とは、スポーツ文化の「成立条件（技術性、組織性、社会性)」における「技術性」だと考えます。したがって、スポーツ文化の教科内容は図１のように表すことができると考えました。

【スポーツ文化の教科内容】

Ⅰ．スポーツの特性

「競争性／協同性」

Ⅱ．スポーツの成立条件

1. 技術性（技能、技術、戦術、戦略など）
2. 組織性（ルール、規範、道具、場，組織など）
3. 社会性（スポーツ文化の発展論、権利、行財政、メデイア、産業など）

スポーツの成立条件〈技術性〉〈組織性〉〈社会性〉は、「組織化―未組織化」の関係で現れている。

〈技術性に関する「組織化―未組織化」〉
〈組織性に関する「組織化―未組織化」〉
〈社会性に関する「組織化―未組織化」〉

Ⅲ. スポーツの特性と成立条件の関係

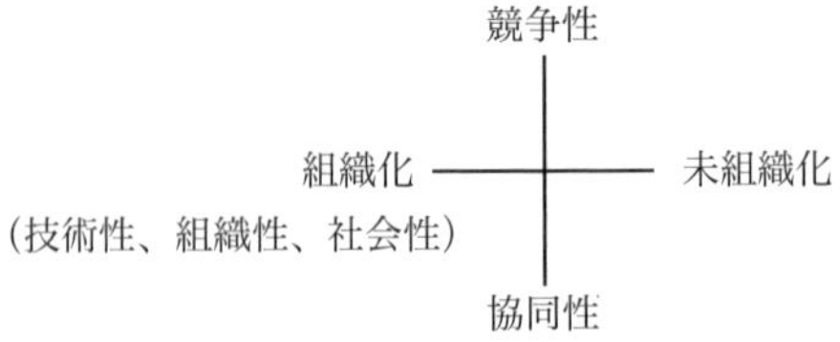

Ⅳ. スポーツにおける競争性／協同性、組織化―未組織化の関係

○競争性　―競技性、勝敗、卓越性の追求など
○協同性　―平等性、社交性など
□組織化　―技術性、組織性、社会性における組織化の分化・高度化
□未組織化―技術性、組織性、社会性における組織化の未分化・未成熟化

図１　スポーツ文化の教科内容試案

2. 「活動の目的」と「競争性／協同性」

スポーツの特性である「競争性／協同性」関係は、何を競っているのかという「活動の目的」をもっています。つまり、何を目的として「競争／協同」しているのか、ということです。この競争性／協同性の目的をめざしてスポーツの成立条件（技術性、組織性、社会性）も創造・発展してきました。

プロジェクトは、教育課程の自主編成において「教材選択の根拠や見通しを導き出す」ために、運動（スポーツ）素材の分類論として以下の観点を示しました。

「運動（スポーツ）が社会的、歴史的な意味と様式をもつ人間の実践的活動であることを基本として考えてみたい。実践活動の基本的な構成要素を運動（スポーツ）活動に即して示すと、『活動の目的』、『活動の場（時空間）』、『手段』、『他者との関係（競争と協同）』、『行為を規制する規則』の五つと考えられる」（プロジェクト，2003，pp.192～193）

そして、「活動の目的」について「ここでいう『活動の目的』は主観的にいろいろな意味づけができる動機や目的ではない。社会・歴史的に承認されて、その運動（スポーツ）の実践者の志向を客観的に規定している評価基準にあたるものを意味している」として、以下のように述べています。

「競い合いという様式をもつスポーツでは、『価値ある成果（ゴール、ポイント、トライなど）の相対数』、『相手に対する直接的な技や力の優位さ』、『移動スピード』、『最大達成量（距離、高さ、重量など）』『表現の質（美しさ、難易度、正確さなど）』、などがあげられる。競い合いという様式をもたないものでは、『身体運動そのものの自己調整や機能向上』、『地域性、民俗性への身体的共感』、『自然環境への挑戦や共生』をあげることができる」（プロジェクト，2003，pp.193-194）

上記のスポーツ活動の目的は、スポーツの特性である「競争性／協同性」の目的でもあります。つまり、スポーツの特性「競争性／協同性」関係は、「競い合いを中心とした様式」と「競い合いを中心としない様式」の二つに分かれ、さらに以下のスポーツにおける「活動の目的」に向けた様式を創造・発展させてきたのです（表２）。

表２　スポーツにおける「活動の目的」と「競技」（注２）

【競い合いという様式をもつスポーツ】	
「表現の質（美しさ、難易度、正確さなど）」	〈採点競技〉
「移動スピード」	〈測定競技〉
「最大達成量（距離、高さ、重量など）」	〈測定競技〉
「相手に対する直接的な技や力の優位さ」	〈採点競技〉
「価値ある成果（ゴール、ポイント、トライなど）の相対数」	〈得点競技〉
【競い合いという様式をもたないもの】	
「からだ・動きづくり（身体運動そのものの自己調整や機能向上）」	
「ダンス・舞踊（地域性、民俗性への身体的共感）」	
「アウトドア（自然環境への挑戦や共生）」	

3. 教科内容を教えるスポーツの授業

スポーツ文化の「特性」と「成立条件」を分けて、その関係性で考えることによってスポーツ文化における教科内容をより明確に教えることが可能になります。

また、スポーツが何を競っているのかという「活動の目的」との関係で、「特性」と「成立条件」を教科内容としてより具体化していくことができます。

その詳細は、第５章授業例で示しますが、たとえば、活動の目的「表現の質（美しさ、難易度、正確さなど)」における「成立条件」としての技術性を教科内容として教えるために、「側方倒立回転（側転)」という技（素材）で教材づくりをするのです。

つまり、教えるべき教科内容は「身体運動表現の質を高める技術の仕組み」であり、この技術の仕組みを理解し、技能として確かめることがスポーツの授業ではめざされます。そして、身体表現の質を高める技術の仕組みを教えることが目的なのですから、教材としてマット運動の側転を選ぶか、それとも跳び箱運動のはね跳びを選ぶかは、教師の裁量に任されることになるのです。

このように、スポーツの授業では、子ども・生徒たちに身につけてほしい基礎的教養が教科内容として明確になります。これまでの教材選択理由がはっきりしなかった体育授業と決別できるのです。そして、教科内容を教える上で、教師の教材選択における裁量は自由になっていきます。

すべての子ども・生徒たちにスポーツ文化についての基礎的教養を身につけさせ、スポーツ文化の主人公を育てる授業づくりが可能になるのです。

(注1) メンタライジング

ロビン・ダンバーはメンタライジングについてつぎのように述べています。

「メンタライジングとは、正確には『信じる』、『推測する』、『想像する』、『望む』、『理解する』、『考える』、『意図する』などという言葉を運用する能力にかかわる。心の哲学者は、これらの言葉を指して一般に『志向性』という用語を使う。この言葉は、志向姿勢または志向的構えをもつ能力を意味する。」(ダンバー，2016，p.43)

(注2) スポーツにおける「活動の目的」と「競技」

プロジェクトの試案１における「表８運動（スポーツ）素材の分類モデル」(プロジェクト，2003，p.197）を参考に大貫が作成しました。

【文献】

アドルフ・ポルトマン著，高木正孝訳（1961）人間はどこまで動物か，岩波新書，岩波書店

ダニエル・E・リーバーマン著，塩原道緒訳（2015）人体600万年史（上)，早川書房，

p.199，p.210，p.204，p.225
学校体育研究同志会教育課程自主編成プロジェクト（2003）教師と子どもが創る体育・健康教育の教育課程試案第 1 巻，創文企画，pp.185-187，pp.192-193，pp.193-194，p.197
波多野誼余夫・稲垣佳世子（1977）知力の発達，岩波新書，p.181
広井良典（2016）ポスト資本主義，岩波新書，p.16
伊藤忠好・大下正明・大島茂（1973）現代の教育原理，福村出版，p.65-66
出原泰明（1993）序章「教科内容」研究と授業改革，学校体育研究同志会編，体育実践に新しい風を，大修館書店，p.19
真柴隆弘（2016）解説，ロビン・ダンバー著，鍛原多恵子訳，人類進化の謎を解き明かす，合同出版，p.334，p.337
森敏生（2014）スポーツにおける競争の文化的特質，たのしい体育・スポーツ 2014 年 12 月号学校体育研究同志会編，p.8，pp.10-11
ロビン・ダンバー著，鍛原多恵子訳（2016）人類進化の謎を解き明かす，合同出版，pp.14-15，p.43，pp.57-58，p.62，p.233，p.235，p.241
更科功（2018）絶滅の人類史，NHK 出版 541，pp.59-70，pp.118-119，p.120，p.124
山本裕二（2016）スポーツの“競い合い”を科学する，体育科教育，2016 年 2 月号，大修館書店，p.12
ユヴァル・ノア・ハラリ著，柴田裕之訳（2016）サピエンス全史（上），河出書房新社，p.23，p.31

第4章

スポーツの授業で育てたい学力

第１節　スポーツの授業における カリキュラムづくり

第１項　カリキュラムと教育課程

丸山は、「教育課程」と「カリキュラム」という用語について、つぎのように述べています。

「①『教育課程』には、いわゆる『隠れたカリキュラム』(hidden curriculum)の意味が含まれない。(略)

②『教育課程』は教える側から見た計画や、枠づけ、つまり『何を教える（た）か』という視点が優先する。これに対して『カリキュラム』は子どもの側からみて、学習して身につける（た）ものという観点から捉える。(略)

③『教育課程』は、一般に、教育内容についての国家的基準によるプラン、しかも立案（構成）レベルのものを表す用語であり（教育行政用語)、その展開過程は含まれない。『カリキュラム』には目標、内容・教材の他、教授･学習活動、評価の活動なども含んだ広い概念として把握されている」(丸山，2015，pp.30-31)

このように「教育課程」と「カリキュラム」では、その意味するところが異なると考えられますし、「カリキュラム」という用語には以下のように実践的な意味が込められています。

「カリキュラムという用語は、行政用語としての狭い意味での教育課程のイメージから脱却し、教育課程という概念をも包括し、さらに子どもの『学びの履歴』を含み、また行政がつくる学習指導要領レベルから学校現場でつくる体育の全体計画─年間計画─単元計画の展開過程をも含む広い概念、つまり多層的でダイナミックな実践的概念という意味合いを込めて使用する。」(丸山，2015，p.31)

つまり、「教育課程」という用語が教育行政用語として教える側からのものであるのに対して、「カリキュラム」は「学校の体育カリキュラム年間計画や教材のレベルにおいて教師のアイデイアを具体的な形にしていくプロセスを重視する概念」(丸山，2015，p.31) であるとされています。そこで、私も本書において「カリキュラム」という用語を使用したいと思います。

第２項　スポーツの授業における目的と学力

1.　目的

スポーツの授業における「目的」について、私は体育同志会の考えに学び、以下の２つを考えています。

【スポーツの授業における目的】

◯スポーツ文化を継承・変革・発展させる主体者を育てる。

◯スポーツ文化を人間にとって価値ある文化として発展させるために、スポーツ文化に関する基礎的教養をすべての子どもたちに教える。

2.　学力

スポーツ分野の学力について、森は出原の論をもとに以下の３つを示しています（注１）。

①「スポーツ享受の権利」の基礎となる「スポーツの技術的・技能的能力」

得意なスポーツを少なくとも１つはもっている。

②「スポーツの自治の権利」の基礎となる「スポーツの組織・運営・管理能力」

得意なスポーツの初心者指導（指導計画作成、初歩的なゲームの審判、クラブ運営の指導）ができる。

③「スポーツ行政保障請求の権利」とその基礎となる「スポーツの社会科学的認識」「スポーツと社会」についての社会科学的認識を持っている。

【スポーツの授業における学力】

スポーツの授業における「学力」について、上記の森と出原及び体育同志会の考えに学び、以下の３つを考えています。

◇ともにうまくなる―「スポーツ享受の権利」の基礎となる「スポーツの技術的・技能的能力」

スポーツ文化の成立条件における「技術性」「組織性」の教科内容を中心として、教科内容を分析・総合することによって、「ともにわかり・できる」ようになること。

◇ともに楽しみ競い合う―「スポーツの自治の権利」の基礎となる「スポーツの組織・運営・管理能力」

スポーツ文化の成立条件における「組織性」の教科内容を中心として、対等、平等、公正な人間関係と民主的・自治的な行為能力を獲得すること。

◇ともに意味を問い直す―「スポーツ行政保障請求の権利」とその基礎となる「スポーツの社会科学的認識」

スポーツ文化の特性と成立条件について理解することで、スポーツ文化の価値や課題を考え、人間にとって価値ある文化として発展させること。

3. 「うまくなる―楽しみ競い合う―意味を問い直す」の関係

上記のともに「うまくなる―楽しみ競い合う―意味を問い直す」の関係は、相互に関係し合っています。それはスポーツ文化の特性と成立条件（技術性・組織性・社会性）が現実のスポーツ活動では一体のものとなっているためです。

このため子どもたちの学習場面でも、成立条件である技術性と組織性は関連し合って学ばれることになります。丸山はこの関係についてつぎのように述べています。

「『ともにうまくなる』（第１領域）に関わる技術的内容と『ともに楽しみ競い合う』（第２領域）に関わる組織的内容（例えば、ルールづくり、組織の企画・管理・運営）の学びが、技術の分析―総合と子ども同士の合意形成を主軸とする異質協同のグループ学習活動として展開される」（丸山，2015，p.247）

また、スポーツ文化を発展させることがめざされていますから、現代のスポーツ文化の価値や課題に対して常に「意味を問い直す」ことが関連しています。この点についても丸山は次のように指摘しています。

「『ともに意味を問い直す』実践課題は、あらゆる発達段階において３つの内容領域（技術的内容、組織的内容、社会的内容）のすべてに組み込まれながら子どもの価値形成や確信、習慣、行動様式等の発達に関与することになる」（丸山，2015，p.247）

第３項　スポーツの授業における「教えること」と「育てること」

1. 「教えること（陶冶）」と「育てること（訓育）」

学校教育における教育は「陶冶」と「訓育」という２つの働きを持っています。

この陶冶と訓育について黒川はつぎのように述べています。

「陶冶とは人類が創造・発展させてきた科学・文化・芸術に関する知識・認識、技術、芸術的形象等を獲得させる側面です。」

「訓育とは、子どもの価値意識や態度、信念や世界観などを形成する側面のことを言います。」（黒川，2018，p.16）

そして、陶冶と訓育の関係についてつぎのように指摘します。

「陶冶と訓育は常に『1つの過程の2つの側面』として、相互に規定しながら教育的働きかけを構成しているということです。」（黒川，2018，p.16）

授業における「ねらい（目標）」には、陶冶としての「教えるもの（達成目標）」と訓育としての「育てるもの（形成目標）」があります。久保は、中森の「教科が教科として成り立つ必要条件には、教えるべき文化的内容が明確に存在することと、それを獲得することによって育つ人間的能力や資質がはっきりしていることの二つがある」という指摘を引用して、以下のように述べています（中森，1979，p.11）。

「中森の言う『教えるもの』と『育てるもの』は、授業における直接的な『教授＝学習』の対象になるものとそれを通して『形成』されるものと言い換えることもできる」（久保，1997，p.6）

このように、授業での「ねらい」における「教えるもの（達成目標）」とは、スポーツ文化における科学性や文化性であり、「育てるもの（形成目標）」とは文化性や科学性の認識（わかる）、運動技能の獲得（できる）、学習集団の質が高まること（かかわる）だと考えます。

このような達成目標と形成目標という観点からは、「スポーツの主人公を育てる目標―内容」で示した「ともにうまくなる」「ともに楽しみ競い合う」「ともに意味を問い直す」という３つの目標（実践課題）は「育てるもの（形成目標）」だと言えます。

そして「教えるもの（達成目標）」は、「教科内容」として示したスポーツの成立条件「技術性、組織性、社会性」と、スポーツの特性「競争性／協同性」だと考えられます。

さらに、この達成目標としての「スポーツの特性と成立条件」や形成目標としての「ともにうまくなる」「ともに楽しみ競い合う」「ともに意味を問い直す」を授業レベルのより具体的な目標（ねらい）とした時、以下の「できる」「わかる」「かかわる」「考える」で表したいと考えます。

つまり、授業づくりでは教科内容としてのスポーツの特性「競争／協同」関係や成立条件「技術性、組織性、社会性」を対象に学ぶことで、具体的な授業目標（ねらい）である「できる」「わかる」「かかわる」「考える」ように育ってほしいためです。この具体的な授業目標「できる」「わかる」「かかわる」「考える」をめざすことで「ともにうまくなる」「ともに楽しみ競い合う」「ともに意味を問い直す」という能力が形成されていきます。

2. 「できる」「わかる」「かかわる」「考える」

(1)「できる」

「できる」ことは、基礎的な運動の技能の獲得であり、「自分のからだや道具」を自由に、意図的に操作できる力を身につけさせることです。出原は「『誰でもへたから出発する』」と述べて、できないことは「その技術を学習していない状態（unskilled)」だとして以下のように述べています。

「未学習、未習熟の状態が『へた』ということであり、学習すれば、このような状態から脱出できることをも示している。」（出原，1991，p.101）

この「できる」ことは基礎的な運動の技能の獲得をめざす授業での具体的目標ですが、運動の技能を獲得するためには達成目標としての「スポーツの特性と成立条件」を学び、形成目標としての「ともにうまくなる」「ともに楽しみ競い合う」「ともに意味を問い直す」が育てられることで実現します。

(2)「わかる」

「わかる」ことは、基礎的な運動の技術における認識の獲得であり、運動の技術・戦術における仕組みや特性についてわかる力を育てることです。

この「技術認識（わかる)」とは、「運動技術に関する感性的認知を通した理性的認識」のことであり、「言語によって表現でき他者に伝えられるように知識化される」ことが求められます（早川，1995，p.18)。

また「技能習熟（できる)」とは、「技術が自分のものとして身についた状態、あるいは、その技術を用いて運動が実施でき遂行できる能力」のことです（佐野，1995，p.7)。

この「わかる」ことは基礎的な運動の技術・戦術における認識の獲得をめざす目標ですが、運動の技術・戦術における認識を獲得するためには達成目標としての「スポーツの特性と成立条件」を学ぶ必要があります。そして、形成目標としての「ともにうまくなる」「ともに楽しみ競い合う」「ともに意味を問い直す」が理解できるように育てられるのです。

(3)「かかわる」

「かかわる」ことは、わかる・できる過程において仲間とともに協同する力です（出原，2004，p.78)。

運動が得意な子も苦手な子も、すべての子どもたちにスポーツの基礎的教養を学ばせることで、子どもたちが互いを尊重しあえるように育つことをスポーツの授業における使命だと考えているためです。具体的には、個性という一人一人のかけがえのなさを、「対等・平等」の関係の中で、認めあい・高めあえる人間として育ってほしいと考えています。このため、子どもたちの技能や認識の能力を一面的なモノとして捉えることはしませんし、子どもたちが互いの能力のちがいを認め合い・高めあう過程で、豊かな人間関係を結んでいくことをめざしています。

この「かかわる」ことは、達成目標としての「スポーツの特性と成立条件」を学ぶ過程において、形成目標としての「ともにうまくなる」「ともに楽しみ競い合う」「ともに意味を問い直す」ことが育ち、仲間とともに協同する力が獲得されるのです。

(4)「考える」

スポーツの授業づくりにおいては､従来の体育でめざされてきた「できる（技能獲得）」ことよりも、「わかる（技術認識）」ことをもとにした「考える（意味を問う）」ことの重視をめざすべきだと考えています。

これまでの多くの体育授業では､既存のスポーツ種目が「できる（技能獲得）」ことを主にめざしてきました。しかし、スポーツ文化の成立条件における技術的内容が「できる」ことは、スポーツの授業づくりにおいては一部でしかありません。スポーツ文化の技術的内容について一定程度「できる」ようになることで、スポーツ文化のおもしろさを味わい達成感を得ることは小学校前期の入門期においては大切なことでしょう。

しかし、学校教育においては、スポーツ文化の成立条件としての技術的内容を理解することが目標であって､社会にあるスポーツクラブのように「できる」ことを高度化させていくことがスポーツの授業における目標ではないのです。本来スポーツ文化の技術的内容を追求するのは、個人の好みで行う私事性をもとにしています（中村，2008，p.308）。つまり、学校教育ではスポーツ文化の基礎的教養を教えるべきであって、私事としてのスポーツ種目の追求は学校教育で教えるべきことではないのです。

石田は、スポーツと体育のちがいについてつぎのように指摘しています。

「体育授業は好きだとか嫌いだとか、上手いとか下手だとか、運動能力や体力の高い低いに関係なく、教科である以上すべての子どもたちが半ば強制的にやらなければならない活動なのである。」（石田，2018，p.6）

つまり、学校教育で扱うスポーツは、個人の好みで行うスポーツの私事性を

表1　体育授業で行うスポーツと競技スポーツの違い（石田，2018，p.8）

	目　的	手　段
体育授業	何かを学ぶ	競争や勝敗
スポーツ	競争で勝つ	何かを学ぶ

もとにしたものではないということです。そして、石田は体育の目的は「何かを学ぶことである」として、表1のように体育授業で行うスポーツと競技スポーツのちがいについて表しています（石田，2018，p.7）。

石田が示した体育授業の目的「何かを学ぶ」ことの何かとは、スポーツの授業では教科内容としてのスポーツの特性（「競争性／協同性」関係）と成立条件（技術性、組織性、社会性）であり、この教科内容を学ぶことによって前述の「スポーツの授業の目的」をめざしているのです。

このように、スポーツの授業においては「スポーツ文化に関する基礎的教養」を学ぶことで、単にスポーツが「できる（技能獲得）」ことよりも、「わかる（認識）」ことをもとにしたスポーツ文化の成果と課題を「考える（意味を問う）」ことが重視されるのです。

3. 「できる」「わかる」「かかわる」「考える」とグループ学習

先に、スポーツ文化の成立条件としての技術性や組織性が「技術の分析―総合と子ども同士の合意形成を主軸とする異質協同のグループ学習活動として展開される」ことを指摘しました（丸山，2015，p.247）。

このグループ学習を学びの基本にしているのは、人類が幾多の試練の中で到達した民主主義という考え方（思想）を、すべての子どもたちに教えるためであり、基本的人権の尊重や平和主義という日本国憲法の精神に基づいた教育をめざしているためです。

グループ学習では、運動能力の高い子も低い子も教科内容を共に学び、「わかる」ことで「できる」ようになっていきます。技能差があることによって教え合い、学び合いが生まれ、「みんなで高まる」ことの価値を、体育授業の中で実感を伴って学ぶことができるのです。つまり、「できる」「わかる」ためには「かかわる」ことが必要とされます。

たとえばマット運動の授業では、どのグループも同じようにセットされたマットの上で、共通の教科内容を学びます。モデルの技を教師が子どもたちに提示し、このモデルの技をつくり変えることで、自分たちの作品を協同でつくっていきます。グループ内にはいろいろな運動能力の子がいるので、どのような技にするかでもめます。たとえば、側転ができる子は、側転を自分たちの作品に入れたいと主張しますし、側転がまだできない子は「私はできないからイヤだ」と主張します。側転を作品に入れるか入れないかは、子ども同士の合意によって決定するため、互いにゆずり合うことや教え合うという「かかわり」が必要になり、様々な課題を乗り越えながら私たちの作品ができあがります。

自分たちが決定権をもち、実際に合意するということは、このように互いの能力や思いのちがいをめぐって、一見すると面倒なやりとりを重ねることを意味します。しかし、その面倒な過程を経た上で決まったことや、それに基づく経験は子どもたちにとって大切なかけがえのない学びとなります。

スポーツ文化の科学性・文化性を学ぶ過程で、子どもたちが互いを尊重しあえるように育ってほしいと願っていますし、個性という一人一人のかけがえのなさを「対等・平等」の関係の中で認めあい、高めあっていく社会を変革・創造してほしいと考えています。このため、スポーツの授業づくりでは、グループ学習を学びの基本に据えているのです。

4.「楽しさ」と「体力」

「楽しさ」や「体力」は、「できる」「わかる」「かかわる」という学習の過程で形成されるものであり、スポーツの授業で教える直接の「ねらい」にはなり得ません。運動の楽しさを体験させることは大切なことですが、「楽しさ」は子ども一人一人が感じることであり、どのような楽しさを感じるかは、個人の情意的内容となります。つまり、楽しさとは、「できる」「わかる」の結果として子どもたち一人一人が内面的に感じるものであり、スポーツの教育における直接の「ねらい」とはならないのです。実際の授業でも、「できる」「わかる」「かかわる」ことが実現されたときに、子どもたちは「楽しさ」を感じています。スポーツの授業における直接の「ねらい」では、あくまでも「できる」「わかる」「かかわる」にあり、「楽しさ」は、その結果として獲得される「ねらい」なのです。

「体力」も「できる」「わかる」「かかわる」結果として獲得されるものです。「できる」ことによって、子どもたちの体力が高まっていくことは大切なことですし、教師としてその体力の高まりを見取っていく必要があります。しかし、この「体力」もまた、子ども一人一人の個性的な身体運動能力であり、どのような体力を獲得するのかについて、全員共通の「ねらい」とすることには無理があります。つまり、「体力」は子ども一人一人が自分のからだとの対話の中で個性的に感じ取り、獲得していく能力であり、スポーツの授業の直接の「ねらい」は、「できる」「わかる」「かかわる」にあり、「体力」を育てることは、それらの結果として獲得されるものなのです。

（注 1）スポーツ分野の学力について、森（森, 2018, p.74）と出原（出原, 1991, p.147）の文献をもとに筆者の整理した考えを記述しました。

【文献】

学校体育研究同志会教育課程自主編成プロジェクト(2003), 教師と子どもが創る　体育・健康教育課程試案第 1 巻，創文企画，pp57-58，pp182-183

早川武彦（1995）学校体育授業事典，大修館書店，p.18

石田智巳（2018）初等体育科教育，ミネルヴァ書房，pp.6-8

出原泰明（1991）体育の授業方法論，大修館書店，p.101，p.147

出原泰明（2004）異質協同の学び，創文企画，p.78

久保健（1997）からだ育てと運動文化，大修館書店，p.6

黒川哲也（2018）「単元のねらい」の考え方，学校体育研究同志会編，スポーツの主人公を育てる体育・保健の授業づくり，創文企画，p.16

丸山真司（2015）体育のカリキュラム開発方法論，創文企画，pp30-31，pp.180-181，p.247

森敏生（2007）体育科は何をめざす教科か，柴田義松監修，子どもと教師でつくる　教育課程試案，日本標準社，p198

森敏生（2018）スポーツの主人公に必要な能力と学校体育の役割，学校体育研究同志会編，スポーツの主人公を育てる体育・保健の授業づくり，創文企画，p.74

中森孜郎（1979）保健体育の授業，大修館書店，p.11

中村敏雄（2008）スポーツ権の意義と課題, 中村敏雄著作集 7 スポーツの思想, 創文企画, p.308

佐野淳（1995）学校体育授業事典，大修館書店，p.7

第２節　スポーツの授業と発達段階

第１項　スポーツの授業で変わること

1.　週案通りの授業

学校教育のスタンダード化が進行する中で、週案通りに授業が行われているかどうかを管理職がチェックしている学校が増えています。極端な例だと思いますが、抜き打ちで授業の様子を撮影して、週案に書かれている授業が行われるように指導する学校も実際にあります。つまり、週案という計画優先で「子どもたちの実態」は無視をしなければならないのです。

また、若い先生たちに今の学校で一番困ることは何かと質問すると、「失敗が許されない」という言葉が返ってきます。文科省が言っている「主体的・対話的で深い学び」を実現するためには、子どもたちと多様な試行錯誤を共有する必要性があるのに、教師は失敗が許されない。つまり、子どもが失敗しないリスク管理が優先されているのです。

2.　「教材を教える」からの脱却

このようなスタンダード化やリスク管理を優先する学校教育では、子どもたちを育てることよりも、計画通りに教材を教えればいいという「教材をこなす」ことが優先されているのです。

本書で提案をしてきたように、スポーツの授業づくりではスポーツ文化の教科内容である「スポーツ文化の成立条件」と「スポーツの特性」を教えることになります。このため、第５章では、教科内容「スポーツの競争における『価値や疎外』『ルールの基本原則』」を教えるために、教材として「長距離走」を選択した実践について紹介をしますが、この教科内容を教えるためには「他の教材（たとえばハンドボール）」が選択されることがあってもよいのです。

つまり、教科内容が明確であれば、子どもたちの実態から教材を選択すればよいのです。しかも、教科内容を学ぶことに重点がありますから、いくつもの教材を教える必要がなくなります。選択した教材にたっぷりと時間をかけて、しっかりと教科内容を教える「大単元型の授業」が可能になるのです。

これまでは年間教材配当表に書かれている「教材を教える」ことさえしていればよかったのですが、選択の自由があることによって、子どもたちの実態と教材価値を考えて選ぶことになります。また、子どもたちの学びの実態から教科内容と教材の関係を（この教材でよかったのか）と、問い直すことになりますから、教師自身が探究的な授業を行うことになるでしょう。

「教材を教える」ことさえしていればよかった授業から、「教科内容を教える」ことで子どもたちがスポーツ文化についての基礎的教養を獲得する授業へと変わっていくことができるのです。

第２項　スポーツの授業づくりと子どもたちの発達段階

1.　授業のねらいと発達の関係

スポーツの授業における「ねらい（目標)」である「できる」「わかる」「かかわる」「考える」の関係は、発達階梯によって異なります。発達階梯の前半（幼年、小学校）では、「できる」ことを中心として「わかる」が主な「ねらい」になり、発達階梯の後半（中学、高校）へと育つにつれて「わかる」「考える」ことが主な「ねらい」となっていきます。

つまり、幼年や小学校前半段階では「からだでわかる」ことが中心となり、主に10歳以降の発達段階でスポーツ文化における科学性や文化性が論理的に「わかる」「考える」ことを「ねらい」とするとよいのです。

また、「かかわる」はすべての発達階梯において育てていく「ねらい」となります。「かかわる」も「できる」ための合理的な方法をめぐって仲間とともに考えることから出発して、運動能力や考え方の「ちがい」を認め合い・高め合い、主体的な自治の力を獲得していくように発展的に育てたいと考えています。したがって、「できる」「わかる」「考える」を抜きにして「かかわる」は成立しないという関係にあります（出原，2004，p.78)。

2.　発達の区分

体育同志会教育課程自主編成プロジェクトは、発達階梯区分について発達論における身体運動能力的側面、認識的側面、社会性の側面などと、体育実践研究などからつぎのように述べています。

「まず第一に、小学校段階の階梯区分は発達理論から導き出された『9・10歳の質的転換期（壁)』を全員が越える４学年と５学年の間で区分することが可能であり、実践的な観点からもこの４学年と５学年の間に大きな節目があると判断されたという点である。」(プロジェクト，2003，pp.200-201)

したがって、本書においてもこの発達階梯区分に従って、小学校期を「小学校期前半（低学年、中学年）」「小学校期後半（高学年）」に分けて考えていきます。そして、以下の発達階梯の記述では、大きな括りとなりますが、「できる」ことを中心として「わかる」が主な「ねらい」になる「小学校期前半（低学年、中学年）」と、「わかる」「考える」ことが主な「ねらい」となる「小学校期後半（高学年）・中学校期」の２つに分けて記述していきます。

第３項　小学校期前半（低学年、中学年）

1.　発達と授業のねらい

(1) 低学年

低学年の時期は、主に神経系の発達によって敏捷性やいろいろな動きに対応する能力が伸びていく時期です。したがって、低学年では自分のからだと向き合い、動きをなめらかにしていく姿勢制御を重視して、技術的内容がある程度「できる」ようになり、スポーツ文化の面白さや達成感が「からだでわかる」ことをめざすとよいでしょう。スポーツの授業における第１入門期として「ともにうまくなる」ことを中心に「ともに楽しみ競い合う」ことも目標となります。

(2) 中学年

中学年は第２入門期として「スポーツとの出会い」の時期となります。身体的にも知的にも挑戦欲求や達成欲求が強く、「できる喜び」によってスポーツ文化の楽しさを、まずはたっぷりと体験させたいものです。この「できる喜び」がスポーツ学習の土台となり、スポーツの文化性を学んでいく原動力となっていきます。

また、技術的内容ができるための理由を理解させていくことも大切です。「ともにうまくなる」ことが、単に運動能力によってもたらされるものではなく、人間が考え出した技術的内容によって実現されることを学ばせます。

さらに、中学年の発達段階では仲間集団による人間関係が密接になる時期なので、「仲間と共に高まる」というグループ学習の基礎を育てていくことも重要です。組織的内容である「ルール」について「対等、平等、公正」の原則を中心として学習していくことによって「ともに楽しみ競い合う」ことをめざします。

2.　小学校期前半（10歳以前）における「基礎的な運動能力」

小学校期前半（10歳以前）の位置づけについて、田丸は「9, 10歳は発達の節」

として次のように述べています。

「児童期の発達は、9・10 歳を境に二つの段階に区分することもできます。これは、認識発達において、特に明確な区分です。」(田丸，1994，p.26)

小学校期前半（10 歳以前）の子どもにとってスポーツとの出会いは、自分の「からだ」を意識的に操作することで「できる」「わかる」ようになっていくことから始まります。では、「からだの操作」や「基礎的な運動能力」とはどのようなことなのでしょうか。

(1) 多様性と自己組織化

①多様性

幼少年期の運動指導においては、「基礎的運動パターンの多様性を考慮する必要がある。」と杉原は述べています（杉原，2010)。

この多様性とは、走り方でいえば「同じ走り方」を繰り返すのではなく、鬼ごっこのように「いろいろな走り方」が自然に行われることを指しているのです。つまり、「一つの動き」をできる（習熟）ようにして、つぎに「もう一つの動き」をできるようにするような方法は、できるようになった動きだけで終わり、対応性や発展性が乏しくなるという指摘です。これに対して、「一つの動き」ができる（習熟）前に、つぎの「もう一つの動き」へ移ってしまうような方法の方が、対応性や発展性が豊かになると考えられています。

②自己組織化

最近の身体運動科学の研究によれば、「脳」が一方的に「からだ」を動かすのではないと言われています。「脳」が「からだ」に働きかけると同時に、「からだ」も「脳」に働きかけている相互関係にあるということです（森，2010，p.12)。

そして、身体の各部分は「自律的」に動く存在であると考えられています。もちろん、これは無意識のうちになされる活動ですが、トップアスリートが語る「からだが先に動く」という現象は、このからだにおける自律性を表す言葉でしょう。久保はつぎのように自己組織化型教育方法の重要性を指摘しています。

「身体と身体運動が『定型化（鋳型化)』しないように、常に新しい刺激と変化を与え続ける『自己組織化』型の教育方法の重要性が浮かび上がってくる。」(久保，2010，p.71)

そして、荒木秀夫のコオーディネーション・トレーニングについてつぎのように述べています。

「ひとつのプログラムを完成（固定化）するまでくり返さず、同じことに身体が慣れてきたら、新たな刺激や外乱を与えたり、条件を変えたりして、身体の持つ『自己組織化能力（トレーナビリテイ）』を刺激し活性化し続けるところに特徴がある。」（久保，2010，p.71）

(2) 姿勢制御、スピードコントロール、予測・判断

神経系の発達に導かれたからだの敏捷性やいろいろな運動に対応する能力が著しく発達する時期である小学校期前半（10歳以前）において、多様性や自己組織化を高めていく「基礎的な運動能力」について、私は以下の３つを考えています。

①姿勢制御

「姿勢制御（認知・制御）」とは、運動時における自己の身体の「姿勢」を意図的に制御できる力を示しています。校庭で、マットや跳び箱上で、あるいは鉄棒で揺れながら、また平均台や肋木の上で、さらに水中で、子どもはさまざまな姿勢を操作しています。それぞれの時空間において自分の姿勢を認知し、制御する力が「姿勢制御」です。

②スピードコントロール

「スピードコントロール（速さ、リズム）」とは、運動時における身体操作のうち、特に「時間的な認知・制御」に関する力を示しています。走りながら速さや方向を変えたり、障害物をリズミカルに跳び越したりするスピードコントロールやリズムコントロールが「スピードコントロール」です。

③予測・判断

「予測・判断」とは、運動時における用具や道具、また相手に対して意図的に対応できる力を示しています。ボールの動く方向や速さ、あるいは鬼ごっこなどでの相手の動きなどについて予測・判断をして対応する力が「予測・判断」です。

④姿勢制御、スピードコントロール、予測・判断の関係

これら「姿勢制御」「スピードコントロール」「予測・判断」は、明確に区分できるものではありません。「姿勢制御」は「予測・判断」をともなって行われているのであり、姿勢制御における「認知」と「予測・判断」は似通った運動能力といえます。また、「スピードコントロール」とは「姿勢制御」の一つとも考えられますから、すべては「姿勢制御」に収斂されると考えてもいいのかもしれません。

しかし、これまで子どもたちの基礎的な運動能力を育ててきた手応えとしては、「姿勢制御」は主に「自分の姿勢や動き」に関するもの、また「予測・判断」は主に「道具や相手」に関するもの、そして「スピードコントロール」は子どもが走っているときなどの速さやリズムをともなった運動においての身体制御というように分けていくことができると考えているのです。

(3) 基礎的な運動能力と技術

つぎに上記の「姿勢制御」「スピードコントロール」「予測・判断」という3つの力は、つぎのような教科内容としての技術に深く関わっていると考えられます。そして、これらの技術も先に3つの運動能力の関係において述べたように、それぞれ完全に独立したものではなく、相互に関連し合っていると考えています。

〈姿勢制御の技術〉
「姿勢制御（逆位、空中姿勢）の技術」「腕支持の技術」
「スイングコントロールの技術」
「はね・あふりの技術」「踏切支配の技術」
「浮く・もぐるの技術」「呼吸の技術」
「水中での姿勢制御の技術（伏し浮き、背浮き）」

〈スピードコントロールの技術〉
「走りのピッチとストライドのコントロール技術」「リズムコントロール技術」

〈予測・判断の技術〉
「ボールや相手を予測・操作する技術」
「ゲーム状況を予測・判断（ボール・ゴール・味方・相手の関係）し、対応する技術」

3.　小学校期前半（低学年、中学年）の教科内容、学習内容と教材

(1) 小学校期前半（10歳以前）における姿勢操作の重要性

先に述べた３つの基礎的運動能力の中でも「姿勢制御」がもっとも重要であり、そのためには器械運動教材を重視するべきではないかと考えています。

ガラヒューも運動カテゴリーを「姿勢制御運動」「移動運動」「操作運動」の３つに分類しています。そして、「姿勢制御運動のスキル」に関して、「姿勢制御運動のスキルは、あらゆる移動運動のスキルと操作運動のスキルの基礎を形成しています」と述べています。また、具体的な運動例としては、伸身、ツイスト、ターン、屈伸、ストレッチなどの体幹の運動や、持ち上げる、運ぶ、押す、引くなどをあげて以下のように述べています。

「姿勢制御運動のスキルでは､静的（動かない状態での）バランスか動的（動いている状態での）バランスが重視されます。マット運動や体操競技におけるスポーツスキルの能力は、飛び込みやフィギアスケートにおけるのと同様に、すべてが姿勢制御に依存しています」（ガラヒュー，1999，p.62）

このようなガラヒューの主張は、私が考えている基礎的運動技能としての「姿勢制御」「スピードコントロール」「予測・判断」と似通っていますし、「姿勢制御スキル」が基礎的なスキルになるという考えも共通していると思われます。つまり、低学年では姿勢制御を獲得することにより自分のからだと向かい合うことで動き（姿勢の制御）をなめらかにすることが基礎的運動能力の獲得にとって中心になると考えています。(注1)

(2) ボールゲームにおけるボール操作と予測・判断のむずかしさ

一方、小学校期前半（10歳以前）で扱うボールゲーム教材では、「すべての子ども」に基礎的技術や戦術を獲得させることにむずかしさを感じてきました。器械運動や水泳ではクラスの子どもたち全員が上手になっていくのに、ボールゲーム教材ですべての子どもたちを上手にすることがむずかしかったのです。

ボールゲームでは、ボールという道具を扱う技術を獲得する必要があります。また、ボールや人の動きによってゲーム状況が次々と変わり、状況の変化に対応した情報処理が必要になります。このため、まだ具体的思考段階にあり抽象的思考ができにくい小学校期前半の子どもにとっては、ボールゲームの主な学習内容であるボール操作技術と戦術における予測・判断を学ぶことはむずかしいのではないかと考えたのです（プロジェクト，2003，pp.200-201)。

(3) 姿勢操作技能（器械運動、水泳）とボール操作技能（ボール運動）の比較

このように、小学校期前半（10 歳以前）における「姿勢操作」「スピードコントロール」「予測・判断」という基礎的運動能力について「姿勢制御」の重要性を感じてきたため、小学校低学年の２年間で指導してきた教材の中から運動技能獲得状況を調査してみました。具体的には、「姿勢制御の技能」が中心となっている器械運動のマット運動、鉄棒運動、水泳と、「ボール操作技能」

表 1-1　器械運動とボール運動の技能獲得調査結果（大貫, 2007, pp.78-81）[注2]

マット運動		２年生 34 人（２人欠席）
ブリッジ	頭つきブリッジ	２人（5%）
	頭のつかないブリッジ	32 人（94%）
肩倒立	不安定な肩倒立	１人（2%）
	安定した肩倒立	33 人（97%）
後転	にょろ転	5 人（14%）
	不安定な後転	4 人（11%）
	安定した後転	25 人（73%）
前転	安定した前転	36 人（100%）
側転	川跳び側転	１人（2%）
	側転	33 人（97%）
	（膝まがり側転）	10 人（29%）
	（膝の伸びた側転）	23 人（67%）
倒立ブリッジ		10 人（29%）
バックブリッジ		9 人（26%）
鉄棒運動（コウモリ振り降り）		２年生 36 人
コウモリ姿勢		36 人（100%）
コウモリ振り		34 人（94%）
大きなコウモリ振り		30 人（83%）
手からの着地		8 人（22%）
足からの着地		28 人（77%）
安定した足からの着地		22 人（61%）
水泳		２年生 38 人
立位でもぐる（10 秒）		38 人（100%）
伏し浮き（10 秒）		38 人（100%）
伏し浮き呼吸で 5 m		37 人（97%）
伏し浮き呼吸で 10 m		36 人（94%）
伏し浮き呼吸で 15 m		34 人（88%）
ドル平泳法で 25 m		25 人（65%）

表1-2　器械運動とボール運動の技能獲得調査結果（大貫，2007，pp.78-81）[注2]

シュートボール			2年生34名3年生30名
投げる・捕る		2年生（34人）	3年生（30人）
投げる シュート ダイレクトP	安定オーバーハンド	29人（85%）	25人（83%）
	不安定オーバーハンド	2人（5%）	4人（13%）
	両足オバーハンド	3人（8%）	1人（3%）
投げる シュート ワンバウンP	安定オーバーハンド	29人（85%）	27人（90%）
	不安定オーバーハンド	3人（8%）	1人（3%）
	両足オバーハンド	2人（5%）	2人（6%）
シュート時間	ダイレクトパス	1.68秒	1.41秒
	ワンバウンドパス	1.55秒	1.39秒
捕る キャッチ ダイレクトP	安定手キャッチ	4人（11%）	16人（53%）
	不安定手キャッチ	22人（64%）	8人（26%）
	胸キャッチ	8人（23%）	6人（20%）
捕る キャッチ ワンバウンP	安定手キャッチ	18人（52%）	18人（60%）
	不安定手キャッチ	13人（38%）	12人（40%）
	胸キャッチ	3人（8%）	0人（0%）
捕る キャッチ	成功	285回（83%）	289回（96%）
	失敗	55回（16%）	11回（3%）

「ゲームにおける予測・判断」が中心となっているボール運動シュートボールを取り上げ、運動技能獲得状況を調査したのです。

①器械運動と水泳の技能（表1-1）

表1-1の結果からわかるように、器械運動教材では、ブリッジ94%、肩倒立97%、前転100%、側転97%、鉄棒コウモリ振り94%と、90%以上の子どもが技の達成を実現できました。また、水泳でも伏し浮き呼吸15m（88%）という結果でした。

器械運動、水泳における主たる運動技能である姿勢制御の技能を、ほとんどの子どもたちが獲得できたのであり、この調査が小学校2年生段階のものだということを考えると、この子どもたちが今後の2年間継続して学習すれば小学校期前半（10歳以前）までに全員がこれらの技を獲得し、姿勢操制御の技能を身につけられるのではないかと考えられました。

つまり、小学校期前半では姿勢制御の技能を学習対象として「自分のからだ」と向かい合うことで、意図的に自分のからだを動かすこと（姿勢の制御）がすべての子どもたちにとって可能ではないかと考えられます。これは、器械運動などは、自分の姿勢が学習の対象になり、自分の姿勢についての情報処理を行えばよい教材であり、神経系の発達する低学年期にあった教材だと考えられるためです。

また、これまでの実践経験から、マット運動や鉄棒運動が上手になっていくと、子どもたちの動きが「しなやか」になっていくことを感じてきました。運動経験の乏しいぎこちない固い動きの子どもが、マット運動や鉄棒運動の技が上手になっていくことによって、なめらかでしなやかな動きができるようになっていくのです。そして、子どもたち自身が自分の姿勢操作技能の高まりを実感することで、とても意欲的になっていくことも感じてきました。さらに、1学期に指導したブリッジ、肩倒立、側転などを家庭でもやっていると答えた子が42名（約90%）もいた経験もあります。つまり、自分のからだを意図的に動かせたことで得た達成感によって自信をもち、積極的に活動するように育つことを実践経験から感じているのです（大貫，2007，pp.80-82)。

②ボール運動の技能と戦術

A. ボール操作技能の獲得状況（表1-2）

A-1．オーバーハンドスロー

ボール運動の運動技能は、投げる（シュート）のオーバーハンドスローは85%の獲得率でした。これまでボール操作技能については、「投技能」を高めようとする実践が多かったのではないかと思われますが、今回の調査からはシュートボール教材を2年間扱うことで4m先にある的(ゴール)へのオーバーハンドスロー技能は85%の子どもが獲得できました。今後他のボールゲーム教材によってオーバーハンドスロー技能について継続して学習すれば、小学校卒業段階では全員がオーバーハンドスローの技能を獲得できるのではないかと考えられました。

A-2. パスキャッチ

パスキャッチは、ダイレクトパスキャッチ11%、ワンバウンドパスキャッチ52%という結果でした。シュートボール教材の学習課題は、課題1「自分でシュート」→課題2「マークはずしパス－キャッチ・シュート」であり、この「パス－キャッチ・シュート」を成功させるためには「パスキャッチ」技能は重要でした。このため、単元全体を通してシュートやパスのためのオーバーハンドスローと同じようにパスキャッチ技能も繰り返し練習が行われましたし、ゲームは2人対2人で行われたために、ゲームの中でもパスキャッチが繰り返し行われました。しかし、オーバーハンドスローのようにパスキャッチ技能を高めることはむずかしかったのです。

これは、ボール操作技能が姿勢制御技能とくらべて、小学校期前半（10歳以前）の子どもにとってはむずかしいためではないかと考えられます。しかも、ボールゲームでは単に投げたり捕ったりするだけではなく、ゴールや味方との位置関係において正確に投げることや捕ることが要求されます。しかし、小学校期前半の子どもにとってはボール操作自体がむずかしい上に、ゴールや味方に対して空間的（距離､大きさ､コースなど)､時間的（速さ､タイミング）にボール操作をすることがとてもむずかしいのです。

つまり、オーバーハンドスローは、的（ゴール）や味方へ向けての静止したボール操作に集中することで技能獲得ができたのですが、パスキャッチではとんでくるボールの空間的（距離、コースなど）時間的（速さなど）情報に合わせた予測・判断をする必要があり、この予測・判断にもとづくパスキャッチという運動技能が子どもたちにとってはたいへんむずかしかったのです。

B. ボールゲームの戦術行動における予測・判断

これまでのシュートボール指導で有効とされていた「手渡しパス」「走り込みパス」という戦術行動が低学年においてはむずかしく、「逆サイドマーク」を打開することができないことがわかっています（大貫、河野，2006, pp.68-75)。

つまり、ボールゲームにおける戦術行動の理解と実行が、低学年の子どもにとってはボール操作以上にむずかしい内容となっているのです。先に述べたようにボールゲームでは、ボールや人の動きによって次々と状況が変わり、状況の変化に対応したボール操作が空間的、時間的に必要になってきます。ゴールに向けて、味方と相手とボールの位置関係を瞬時に情報処理し、対応していく能力が必要になってくるのです。このため、たとえば味方がボールを持ったときにゴールの正面へ行くべきか、それともゴールの反対側へ行くべきかをゲーム状況によって判断しなければならないのですが、この判断が低学年の子どもにとってはむずかしいのです。

しかも、たとえゴールの反対側へ行くべきだと正しい判断をしたとしても、その判断にもとづいてゴール反対側へ行き､パスをなんとかキャッチし､シュートしようとしたときには、すでに相手が目の前に立ちふさがっていた、ということがたびたび起きます。戦術行動の判断による実行が、これまた低学年の子どもたちにとってはたいへんむずかしいのです（大貫，2007，pp.80-82）。

4.　小学校期前半（低学年、中学年）の指導

(1) 小学校期前半（10 歳以前）の子どもと「部位」

小学校期前半の子どもは、側転であれば踏み出し足に意識を向けさせようとしてもむずかしいことが多くあります。たとえば教師が「右、あるいは左」のつま先について言葉で言っても、子どもは即座に「右、左」の区別をすることができません。しかも、「つま先」という部位が足のどこなのかを理解することにも時間を必要とします。一瞬で終わる側転において、小学校期前半（10 歳以前）では、運動全体の中のある「部位」を意識させることがとてもむずかしいのです。

(2) 運動全体イメージ

では、小学校期前半の子どもに教える時には、どうすればいいのでしょうか。

小学校期前半の子どもは「運動全体イメージ」を捉えることには長けています。上手な運動を見る（視覚）、聞く（聴覚）、からだで感じる（筋感覚など）によって全体イメージとして把握することができるのです。阪田は、個人の運動における「内面の調整」（制御、コントロールなどともいわれる）について、「時間的調整」「空間的調整」「力動的調整」によって捉えることができるとして、以下のように述べています。

「実際の体育指導では、一瞬に現れる運動経過を『総合的』に見て『良い・悪い』を判断することが多いことであろう。でもその場合にもこれら三つの側面を重ね合わせて把握しようとしているのである。」（阪田，2012，pp.13-18）

阪田が述べた時間的調整、空間的調整、力動的調整を重ね合わせて把握することが「運動全体イメージ」の把握であり、低学年の子どもはこの運動全体イメージの把握に長けているのです。

このため、小学校期前半の技術指導においては、運動の部位について意識を向けさせるよりも、「モデル指導」によって目標となる運動全体イメージを見本の子どもで捉えさせることによって運動全体イメージを「はっきり（鮮明化）」させていく方が有効なのです。[注 3]

(3) からだでわかる

この「運動全体イメージ」ができていく過程は、つぎのようになります。

1）子どもの運動全体イメージは初め不鮮明で、ぼやけた形で頭に描かれています。
2）これが運動結果について視覚による位置感覚、筋感覚などによるフィードバックが積み重なることで、目標イメージとの比較から次第に鮮明になっていきます。
3) そして､頭の中に描かれる目標イメージが､やがて「自分の姿での運動イメージ」へと変わっていきます。

金子は「動きの伝承」についてつぎのように述べています。

「他者のこつを〈私のこつ〉に〈移す〉ことができるのです。ある生命ある動きのかたちが移されるということは、〈学び〉とられることなのであり、動きの模倣発生が成立することが意味されています。」(金子，1996，p.8)

このように、小学校期前半の子どもは「運動全体イメージ」を鮮明化する中で「できる」ようになっていきますし､この鮮明化の過程が「からだでわかる」という小学校期前半の技術認識なのです。

5.　小学校期前半（10歳以前）の授業イメージ

小学校期前半の子どもたちを担当して、姿勢制御学習の重点教材であるマット運動や鉄棒運動を教えると、マット運動や鉄棒運動が生活の中にとけ込んでいくことを経験してきました。

たとえば小学校教師として最後に担任した２年生の子どもたちはマット派でした。特に、ブリッジと側転が気に入り、休み時間や家庭で側転やブリッジをするようになったのです｡また､鉄棒派の子どもたちの時は冬になってもコートを着たまま鉄棒に群がり、グルングルンと回ったり新しい技を発表し合ったりという時間がずっと続きました。何がこのマット派と鉄棒派を分けるのかはよくわからないのですが、ともかく夢中になって生活の中に位置付いてしまうのです。

このため、廊下を側転しながら回転していく子や、休日にお父さんを公園へ引っ張り出して鉄棒の技を披露する子など日常生活の中でもたっぷりと遊び、姿勢制御による「からだでわかる力」を高めていくことができました。

さらに、この時担任した子どもたちはどちらかというと幼く、依存心が強いため、指示待ちになりがちだったのですが、生活の中で技の発明・発表を自主的に行うことにより「主体性」が現れ始めていきました。教科外教育の係活動やクラスイベントで自主的活動の楽しさや行為力を粘り強く育ててきたことと、生活の中でのスポーツの自主的活動が関連して主体性を発揮する子どもたちに育っていったのです。

こうなってくると、教師である私が（今日は、どんなことを子どもたちは考え出すのだろう）と、わくわくしながら授業と生活に向き合えるようになっていきます。そして、ますます子どもたちも私も「共に創る授業や生活」を楽しみにするようになり、その喜びは父母にも共有されるようになっていきました。このような子どもたちと教師が協同で学び生活することを「共に紡ぐクラス」だと考えるようになりました。紡ぐクラスの土台には、毎月欠かさず行ってきた「クラスイベント（お誕生会づくりなど）」や係活動があるのですが、マット運動や鉄棒運動の「表現性」が濃いスポーツ学習によっても子どもたちの主体性が生み出され紡ぐクラス集団が育っていったのでしょう。

第４項　小学校期後半（高学年）・中学校期

1.　発達と授業のねらい

小学校期後半（高学年）・中学校期は、スポーツの授業を本格的に学びはじめる時期です。スポーツの成立条件の中心的内容である技術的内容と組織的内容を協同探究によってしっかり学びはじめます。また、第５章で紹介している「授業例」のようなスポーツの特性「競争／協同」関係も学ぶことができます。

つまり、スポーツ文化は「技術性」や「組織性」が中心的内容となって成立していることや、「技術と戦術の関係」「ルールと規範の関係」などを学び始めるのです。

そして、スポーツ文化の本格的学習において、スポーツ文化のプレー場面を分析し、その結果について総合していく基礎的な方法も学習することが可能になってきます。戦術学習におけるゲーム記録や、技術学習における技術分析によって、自分や仲間のプレーを分析的に捉え、そこから技術や戦術の法則性を探究していくことが可能となります。さらに、スポーツ文化成立条件における「社会性」についても学ぶことができます。

なお、このようにスポーツの教育における教科内容を明確にすることにより、教科内容を学ぶための教材は選択することになります。つまり、教科内容を教えることが主であり、教材は子どもたちにとって学びやすい運動財を選択すればよいことになるので指導時間を十分取ることが可能になります。指導要領の例示にある種目を、選択理由がわからないまま教えていた「種目主義」から教えるべき教科内容を明確にした授業づくりへと転換することが可能になるのです。

2.　スポーツの特性

小学校期後半（高学年）・中学校期においては、「表２　スポーツにおける競い合う目的」との関係で、スポーツの特性「競争性／協同性」を深く学びます。技術的内容が「表現の質（採点競技）」と「移動スピード（測定競技）」では異なることや、組織的内容が「競争性／協同性・組織化－未組織化」関係によって異なってくることを学んでいきます。

また、第５章で紹介する「フットボールの授業」のように、スポーツ文化の「競争性／協同性」「組織化―未組織化」関係について考えることもできるようになります。そして、「技を競う授業（教材跳び箱運動）」のように、技の難易度を競う「高度化追求スポーツ」と技の簡潔性、安定性を重視する「協同性重視スポーツ」のちがいを理解し、自分たちがめざすスポーツの位置を考えるのです（表２)。

3.　スポーツの成立条件「技術性」

小学校期後半・中学校期において獲得するべき教科内容の中心は技術に関する内容であり、以下の技術を取り上げることがふさわしいと考えます。

表２　スポーツにおける競い合う目的

「表現の質（美しさ、難易度、正確さなど)」	〈採点競技〉
「移動スピード」	〈測定競技〉
「最大達成量（距離、高さ、重量など)」	〈測定競技〉
「相手に対する直接的な技や力の優位さ」	〈採点競技〉
「価値ある成果（ゴール、ポイント、トライなど）の相対数」	〈得点競技〉

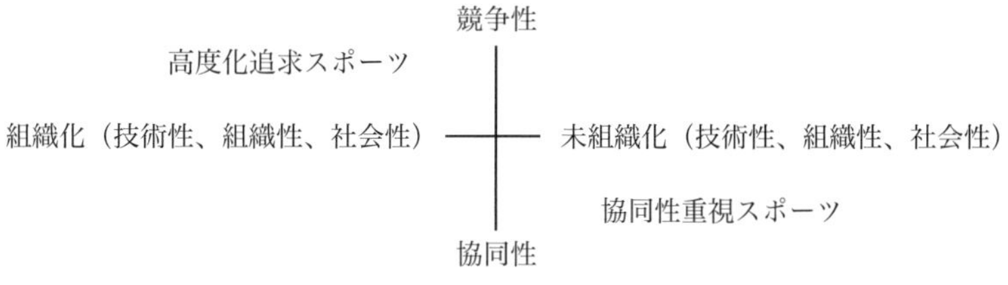

図１　スポーツの特性・成立条件における高度化追求スポーツと協同性重視スポーツの位置関係

(1) 技術内容

A.〈対象〉技

・技術的特質としての雄大さ、難易性、安定性、美しさを表現する技術

○器械運動などの技は、「雄大さ」「難易性」「安定性」「美しさ」を表現することを目的として継承発展されてきた。したがって、これらの表現に向けた技の合理性が教科内容となる。

B.〈対象〉速さ

・技術的特質としての一定の距離内における速さを表出する技術

○陸上運動におけるトラック競技などの走運動における技術は、「速さ」を追求することを目的として継承発展されてきた。したがって、速さを追求する技術の合理性が教科内容となる。

C.〈対象〉距離

・技術的特質としての距離を伸ばす運動技術

○陸上運動におけるフィールド競技などの技術は、「距離（長さ、高さ)」を追求することを目的として継承発展されてきた。したがって、距離を追求する運動技術の合理性が教科内容となる。

D.〈対象〉ゴール

・戦術的特質としてのゴールの攻防における技術・戦術

○球技における運動技術・戦術は、「ゴールの攻防」を目的として継承発展されてきた。したがって、ゴールの攻防を目的とする技術、戦術の合理性が教科内容となる。

E.〈対象〉身体表現

・技術的特質としての美しさなどを表現する技術

○ダンス、舞踊などの技は、「美しさなど」を表現することを目的として継承発展してきた。したがって、これらの表現に向けた技の合理性が教科内容となる。

以上の技術性に関わる教科内容について、運動技術を認識し、運動技能として習熟していくことをめざします。

(2) パフオーマンスの分析

運動のパフォーマンスは、運動技能という個人の運動能力として現れますが、教科内容としての技術の認識が重要となるため、個人の運動能力としてのパフォーマンスを技術的に分析し、知識として理解していく必要があります。

つまり、個人的な運動の「でき具合」を一定の観点から分析し、だれにとっても合理的で有効な方法を発見させ、その合理性、有効性について考えさせたいのです。

小学校期前半までは、このようなパフォーマンスの分析方法として「観察・記録・記述」の仕方自体を学ばせ、「感覚的分析」を大切にしながら客観的な「論理的分析」への発展をめざすべきであり、小学校期後半以降では、「感覚的分析」にとどまらない「論理的分析」の指導をめざすべきです。

なお、小学校高学年では論理的分析が可能な年齢に達してはいますが、子どもたちの発達段階においてはまだ感覚的な分析が残っていると考えられる一方、中学校期においては本格的な論理的分析が中心になります。

(3) 運動パフオーマンスの学習過程

運動のパフォーマンスは、つぎのような流れで学習されていきます。

①技術認識Ⅰ

子どもたちは、はじめにこれから学習する運動を知る。はじめての学習なので、めざすべき運動が「教師の師範」「絵や図」「ビデオ」、あるいは子どもが経験的に知っている場合は「言葉の説明」によって示される。たとえば、跳び箱・台上前転であれば、台上前転の技がなんらかの方法で教師から示され、子どもはこの技の運動のイメージを描くことになる。

②技能習熟Ⅰ

子どもは①運動技術認識Ⅰで、これから学ぶ運動のイメージをつかみ、それをもとに試しの運動を試みる。

③技術認識Ⅱ

試みた結果、自分がめざした運動（運動技術認識Ⅰ）と、試した運動（運動技能習熟Ⅰ）とが同じだったかどうかを確かめるために、めざした運動との比較で試した運動のイメージを描く。

④学習課題把握Ⅰ

めざした運動のイメージと試した運動のイメージの比較から、その違いを探る。

そして、ここでめざす運動と試した運動のイメージが一致していれば（外部からの観察によって評価される場合もあるが）めざす運動技術を獲得し、自らの運動技能としたということになる。

ただし、ほとんどの場合はこの「試しの運動」でめざすとおりの運動ができるわけではない。つまりめざす運動と、今自分がした運動は「違う」ということを意識することになるし、この「違い」は複数ある場合がほとんどである。

学習の過程における学習課題とは、このような「めざす運動」と自分がした「試しの運動」の比較による複数の「違い」のことをいう。

⑤学習内容把握Ⅰ

学習課題としての複数の「違い」は、それだけでは「めざした運動」に「試した運動」を近づけるために獲得するべき学習内容とはならない。複数ある「違い」の中から、「めざす運動」に近づけるためにもっとも重要だと考えられるものを見つけ出し、それを学習内容とする。

⑥学習方法把握Ⅰ

学習内容が把握できたなら、「めざす運動」に近づけるための学習内容を獲得する学習方法を考え、把握する。

学習方法はほとんどの場合そのまま練習方法となるが、学習方法を具体化する施設上の条件等も考慮し、練習方法が考えられる場合もある。

⑦技能習熟Ⅱ

学習内容が把握され、それを獲得するための学習方法や練習方法が把握されれば、練習をすることになる。

⑧技術認識Ⅲ

「⑦運動技能習熟Ⅱ」の練習によって、「めざす運動」と「試した運動」のイメージが一致していれば（外部からの観察によって評価される場合もあるが）、「めざす運動」の運動技術を獲得し、自らの運動技能になったということになる。そして、次の「新しい運動技術の認識Ⅰ」へと進むこととなる。

また､「めざす運動」と「試した運動」のイメージが再び違えば､この「違い」について、「学習課題把握Ⅱ」へと進むことになり、今までと同様の過程を踏むことになる。(学習課題把握Ⅱから運動技術認識Ⅳ)

この学習過程の中には、学ぶべき内容が濃い部分と薄い部分はありますし、学習内容と学習方法が重なって現れる場合もあります。しかし、子どもたちは運動技術を学習する際にはこの学習過程を必ず通っています。

運動のパフォーマンスの観察・分析において重要なのは、上記に示した学習過程を子どもたち自身に意識させることであり、子どもたちが自らや仲間のパフォーマンスを対象にして技術としての認識を深めていくところにあります。技術を対象として学習主体である子どもたちの認識面を中心に学習を組織していくことによって、子どもたちの主体的学習が可能になるのです。

(4) 運動パフォーマンスの観察・記録方法

上記の学習過程における「技術認識」において、運動パフォーマンスのどの場面を見るかという観察のための「視点」を明確にしておく必要があります。また、観察した視点に伴い、それを記録しておく必要もあります。さらに観察した結果について、対象者のこれまでの運動パフォーマンスや他者の運動パフォーマンスと「比較」することがたいせつになります。

このような観察─記録─比較という手順によって、運動技術を獲得する際に重要となる技術的ポイントが発見されていくのです。たとえばボールゲーム教材などの場合、運動パフォーマンスに対する観察は次のような実態だと考えています。

A．ゲーム分析能力

ゲーム分析表などの教具を使えば、子ども・生徒たちは自らゲーム状況を把握することができる。

B．学習課題，学習内容把握能力

ゲーム状況を把握した後、そこから最も重要と思われる学習課題を抽出するためには、指導者が指導内容を基にした学習課題抽出のための「視点」を提示することが必要であり、この「視点」が示されれば子ども・生徒たちは学習課題を自ら捉えることができる。

C．学習方法把握能力

学習課題，学習内容を把握した後、学習方法としての練習を考案することは一定の経験が必要となる。このため、指導者から学習課題，学習内容に適合した、しかも応用性・発展性のある練習モデルが示される必要がある。子ども・生徒たちは練習モデルを参考に、自分達の実状にあった学習方法を自ら考えることができる。

D．学習課題達成能力

練習によってゲーム内容を変えていくためには技能習熟の時間を必要とする。また、チーム，個人それぞれに応じた細かなレベルでの学習を必要とする。指導がきめ細かに行われるべき段階であり、指導と学習の密接な関係の中で子ども・生徒たちは学習課題を達成していくことができる。

4．スポーツの成立条件「組織性」

技術や戦術を学習するとともに、スポーツ文化を仲間とともに学ぶための「組織性」も教科内容として位置づけられます。この「組織性」について、水泳を例に以下に述べます。

(1) グループ（組織）の必要性

小学校期後半・中学校期では、単に運動ができるだけでなく、運動文化（スポーツ）がもっている運動技術やルールの仕組みが論理的に理解できるようになることが目指されます。

たとえば水泳学習では、クロール、平泳ぎ、バタフライ、背泳ぎなどの近代泳法を学習し、いろいろな泳法で泳げるようになるとともに、泳ぎの技術の合理性を学習していきます。したがって、各泳法を学び泳げるようになるだけでなく、泳ぎの技術も学習することになります。このため、お互いの泳ぎを観察し、上手に泳ぐための技術を発見できる学習グループが必要となります。

①学習グループの役割

A．３人以上

学習グループは、互いの運動技能について観察しあい、運動技術やルールの仕組みを認識するとともに、運動技術を獲得することで運動を楽しめるようになるために必要な集団です。

この学習グループの必要性と有効性は、小学校中学年段階から学んでいく必要があり、水泳であれば子ども・生徒たち同士が互いの泳ぎ方を見合い、自分の課題だけでなく仲間の泳ぎについても観察し､助言をし合うことが大切です。

まず学習グループの人数は、水泳学習の場合であっても２人ではなく「３人以上」を必要とします。これは、仲間の運動を観察する際に、会話が必要となるためです。

つまり、２人ではどちらか一人が泳いでいるときに、その泳ぎを観察する子が一人となってしまうため、話し合うことができません。子ども･生徒たちは、運動を観察するための「視点」がもてるようにしてやれば、仲間の泳ぎを鋭く観察することができます。しかし、観察したことが適切かどうかについてはかなりの不安感ももっています。

また、観察したことを分析的に見るためには、お互いの感じていることを言葉にすることが必要ですし、この会話によって子ども・生徒たちの観察は感性的な観察を土台としながら分析的・論理的なより深い観察になっていきます。

B. 技能差

つぎに学習グループの組み方ですが、水泳や器械運動のような個人的種目の場合でも技能差のあるグループ編成にします。

学習のねらいは、技術やルールの仕組みを学ぶことにあり、水泳であれば上手に泳ぐための仕組みを見つけ、その仕組みの理解をもとに上手に泳げるようになるための練習を協力しながら進めることにあります。つまり技術やルールの仕組みについて「わかる」ことが重視されます。

したがって、技術の仕組みを発見できやすい学習グループが必要となり、この技術の「仕組み」は、子ども・生徒たち一人一人の運動のパフォーマンスに具体的に現れています。たとえば水泳の場合、上手に泳げている子と、まだ上手に泳げない子の比較をすることによって、この技術の「仕組み」は発見できるのです。

このため､一つの学習グループとして「よくできる子」「だいたいできる子」「まだできない子」がいる能力差のある異質グループ（３〜４人）を作り、このグループ内での観察・分析と相互の学び合いをさせていくことによって、技術の仕組みがわかってくるのです。

C. みんなで高まる

さらに、この技能差のある学習グループによって、子ども・生徒たちは「みんなで高まる」ことのすばらしさを学んでいきます。

技能差のある異質小集団のグループ学習に対して、「めあて別」あるいは「課題別」に学習グループを組む方法もありますが、子ども・生徒たちの実情は「めあて別」=「技能別」となり、同じくらいの技能の子が集まっての学習となってしまいます。

この技能別グループによる学習では、運動能力の高い子とまだ上手にできない子はそれぞれ個別に学ぶことになり、子ども・生徒たちに運動能力について「できる者は上手になるが、できない者はそのまま」という固定的な能力観を育ててしまう危険性があります。

特に小学校高学年以降の時期は、受験制度の影響が出始め、子ども・生徒たち自身が能力差に対して敏感になり、能力の差を人間性に結び付けやすい時期です。したがって、この時期に「できる者は上手になるが、できない者はそのまま」という固定的能力観を身につけてしまうと、民主的な人間関係や学習集団を作ることがたいへんむずかしくなるのです。

このため、運動パフォーマンスの「できる」「できない」が子ども・生徒たちの前にはっきりと現れやすいスポーツの授業で、「みんなで高まる」のか、それとも「能力差のまま」なのかを考えていくことは、子ども・生徒たちの人間観、学習観、そしてスポーツ文化のあり方に対する考え方を育てていく上でたいへん重要なのです。

スポーツの成立条件である「技術の仕組み」がわかることによって、まだできない仲間に対して積極的にかかわり、仲間が技術を獲得できるようになったとき、子ども・生徒たちは仲間の高まりを自分のことと同じように共感し、「個人の高まりは仲間の高まりと共にある」という価値観を学んでいきます。ここにスポーツ文化の「組織性」を学ぶ教育的価値があるのです。

②グループづくり

技能の異なる学習グループを作る方法はいくつかあり、どのような方法をとるかは、子ども・生徒たちの実態に応じて考えられるべきですが、参考までにいくつかのグループ作りの方法を紹介します。

A. 学習目標作り

まず「どのような授業にしたいですか？」というアンケートを授業のはじめ

に行います。

子ども･生徒たちは、このアンケートに対して、ほとんどの場合「みんなが」「上手に」「楽しく」というキーワードを使ってきます。

そこで、できればクラスの係にアンケートのまとめをしてもらい、その集計結果をクラス全体に提示し、授業目標を決めます。この授業目標を子ども・生徒たちとはじめに決めておくことは大切なことであり、どのような授業にしたいかを子ども・生徒たちとの「合意」に基づきスタートさせ、子ども・生徒たち主体の学習を進めていく第1歩とします。

〈授業目標例〉
「みんなで上手に○○ができる、楽しい○○の授業にしよう。」

B. 学習グループのつくり方

子ども・生徒たちと合意した学習目標ができれば、その目標に合った学習グループ作りをすることになります。

つまり、「みんなで」という目標を掲げたのですから、子ども・生徒たち自身も「みんな」をめざす必要があり、一部の子ども・生徒たちだけが上手になるのではない互いに学び合い教え合うグループが必要になります。

このグループ作り自体も子ども・生徒たちにゆだねていく方法もありますが、はじめは教師とともにグループ作りをしていくとよいでしょう。

小学校高学年では､グループ作りを生活グループを基盤に編成し､学習グループとする場合もありますし、生活グループをもとにして学習グループを作る場合もあります。

また、生活グループではなくて、体育のそれぞれの教材における学習グループを作る場合、つぎのような条件について学習目標「みんなで、楽しく」から合意しておく必要があります。

【グループ作りの条件】
ア．男子女子が混合になること。
イ．グループ内に技能差があり、グループ間に技能差があまりないグループとなること。
ウ．学び合い、話し合いができるメンバーとなること。

この３条件を満たすグループ作りはかなりむずかしく、子ども・生徒たちの間ではいろいろな意見が出ます。このため、一応子ども・生徒たちにグループ案を作ってもらいながら、話し合いに教師も参加して助言をしていきます。そして場合によっては、他のグループとのトレードもしながら学習グループを作っていくのです。また、学習グループができたら、そのメンバー内で「リーダー」「副リーダー」「記録係」などの役割を決めるとともに、リーダーが司会をし、全員が平等に発言できるように話し合いのルールも決めておきます。さらに、各学習グループが集まる場所や練習場所などの指定もしておくと学習が効率的に進行します。

(2) ルールの学習

①ルールの基本原則の理解（注４）

「ルールの原則」（近代スポーツ創出時における原則）には、以下の２つの内容があります。

A. ルールの内容

競技を行う条件整備に関する内容（施設、器具、服装、役員、審判、運営）

競技の実施に関する内容（目的、行い方、モラル、マナー、プレイヤーの健康安全）

競技の結果の処理に関する内容（抗議や異議，競技の記録や結果の処理）

その他の内容（表彰など、観衆や報道関係者への対応）」

B. ルールの基本原則

「基本的特徴保持の原則」「人命尊重，安全確保の原則」

「対等、平等、公正の原則」

「技術の高度化追求保障の原則」

「不合理性排除の原則」「秩序保持の原則」

「物質的欲望排除の原則」

ルールの学習やルール作りを行いながら、子ども・生徒たちが必要と考えたルールについて「なぜ必要なのか？」と問うことによって、たとえばバスケットボールの場合、つぎのように理解していくことができます。

ア.「基本的特徴保持」
- 身体接触の禁止（ボールからの衝撃もファール）
- 歩数制限（トラベリング）
- ゴール裏の攻防

イ.「人命尊重，安全確保」
- 身体への意図的攻撃の禁止（たたく、ける、倒す）

ウ.「対等，平等，公正」
- ジャンプボール
- 得点後の再開（相手ボール）

エ.「技術の高度化追求保障」
- ドリブル
- 30秒ルール、５秒ルール、シュートエリア内３秒
- アウトオブバーンズからの審判への返球（速攻を減らし、５人の攻防をふやす意図）

オ.「不合理性排除」
- エンドラインからのスローイン
- 得点後の再開（エンドラインから）

＊「高度化追求」と「不合理性の排除」は、教材化にあたっては同じ項目となるだろう。

カ.「秩序保持」
- ５ファールによる退場
- 審判への抗議権はキャプテンのみ

②ルールづくりの必要性

上記の「ルールの原則」は、近代スポーツが作られたときの原則であり、ルールは歴史的に改変されてきました。このため、現代社会におけるルールのあり方についても考えさせることが大切です。近代スポーツにおけるルールの原則を教えつつ、現代や未来のスポーツ文化におけるルールについて考えさせることで、将来の「みんなのためのスポーツ」におけるルールの原則を考えていくことができるのです。第５章授業例「中学生のバレーボール実践」は、そのような将来の「みんなのためのスポーツ」を考え・つくることに挑戦した授業です。

(3) 競技会・発表会（大会）の企画と運営

スポーツ文化の主体者を育てたいと考えたとき、「技術やルール」の学習は重要な教科内容となります。一方、技術やルールの学習だけではスポーツ文化の変革、創造のための学力としては不十分でしょう。スポーツの成立条件における「組織的内容」としての競技会や発表会の企画、運営も必要なのです。

①企画

A. 競う内容

先に、スポーツ文化はその技術・ルールがめざす「何を競うのか」によって、147ページ表2の5領域に分けることができることについて述べました。

競技会や発表会の企画、運営を学習する際には、この「何を競うのか」を明確にする必要があります。たとえば、器械運動の「技」は、「雄大さ」「難易度」「美しさ」「安定性」をめざし発展してきました。つまり、この4つの内容が技のめざす目標であり、この目標をめざして技を競ってきたのです。

②競い方

目標としての競う内容を明らかにしたら、つぎにどのように競うのかという「競い方」を明確にする必要があります。

たとえば競技形式には「リーグ戦（総当たり形式）」と「トーナメント戦（勝ち抜き形式）」があります。トーナメント戦は短時間で行うことができますが、1度負けてしまうともう試合をすることはできません。これに対してリーグ戦では、時間がかかりますがたくさんの試合ができて、競うことで交流することができます。

このように、競い方には競うことによって何を得ようとするのかという競う目的が反映しています。

〈競い方に関する内容〉

- 競技形式（リーグ戦、トーナメント戦、複合戦など）
- ルール、審判の仕方
- 得点化、順位の付け方、勝敗の決め方、引き分け
- 組み合わせの決定方式
- 事前、事後のミーティング

器械運動を例にすると、器械運動の4つの内容「雄大さ」「難易度」「美しさ」「安定性」はそれぞれ並列なものではなく、4つの内容は時代によって濃淡がありました。つまり、器械運動の4つの内容のうち、技を競う上で「美しさ＝芸術性」に重きを置くか、それとも「難易度＝高度化」を重視するかで判断が揺れてきたのです。

久保は体操競技について「採点規則は1985年までは1964年の規則以来の基本的性格を保持していました」と述べて、つぎのように指摘しています。

「『優美さ（Aumut)』が重視されており、そうした価値観が、難度を追求する中でも熟練性や姿勢的簡潔性として大切にされてきていたのです」（久保健, 2015a, p.235）

具体的には1997年代に体操競技の採点基準は大きく変化します。久保は次のように述べています。

「1997年には、①加点領域が1.0から1.4に拡大され、②規定演技が廃止されて自由演技だけとなり、③スーパーE難度の技が出現し、④団体競技方式が、チーム6人が演技した中のベスト5の合計点で競う方式から、6人中5人が演技して各種目ベスト4の合計点を競う方式に変わりました。こうしたルール改正により、地味な規定演技より華々しい自由演技、それも大技への傾斜傾向が強まりました」（久保健, 2015a, p.236）

このように「減点法」から「加点法」への転換によって、「美しさ＝芸術性」の内容が弱くなり、技の高度化が一段と進んだのです。そして、この転換の背景には「より高度に」という人間の願いが現代社会の価値観を基盤として存在したと思われます。

③競技会の運営と管理

競う内容と競う方法が決まったならば、競技会の運営をどのようにするかを企画し、役割を分担し、リハーサルなどを経ながら子ども・生徒たちが主体的に競技会の運営と管理をしていくことになります。

〈競技会の運営と管理に関する内容〉

- 競技を行う施設など（施設、器具、服装、役員、審判、運営）
- 競技の実施に関する条項（目的、行い方、モラル、マナー、プレイヤーの健康安全）
- 競技の処理に関する条項（結果，記録の処理）
- その他（表彰など）

5.　スポーツの成立条件「社会性」

小学校期後半・中学校期では、技術や戦術、組織についてわかり、できるだけでなく、スポーツ文化の意味についても学習できる発達段階に達しています。つまり、人間にとってスポーツ文化がどのような価値や課題を持っているかについても学ぶことができるのです。

スポーツ文化の特性や成立条件が「歴史」において変化してきたこと、その変化の背景には人類の英知や願いがあったことを学ぶのです。そして、これらの学びの根幹で「意味を問い直す」ことを続けていくことによって、スポーツ文化が今後どのような文化として発展していくべきかも考えていきます。

近年の日本スポーツ界おいては、相撲問題、アメリカンフットボール問題、ボクシング連盟問題においてパワハラ・セクハラなど様々なスポーツに関わる社会問題が報道されています。また、テニスやサッカーの試合におけるビデオ判定導入のような「スポーツとＡＩ」の関係､eスポーツ登場における「スポーツと身体」の関係なども話題になっています。さらに、スポーツイベントにおけるオリンピック・パラリンピック開催の在り方については、「2020年の東京オリンピック・パラリンピックにおいて、開会・閉会式のいずれかだけでも合同で行われること、また、幾つかの種目の競技が一緒に実施されること」への願いも表明されています（久保，2015b，p.157）。

このようなスポーツをめぐる問題や話題を教材として、今後のスポーツの変革創造についてその意味を考えることが「スポーツの授業」でもあるのです。

6.　教科内容と教材

(1) 教科内容の取り扱いと教材構成

スポーツの授業づくりにおいて、どのような教材を選択し構成するかは、スポーツの教科内容との関係で考えることになります。したがって、どのような教材を選択するかを考える際に、ここでは単に器械運動やボール運動というような領域名をあげるのではなく、教科内容において示した「技術性」「組織性」「社会性」、そしてスポーツの特性「競争／協同」関係をもとに教材選択をすることになります。

さて、小学校期後半（高学年）・中学校期では、発達的には第２急伸期前後の段階にあるため、パワーを主体とする技術よりもコントロールを主体とする技術を中心とした教材を選択することが望ましい時期です。そして、技術・戦術やルールの分析が可能であり、分析結果を記録することができやすい教材を選択することで「わかる・考える」ことを重視していく必要もあります。

(2) 教材選択と構成

①基本的な考え方

スポーツ種目などの運動素材は、どの運動も「技術性」「組織性」「社会性」をもっていますし、この三つの関係は切り離すことができません。

一方、陸上の走運動や水泳の競泳を教材化することによって、技術性における「速さの追求」について教えることができます。これは、走競技や競泳が場の特性に応じた「速さ」を追求してきたスポーツだからです。

また、これらの運動素材を教材化することによって、技術性における速さを追求する「パフォーマンスの分析」の仕方や、組織性における「競技会の企画・運営」を教えることもできます。

さらに、ボールゲームが戦術との関係からルールを歴史的に発展させてきたことをもとに、組織性における「戦術づくり」「ルールづくり」「競技会の企画・運営」、社会性における「ルールの原則」「ルールの変遷」などをボールゲーム種目の教材化によって教えることができます。

このように運動素材自体は技術性、組織性、社会性といった成立条件を複合的にもっていますが、運動素材の目的性を教材化することによって、それぞれの教科内容を抽出し、子どもたちに教えることが可能になるのです。

②教科内容と教材例

A.「技術性」を教科内容とした教材

「技術性」を教科内容の中心に据えた授業では、たとえば「速さの追求」を目的として、障害走のハードリングという技術がどのような合理性を持っているかを学習します。

障害走において、たとえばデイップという技術が速さ追求においてどのように合理的な技術であるかを、自分や仲間の技能を分析することによって、また資料学習によって学ぶのです。

このような学習によって、子どもたちは技術が目的に応じた科学性を持っていることや、その合理性のすばらしさを学んでいきます（表3)。

B.「組織性」を教科内容とした教材

「組織性」を教科内容の中心に据えた授業では、たとえばルールの基本原則

表３ 「技術性」を教科内容とした教材

技術性〈対象〉	教科内容	教材
技による身体コントロール 〈技〉 〈身体表現〉	・雄大さ、難易性、安定性、美しさを表現する技術の合理性 ・技術的特性としての美しさなどを表現する技術の合理性	マット運動 跳び箱運動 ダンス、舞踊
運動の場に応じた身体コントロール 〈速さ〉 〈距離〉	・陸上での一定の距離内における速さを表出する技術の合理性 ・水中での一定の泳ぎ方における速さを表出する技術の合理性 ・陸上での距離を伸ばす技術の合理性	障害走 近代泳法 幅跳び
ゲーム場面に応じたコンビネーションの構成 〈ゴール〉	・ゴールの攻防における技術・戦術の合理性(シュート空間の作りだし、防御)	バスケットボール、フラッグフットボール

として「基本的特徴保持」「人命尊重、安全確保」「対等、平等、公正」「技術の高度化追求保障」「不合理性排除」「秩序保持」などがあることを学習します。

バスケットボールで、なぜトラベリングやダブルドリブルが禁止されているのか、またジャンプボールがなぜ行われるのかについて、ルールの基本原則との関係からその合理性を理解していくことができます。

このような学習によって、たとえば「ルール」がみんなで楽しみを追求していくために様々な工夫をされて変化発展してきたことや、その仕組みのすばらしさを学んでいきます（表4）。

C.「社会性」を教科内容とした教材

「社会性」を教科内容に据えた授業では、たとえば先の障害走が、羊飼いが羊を飼うために草に打った柵を飛び越えて遊んだことからはじまり、セーリン

表４ 「組織性」を教科内容とした教材

組織性	教科内容	教材
ルールの基本原則	・ボールゲームにおけるルールの基本原則 ・ルールと規範のちがいと関係	バスケットボール
ルールの仕組みとルールづくり	・ボールゲームのルールづくりとルールの意味 ・器械運動のルール（技の採点基準）の仕組み	バスケット 跳び箱運動
競技方式とその特徴	・競技性と平等性の関係（競い方と順位の関係） ・技と採点（演技発表の方法と発表方法の選択）	長距離走 跳び箱運動

表５　「社会性」を教科内容とした教材

社会性	教科内容	教材
技術発展史	・障害走のハードリングの歴史的発展。	障害走
運動技術と道具	・技を表現する運動技術と道具（踏切板）の発展の関係。	跳び箱運動と踏切板

グフォームやデイップなどの技術を開発、発展させてきたことを学べます。

また、そのような技術の開発の背景には、計時方法の改善、用具の進歩、そして競技会を成立させるための交通手段の発達などがあったことを学ぶことができます。

さらに、現代の競技会においては1000分の１秒を競っていることや、人間の審判だけでなく映像判定などのテクノロジーが取り入れられていること。そして、記録向上のためにドーピングが行われていることなど、現代スポーツの問題点も総合的に学ぶことができます（表5）。

(3) 年間教材配当計画作成について

最後に教科内容―教材を年間計画とする際に考えるべきことについて述べます。

①大単元

前項で示した教科内容を教えるためには「大きな単元（10回以上）」による計画を作成することが有効です。スポーツの成立条件と特性を関連させて、子ども・生徒たちに探究的な深い学びをさせていくと、１教材あたり20回程度扱える可能性が出てきます。

また、長距離走教材で扱う「競技性と平等性の関係（競い方と順位の関係）」など、かなり総合的な内容が多いので、「総合的な学習の時間」を使っての学習も可能でしょう。

このように考えると、内容面だけでなく時間的にも大単元による豊かな「スポーツ文化を学ぶ」授業が可能ですし、教材「を」教えるのではない、教科内容を教材「で」教える授業づくりの展望が見えてくるのです。

②小学校期後半から中学校期への発展

小学校期高学年では、技術・戦術、ルールの学習を中心に、みんなでスポーツ文化の仕組みが「わかり・できる」ことをめざすとよいでしょう。

そして、小学校期後半で技術分析、戦術分析を中心としたパフォーマンス分析の初歩段階を経験し、異質グループでの科学的協同学習の基礎を学ばせたいものです。

この小学校期後半の上に、中学校期では技術性、組織性にとどまらず、社会性に関する内容やスポーツの特性につても総合的な学習が展開できるようにしていきます。

たとえばバスケットボール教材では、ゲーム分析をもとにした戦術学習だけでなく、ルール学習によって「ルールの基本原則」や「バスケットボールルールの変遷史」を学ぶことができますし、「戦術とルールの関係」「ルールと規範の違い」などについても学習することが可能です。

このように、小学校期後半での学習をもとに、中学校期ではスポーツ文化の「成立条件」や「特性」について生徒たちが深く考えていく授業を仕組むことができます。

③１年間の発展

学習グループづくりやパフォーマンスの分析という観点からは、まだクラス内の人間関係が十分できていない１学期には、主に個人種目の学習によって「みんながわかり、できる」ことを実感させ、学び方の基礎を教えるとよいでしょう。

そして、２学期では器械運動やボール運動によって、みんなの前で表現することやコンビプレイといったより濃密な人間関係を必要とする技術、戦術やルール・規範などの学習へと発展させていきます。

さらに３学期ではボール運動などの競技会を企画・運営することによって、自立的・自治的なスポーツ活動の実践力も培っていくことができます。

このような発展によって、子ども・生徒たちはプレイすること自体の楽しさから、プレイによって結び合う楽しさを学ぶとともに、スポーツ文化の仕組みを考え、自治的に運営する主体的な力を身につけていくのです。

スポーツ文化の根源的な魅力である身体運動によって「わかり・できる」学びから、「協同・探究」の学びへと教科内容―教材を計画的に発展させていくことで、スポーツ文化の主体者を育てていくことができるのです。

(注１) 基礎的運動技能

ガラヒューは姿勢制御スキルを「屈伸、体を振る、倒立、回転」などの動作としてとらえており（ガラヒュー，1999，p.62)、私が考えている「運動技術」をもとにしたスキルとは、やや異なっているのではないかと思われます。つまり、上手な「投げ方」を習得させれば、本格的なスポーツ習得に有効であるとする効率のよい「でき方」に収斂されていると考えられます。一方、私は運動文化（スポーツ）の文化的価値の追求を目的としているのであり、単にスポーツが上手にできるようになることだけをめざしているのではありません。この点で、ガラヒューとのちがいがあるように思われます。

(注２）シュートボールでの投げる（シュート）運動技能調査

シュートボールの投げる（シュート）調査では、投動作の分類を宮下（宮下，1980，pp.258-261）とガラヒュー（ガラヒュー，1999，p.83）を参考にして行いました。

(注３）モデル指導

シーデントップは「集団に方向づけたフィードバック」について、「個人のパフォーマンスに関するフィードバックが集団に対しても有益な場合があることも明白である」と指摘し、本研究における「モデル指導」を「模範（モデリング)」と表し、つぎのように述べています。

「集団に方向づけたフィードバックは、模範（モデリング）の別の側面である。模範とは、ある個人の行動を他のものが模倣するためのモデルとして利用することをいう。」(シーデントップ，1988，p.247)

そして、模範の有効性についてつぎのように述べています。

「上手な技能の模範は、通常、個人に対する利益も大きなものとなる。」

「重要な技能の複雑な部分を指導するためには、大切な場面で、短時間で適用されればきわめてよい方法である。」(シーデントップ，1988，p.248)

また、阪田は「モデリング」についてつぎのように指摘しています。

「バンデユーラは『モデリング』(他者の行動の観察による学習）の概念を提唱したが、それによれば、モデリングは『注意過程』(観察対象に注意を向ける）→『保持過程』(その行動を記憶する）→『運動再生過程』(その行動を模倣する）→『動機づけ過程』(学習を遂行する動機づけを高める）という四つの過程を経て成立する、とする。」(坂田，2012，p.155)

そして、教師の示範における問題点を指摘する中で、モデル指導の有効性をつぎのように述べています。

「むしろ、同じクラスの子にやってもらった方が、リズム感、力感などが同じで良いのである。」(坂田，2012，p.162)

「モデルになる子の筋肉活動や動きのリズムなどがみんなと同質であることによって、観察や模倣が行われやすく、級友間の対話、交流（葛藤、対立なども含む）も生み出しやすいのではないか。」(坂田，2012，p.166)

(注４）ルールの内容と基本原則

「ルールの内容」と「ルールの基本原則」については、中村（中村，2008，pp.303-304）の著作を参考にして大貫の責任で要約しました。

【文献】

学校体育研究同志会教育課程自主編成プロジェクト（2003）教師と子どもが創る体育・健康教育課程試案第 1 巻，創文企画，pp.200-201

デビッド・L・ガラヒュー，杉原隆監訳（1999）幼少年期の体育，大修館，p.62，p.83

出原泰明（2004）異質協同の学び，創文企画，p.78

金子明友（1996）教師のための運動学，大修館，p.8

久保健（2010）身体運動文化の教育の基本問題，2008-2009 年度武蔵野美術大学共同研究助成，身体運動文化に関する概念システムと領域構成，p.71

久保健（2015a）器械運動の授業，学校体育研究同志会編，創文企画，p.236

久保健（2015b）すべての人が輝く、みんなのスポーツを，クリエイツかもがわ，p.157

宮下充正（1980）スポーツとスキル，大修館，pp.258-261

森敏生（2010）身体運動文化の本質を問う，2008-2009 年度武蔵野美術大学共同研究助成，身体運動文化に関する概念システムと領域構成，p.12

中村敏雄（2008）中村敏雄著作集第 5 巻スポーツのルール学，創文企画，pp.303-304

大貫耕一・河野聡美（2006）小学校低学年シュートボールの戦術学習，体育授業研究会，体育授業研究第 9 巻 pp.68-75

大貫耕一（2007）小学校低学年体育における教科内容の検討，体育授業研究会，体育授業研究第 10 巻，pp.76-85

坂田尚彦（2012）体育教育，一莖書房，pp.13-18，p.155，p.162，p.166

ダリル・シーデントップ、高橋健夫訳者代表（1988）体育の教授技術，大修館，pp.247-248

杉原隆（2010）「動きのよい子」を育てる，体育科教育 2010 年 6 月号，大修館，p.9

田丸敏高（1994）子どもの発達段階と教育実践，内海和雄・田丸敏高・中村和夫・須藤敏昭・村越邦男編著，子どもと教育 1994 年臨時増刊号，あゆみ出版，p.26

内海和雄・田丸敏高・中村和夫・須藤敏昭・村越邦男（1994）子どもの発達段階と教育実践，子どもと教育 1994 年 4 月臨時増刊号，あゆみ出版

第５章

スポーツの授業例

第1節　スポーツの成立条件「技術性」を学ぶ
小学1年生鉄棒の授業

第1項　教科内容と学習内容

1.　教科内容

○スポーツの成立条件「技術性」における表現の質を高めていくスポーツの技術性。

スポーツ文化は、「技術性」「組織性」「社会性」を成立条件としています。このスポーツ文化を成立させている「技術性」について教えたいと考えました。

また、スポーツの技術性は「競争／協同」関係において競っている目的をもっています。本実践で対象にした体操競技は、身体運動による「表現の質」を競っているスポーツです。このため、「表現の質」を高める技術性が器械運動教材には豊かにあります。

そこで、教科内容を「身体運動による表現の質を高めていくスポーツの技術性」としました。

2.　学習内容

○鉄棒運動におけるスイングコントロール技術の知識と技能。

小学校1年生（6、7歳）の発達段階におけるスポーツ技術の学びでは、自分のからだを意識的に操作することで技術の仕組みが「わかる（知識）」こと、また技術の獲得によって「できる（技能）」ことが目標となります。

このため、鉄棒運動の「スイングコントロールの技術」について、からだの操作を通してスイングコントロールの仕組みがわかり、スイングコントロールの技術を獲得することで技という身体表現が上手になってほしいと考えました。

このような鉄棒運動の授業は、これまでの「体育の授業」と似ていますが、スポーツの授業では、体操競技のような「身体運動による表現」を目的としているスポーツがあることや、この身体運動表現のための技術を明確化して知識と技能として獲得することをめざしました。

なお、教科内容「身体運動による表現の質を高めていくスポーツの技術性」を学ぶために教材としての鉄棒運動を選択しているため、教材としてマット運動や跳び箱運動を選択してもよいのです。

第2項　対象、教材、期間、授業者など

①教材：器械運動・鉄棒運動・こうもり振り
②対象：東京都S区S小学校1年2組24名
③期間：2006年10月～11月（全8回）
④授業者：大貫耕一

第3項　スイングコントロールの技術学習

教えたい内容である「身体運動による表現」と「スイングコントロールの技術」が明確であるため、教材化においても「身体運動による表現－お話鉄棒」「スイングコントロールの技術－こうもり振り」と焦点化することができました。以下では、スイングコントロールの技術学習について紹介します。

＊以下、T指導者、C子ども

1.　学習内容

(1) スイングのコントロール

鉄棒運動のスイングコントロールの技術は「スイングをつくること」と「スイングのコントロール」によって成立しています。平田は鉄棒運動の基礎（教材）技を「スイングを含む足かけ回転」として、鉄棒運動の懸垂振動系に通じる技術内容についてつぎのように述べています。

「支持点である腕（躰幹のリラクゼーションを伴う）と足による『スイング』動作の構造変化による支持回転技術だと理解できる」（平田，2015，pp.250-251）

このスイングコントロールの技術を子どもたちみんなで学ぶために、鉄棒からの身体の軸が長い（長い方が振れる）「こうもり振り」を教材にしました。こうもり振りでスイングをつくるためには「頭部を上下に動かすことで腰を視点としたスイングをつくること」と「膝・腰の脱力」がポイントになり、「体幹による振り（スイング）をよりはっきり」させることになるのです。

(2) 脱力（リラクゼーション）

スイングをつくるための「頭部を上下に動かすこと」は、見ることで動作を確認できるために理解しやすいと考えました。一方、「脱力」することは、見

るだけではわからない「視覚・聴覚・言語情報以外の情報に基づいた、身体の位置および運動の感覚」(大築，1980，p.114) としての運動感覚が中心となります。このため「おしり」と「ひざ」に着目させて、〈動作を見る〉〈感じを言葉にする〉ことで意識化させたいと考えました。

具体的には、〈動作を見る〉は「おしり」＝「固いおしり」→「やわらかいおしり」という言葉で、おしりの脱力を見取らせたいと考えました。また、〈感じを言葉〉にするため、「ひざ」＝「いたい」→「いたくない」という言葉で、ひざの脱力を捉えさせたいと考えました。

2.　授業概要

こうもり振り教材で、スイングをつくり出すための「頭部を上下に動かすこと」と「膝、腰の脱力」について、わかったことを発表して確かめてもらいたいと考えました。そして、確かめたことをクラスの宝物にして、みんなでスイング（こうもり振り）がわかり・できることをめざしました。

(1) スイングを試す（授業 1，2 回目）

鉄棒を使ってスイングすることは日常の運動にはない、たいへんスリルのある運動であり、低学年の子どもたちに人気があります。このスイングのおもしろさを、まずはたっぷりと味わわせたいと思いました。このため、こうもりふり教材を中心としつつ、以下のようないろいろな棒下姿勢からのスイングを試しました。

〈ブタさん、つばめ、つるしがき、しりまわり、ふとんほし、片膝かけ、逆上がり、こうもり〉(注 1)

(2) スイングのつくり出し（授業 3 回目）

こうもり振りの「スイングのつくり出し」についてスイングの仕組みを発見するために、つぎのような学習活動を行いました。

① T 発問

「どうしたらこうもり振りで振れるのだろう？」

② C の意見

子どもたち全員への T 発問に対して、C（N さん）から以下の意見がありました。

Ｎさん「膝の力をぬけばいい」

いきなり核心をつく意見が出され、あまりにもストレートな意見にＴは驚きましたが、ともかく試してみようということで、子どもたちに試してもらいました。

③学習内容１「膝の力をぬく」

試してみた結果、子どもたちからは「振れるよ」「膝も痛くない」という意見が相次ぎ、またＴが見ていても振れるようになっている子が次々と増えていったため、「膝の力をぬく」ことが、こうもり振りの学習内容１（宝物第１号）になりました。

(3) スイングのコントロール（授業５．６回目）

①Ｔ発問

「どうしたらこうもり振りで大きく振れるのだろう？」

②Ｃの意見

Ｔが「大きなスイングができている子」をモデルに指名して、子どもたちと大きなスイング動作を観察しました。この結果、子どもたちから「**あごを出す、あごを引く**と大きなスイングになるのではないか」という意見が出されました。

③学習内容２「あごを出す、あごを引く」

こうもり振りのスイングが、「あごの出し入れ」でみるみる大きな振りになっていきました。このため、「あごを出す、あごを引く」がこうもり振りの学習内容２（宝物２号）になりました。また、ペアの子に手を出してもらう「こうもり手タッチ」も取り入れました。

(4) スイングの先取り動作（授業７．８回目）

①Ｔ紹介

大きなスイングにするために「動きの先取り（スイングトップに達する直前のあご引き）」ができている子にモデルになってもらい、クラス全体に紹介しました。(注２)

②Ｃの意識的スイング

子どもたちは「アゴの出し入れ」を意識的に行っていたため、この「動きの先取り」に取り組み、みるみる大きなスイングをつくり出していきました。

(5) こうもり振り下り

こうもり振りのスイングコントロールが大きくできるようになるとともに、こうもり振りからの降り方が「手と足同時着地」になってきた子が出てきました。こうもり振りから「降りる」ことは、スイングコントロールの仕上げに位置づきます。しかし、1年生の鉄棒学習ではスイングコントロールにおける「大きなスイング」ができれば十分だと授業者は考えていました。このため、こうもり振りから「降りる」ことは２年生以降の内容として、今回の授業では取り上げませんでした。(後述するように、遊びの中で取り組んでいる子どももいました。)

第４項　遊びの中での鉄棒運動

こうして子どもたちは、こうもり振りの「膝の脱力」「頭部を上下に動かすことで腰を視点としたスイングをつくること」「スイングにおける動きの先取り」という技術についてわかることで、スイングの作り出しとスイングコントロールができるようになりました。

また、こうもり振りでのスイング学習によって、片膝かけ上がり、逆上がりもできる子が増えていきました。スイングの作りだしとコントロールの仕組みが、からだでわかり・できるようになっていったのです。

このため、休み時間に女子を中心に鉄棒で遊ぶようになり、そこでさらにお互いの技の交流や学び合いが行われていきました。日常の運動遊びの中に、スポーツの授業における学習成果が位置づいていったのです。

第５項　スイングコントロールの獲得状況

スポーツの授業だから表１のような達成が行われたかどうかは、よくわかりません。ただ、これまでの体育の授業では、「運動ができる楽しさを大切にする」という目標を掲げている割に、子どもたちがどのくらい「できる」ようになっているのかを明確にしてきませんでした。

今回のスポーツの授業では、スポーツの成立条件（技術性、組織性、社会性）における技術性について「スイングコントロールの技術」を鉄棒・こうもり振

表１　単技の達成率（%）

達成率	前回り降り	逆上がり	片膝かけ上がり	こうもりスイング	こうもり振り降り
１回目	53	51	43	58	40
２回目	71	53	72	70	43
３回目	80	67	83	77	49

り教材で教えました。小学１年生の子どもたちは、スイングコントロールの技術には「脱力」や「頭部の動きの先取り」という仕組みがあることを探究し、スイングコントロールができる過程で理解をしていきました。その結果、表１のように「できる」ようになったのです。

スポーツの成立条件における「技術性」の学習が、小学１年生でも可能であると言えるのではないでしょうか。

【注】

（注１）技の実際

技の実際は、大貫（大貫，2009，pp.10-11）が紹介しています。

（注２）「動きの先取り」

「動きの先取り」は、青木（青木，2009，p.99）が紹介しています。

【文献】

青木玲子（2009）鉄棒運動，学校体育研究同志会編，みんなが輝く体育②小学校低学年体育の授業，創文企画，p.99

平田和孝（2015）器械運動の授業，学校体育研究同志会編，創文企画，pp.250-251

大貫耕一（2009）鉄棒を使った運動遊び，高橋健夫・藤井喜一・松本格之祐編著，新しい鉄棒運動の授業づくり，大修館，pp.10-11

大築立築（1980）スポーツとスキル，大修館，p.114

第２節　スポーツの成立条件「技術性」を学ぶ 小学５年生マット運動側方倒立回転（腕立て側転）の授業(注 1)

第１項　教科内容と学習内容

1.　教科内容

○身体運動による表現の質を高めていくスポーツの技術性。

2.　学習内容

○マット運動側方倒立回転（以下、腕立て側転）における腕支持からの重心移動の技術における知識と技能。

小学校５年生のスポーツ技術における学びでは、技術の仕組みが「わかる（知識)」ことで、意識焦点を定め「できる（技能)」ことを学んでほしいと考えました。このため、腕立て側転の腕支持による重心移動が「まっすぐな方向」に行われることで、腰と足が高い腕立て側転ができやすいことを理解してほしいと考えました。

また、腕立て側転の重心移動について、「つま先方向」に着目した問いをもとに、子どもたちがグループで予想を考え、試すことで重心移動における「まっすぐな方向」の有効性を発見する協同探究の学習が実現することをめざしました。

第２項　対象、教材、期間、授業者など

①教材：器械運動・マット運動・腕立て側転

②対象：東京都Ｋ市Ｋ小学校５年２組 36 名

③期間：1984 年 10 月～ 11 月（全７回)

④授業者：大貫耕一

第３項　腕立て側転における重心移動の技術学習

＊以下、T：指導者、C：子ども

1.　発問と予想

(1) 発問

授業2回目に、Tから以下の問題1を提示しました。

問題1「側転をはじめるとき、つま先の方向はどちら向きがいいですか」

この問題1についてグループ（全6グループ）ごとに実際に腕立て側転を試しながら予想を考えました。

(2) 予想のまとめ

各グループから出された予想について重複するものは統一して、試すべき予想をまとめました。まとめられた予想は以下の3つでした。

A. 着手方向に対してのつま先方向は「横の向き」

A.

B. 着手方向に対してのつま先方向は「斜めの向き」

B.
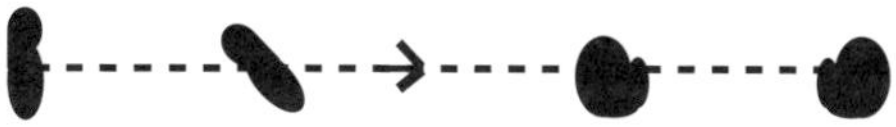

C. 着手方向に対してのつま先方向は「前の向き」

C.
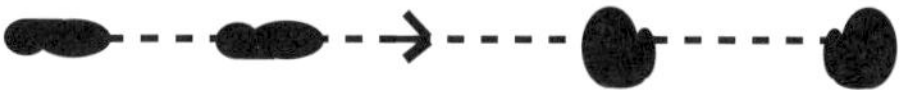

2.　予想A、B、Cを試して結果を明らかにする

授業3回目に、予想A、B、Cを試しました。

(1) 予想A、B、Cを試す

A.「横の向き」B.「斜めの向き」C.「前の向き」について順番に予想を全部試しました。

(2) 試した結果の計測

A.「横の向き」B.「斜めの向き」C.「前の向き」について、計測の観点「足先の高さ」「着手と着地の軌跡（マット上に手型と足型を置く）」「全体のフォーム」について観察をしました。

(3) 観察結果をまとめる

予想A.「横の向き」B.「斜めの向き」C.「前の向き」を試した結果についてまとめをしました。

その結果、試す前はA. 着手方向に対してのつま先方向は「横の向き」の予想が多かったのですが、C. つま先方向は「前の向き」の有効性が確認されました。

C.

図１　つま先方向は「前の向き」

3.　C. つま先方向は「前の向き」について有効性の確認

授業４～６回目に、C. つま先方向は「前の向き」についてグループ練習を行い、個人の腕立て側転が上手になるかを確かめました。

また、グループでの練習によって「つま先方向」以外の腕立て側転が上手になる技術の発見を試みました。

第４項　腕立て側転における技術学習の成果

図２は、学習のプロセスと「腕立て側転における足先の高さの変化」を表したものです。

1.　足先の高さの計測方法

(1) 足先の高さの基準値

身長測定器を使い、各個人の基準値として、上に手のひらを伸ばした高さを測りこの数値を100％としました。

(2) 腕立て側転の高さ

毎回授業終了後にビデオカメラを使い計測しました。足先の高さは、足先からマットまでの垂線を計測しました。

2.　技能獲得状況

(1)「わかる」ことで「できる」

図２のグラフから、授業３回目のC. つま先方向は「前の向き」を発見したことによって、すべての子どもたちが上手になり始めています。

腕立て側転の構えは「横向き」と思っていた子どもの既成概念とは異なって、つま先方向は「前向き」を発見したことによって、技能の習熟（できる）が導かれはじめたのです。

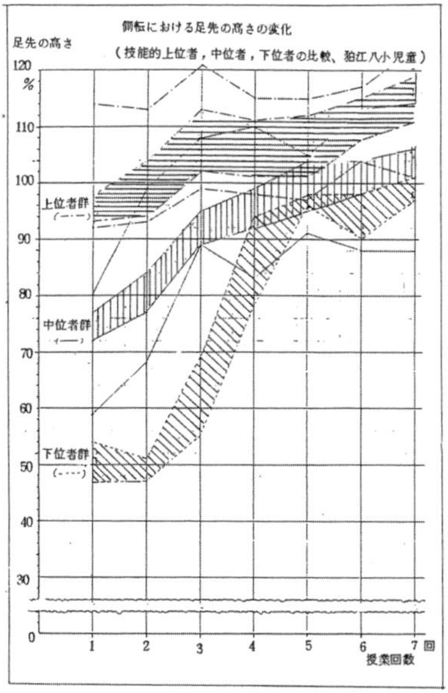

回	1	2	3	4	5	6	7
指導内容の・概要	1. 学習のねらいの説明 2. 学習の進め方の説明 3. 練習、計測方法の説明 4. 試しの練習と計測 (1) 試しの側転と足先の高さを計測 (2) 試しの側転と手・足跡の計測 (3) 個人目標の把握	1. 問題1の提示 「側転をはじめるとき、つま先の方向はどちら向きがいいですか」 2. 予想の立案 (1) 各グループの話し合い (2) 予想の発表 (3) 予想のまとめ 3. 個人課題の練習 (1) 学習の課題把握 (2) 課題の達成のための練習 (3) 課題達成について確認（相互評価）	1. 問題1と予想の確認 2. 予想をもとにグループ練習 3. 試した各予想について、技能の向上を計測 4. 計測結果の比較と考察 5. 問題1の答えについて確認 6. 技能分析の方法と有効性の確認 7. 個人課題の練習	1. 問題1の答えについて確認 2. 技能分析の方法を確認 3. 個人課題の練習 (1) 学習の課題を把握 (2) 課題達成のための練習 (3) 課題の達成についての確認 （相互評価） 4. 個人課題の練習についてのまとめ	1. 問題2の提示 「つま先の向きは同じなのに、上手さに違いがあるのはなぜでしょうか」 2. 予想の立案 (1) 各グループの話し合い (2) 予想の発表 (3) 予想のまとめ 3. 個人課題の練習 (1) 学習の課題把握 (2) 課題の達成のための練習 (3) 課題達成について確認 （相互評価）	1. 問題2と予想の確認 2. 予想をもとにグループ練習 3. 試した各予想について、技能の向上を計測 4. 計測結果の比較と考察 5. 問題2の答えについて確認 6. 個人課題の練習 (1) 学習の課題把握 (2) 課題の達成のための練習 (3) 課題達成について確認	1. 側転における運動技術について確認 2. 個人課題の練習 (1) 学習の課題を把握 (2) 課題達成のための練習 (3) 課題の達成についての確認 （相互評価） 3. 発表会 4. 学習のまとめ

図2　腕立て側転における足先の高さの変化（小学5年生）
―技能的上位者、中位者、下位者の比較―

(2) 上位者と中位者

「わかる」ことによる「できる」は、中位者と上位者において顕著でした。これは､はじめから足先の高さが70～90%あった中位者と上位者にとっては、運動コントロールの意識焦点が明確になったことで短時間で上手になれたことを表しています。

(3) 下位者

一方、下位者（50%）の子どもたちにとっては、つま先方向は「前向き」を発見したことによって着手方向をまっすぐにしていくことの有効性がわかった後、手の上に腰をのせて膝を伸ばしていく習熟のための練習が必要だったことを表しています。

3. スポーツ技術の学び

小学5年生の子どもたちは､「つま先方向を前」にすることで、腕立て側転の重心移動が｢まっすぐな方向｣で行いやすいという技術的発見ができました。

また、お互いの運動（腕立て側転）を観察して、有効な技術について「わかる･できる｣協同探究のグループ学習における大切さも学ぶことができました。

つまり、つま先方向を「前」にすることで、図1にある「まっすぐな方向への重心移動」が行いやすいことを理解し、腰と足の高い腕立て側転の技能を獲得していったのです。

そして､教科内容「身体運動による表現の質を高めていくスポーツの技術性」について、腕立て側転を教材として学ぶことができたのです。

(注1) 本実践「小学5年生マット運動側方倒立回転（腕立て側転）の授業」については、『体育科教育』1985年4月号で報告しています（大貫，1985，pp32-34)。

【文献】

大貫耕一（1985）学習指導計画の考え方・作り方，体育科教育，1985年4月号，大修館書店，pp.32-34.

第3節　スポーツの競走を考える
小学6年生陸上運動長距離走の授業

第1項　教科内容と学習内容

1.　教科内容

○スポーツの特性「競争／協同」における価値と疎外の関係。

○スポーツの成立条件「組織性」におけるルールの「対等、平等、公正」の原則

本書ではスポーツ文化の教科内容を、特性「競争／協同」関係と、成立条件「技術性」「組織性」「社会性」だと考えています。

本実践では、特性「競争／協同」関係と、組織性におけるルールの原則「対等、平等、公正」について教えたいと考えました。

運動能力には個人差があります。今回対象にした陸上運動長距離走は「速さ」を競うスポーツですが、運動能力としての「速さの個人差」と、ルールの原則「対等、平等、公正」についての関係を考えてほしいと思いました。

2.　学習内容

A.　スポーツの競争における価値

スポーツにおける競争は、他者及び自己と競い、自己や他者を高めることができる価値をもっていることについて理解し考えることができる。

B.　スポーツの競争における疎外

スポーツの競争は、自己の優位性を獲得するために他者を否定するとき、疎外や選別を生むことがあることを理解し考えることができる。

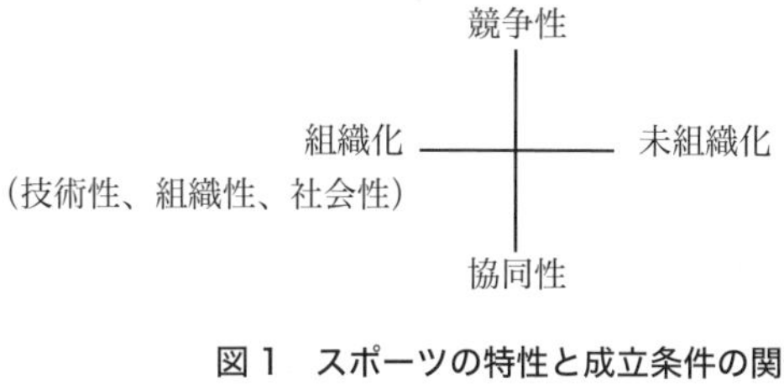

図1　スポーツの特性と成立条件の関係

C. スポーツの競争における「対等、平等、公正」の原則

スポーツの競争では、「対等、平等、公正」の原則が保障される必要性があることを理解し考えることができる（森，2014，pp.8-11）。

D. スポーツの競争における「競っている過程」と「競った結果」

スポーツの競争には、「競っている過程」と「競った結果」があることを「対等、平等、公正」の原則を学ぶ過程で理解し考えることができる（安武，2014，pp.24-29）。

なお、スポーツの特性「競争／協同」関係と、ルールの原則における「対等、平等、公正」は、ボールゲーム教材などでも学ぶことができると考えています。

第２項　教材、授業期間、対象など

①教材：陸上運動・長距離走
②対象：東京都Ｓ区Ｋ小学校６年３組36名
③期間：1996年１月～３月（全13回）。
④授業者：大貫耕一

第３項　授業の概要

1.　長距離走（1500m走）のペースコントロール学習

６年生３学期に長距離走1500m走を行うことについて子どもたちに話したとき、ほとんどの子どもたちが抵抗感を示しました。この抵抗感の多くは、「順位が公表される」ことと「順位が大きく変化するとは思えない」という走能力に対する固定的能力観があったためだと思われます。

しかし、長距離走の技術である「一定ペース（マイペース）の有効性」を学習するとともに、「レースプランづくり（マイペース＋ペースコントロール）」に取り組むことで、子どもたちは1500m走に意欲的になっていきました。子どもたちは自己タイムや順位を上げるためにはどのようなレースプランづくりをすればよいかを考え、レース結果（ペア学習によるラップタイム計測）から自分のペースコントロールを確かめていきました。

ただし、この時点ではレースプランづくりとペースコントロール（自己タイム）の関係におもしろさを感じていたのであり、子どもたちの興味は「順位」

より「タイム」にあったと思われます。

2.　1500m「AB 方式」競争

子どもたちの興味が「自己タイムの短縮」から「順位」に向かうようにしたいと考えたため、８回目にこの時点での記録（タイム）が上位のグループ（A グループ）と下位のグループ（B グループ）に分けてレースをする「AB 方式」を授業者から提案して９回目に 1500m 走のレースを行いました。この結果、子どもたちは自分の前後を走る相手を意識して走ったため、ほとんどの子が自己タイムを更新し「競争によって記録が向上すること」を確かめました。

一方、AB 方式による 1500m 走レースについては、以下のように意見が分かれました。

ア．競争は楽しい
・競り合うこと自体がおもしろいし、その結果、記録が向上するので楽しい。
イ．競争は楽しくない
・競り合うこと自体がつらいし、自分のペースが狂ってしまう。
ウ．順位が決まっているから楽しくない
・AB のグループに分けられることがいやだ。記録が上がっても、順位はさほど変わらないのでつまらない。

3.　スポーツの競争における「対等、平等、公正の原則」

賛否の意見が分かれたため、10 回目と 11 回目に 1500m 走の「競い方」について話し合いをしました。子どもたちは、まず上記「ア．競争は楽しい」を認めた上で、「誰もが勝つ可能性がなければ、競争は楽しくない」ということについて理解しました。

そして、対等、平等を実現する方法として、５年生で経験したペースランニングの「目標タイム誤差レース」と「ハンデイキャップレース（詳細は後述）」の競い方が意見として出され、はじめて経験するハンデイキャップレースをすることに決まりました（大貫，2008，pp.192-193）。

この話し合いの中で、子どもたちは走能力の個人差を認めた上で、スポーツの競争におけるルールの基本原則である「対等、平等、公正の原則」（中村，2008，p.304）について理解し、競い方を考えることができたのです。

4. ハンデイキャップレース

12回目にスタート順にタイムハンデイをつけるハンデイキャップレースが行われました。これまでの各人の最高タイムを基準として、クラス内で一番タイムのおそい子からスタートし、一番タイムのはやい子が最後にスタートする1500m走レースです。理論的には全員が同時にゴールすることができる「競い方」ということを、子どもたちは納得してレースに参加しました。

1周が100mのトラック（校庭）でのレースであったため、先に走った子との距離の差がわかりづらいという条件はありましたが、全員が「対等、平等、公正の原則」で順位を競うことへの興味が強く、子どもたちは興奮気味で1500m走レースに取り組みました。

「用意、ドン」。合図とともに最初の走者がスタートします。張り出されているスタートタイム表をにらみながら、スタートからの読み上げタイムごとにつぎつぎと子どもたちが走り始めます。「先生、まだ？まだかよ」と焦れる子の声。そして、いよいよ一番タイムのはやい子が最後にスタートをして走り始めました。

このハンデイキャップ1500m走レース、結果的には最初にスタートした子が1位になりましたが、後半スタートした持ちタイムのはやい子が追い上げるという緊迫したレースとなり、子どもたちは自分たちが考えた「対等、平等、公正の競い方」による競争のおもしろさを実感することができたのです。

さらに13回目に、教室で「ハンデイキャップレースの歴史」（中村・清水, 2008, pp.64-68, p.312-314）や「年齢別競技―マスターズスイミングの例―」などの資料学習から、競い方にはいろいろな方法があることを子どもたちは理解していきました。

第４項　スポーツの授業づくりへの可能性

もう一つこの授業のエピソードを紹介すると、この1500m走の授業をしている時、隣の6年生のクラスはサッカーをしていたのです。このためサッカー大好き少年たちから「サッカーをしたい」という声が出ないかと、授業者は内心ヒヤヒヤしていました。しかし、子どもたちから文句が出ることはありませんでしたし、逆にサッカーをしてくるクラスから「あのレースをしてみたい」という声が出たのです。それだけ子どもたちにとって、この競い方を考える授業は新鮮であり、自分たちの身近にある「競争」について考える機会がもてたのです。

この授業を行うことで、スポーツにおける「競争の価値」や「競い方」について子どもたちに理解させ考えさせることへの手応えを感じました。スポーツ文化の特性〈競争性／協同性〉関係や、競い方が主体的に選択できることを考えさせるスポーツの授業づくりへの見通しを開くことができた授業だったのです。

この授業で教えたかった内容（教科内容）は「スポーツの競争における『価値や疎外』『ルールの基本原則（対等、平等、公正）』」であり、この教科内容を教えたいために教材として長距離走を選択したのです。したがって、この教科内容を教えるために「他の教材（たとえばボールゲーム）」が選択されることがあってもよいのです。

つまり、「目的：スポーツ文化の主体者形成」のために「教科内容：スポーツの競争における価値や仕組み」を教えるのであって、この教科内容をどのような教材で教えるのかについては、子どもたちの実態や教材の文化的価値によって選択の自由があると考えています。

【参考・引用文献】

森敏生（2014）スポーツにおける競争の文化的特質，学校体育研究同志会編，たのしい体育・スポーツ 2014 年 12 月号，pp.8-11

中村敏雄著（2008）6. ルール，清水諭編，中村敏雄著作集 5. スポーツのルール学，創文企画，pp.64-68，pp.304，pp.312-314

大貫耕一（2008）陸上の指導，小学館，pp.192-193

安武一雄（2014）スポーツにおける競争の文化的特質，学校体育研究同志会編，たのしい体育・スポーツ 2014 年 12 月号，pp.24-29

第4節　スポーツの技を競う
小学6年生跳び箱運動の授業

第1項　教科内容と学習内容

1．教科内容

○スポーツの成立条件「技術性」における表現の質を高めていくスポーツの技術性。

○スポーツの特性「競争／協同」関係における表現の質の競い方。

児玉望による技を競うスポーツの仕組みを教える跳び箱運動教材実践(注1)(以下、児玉実践）は、教科内容としての「表現の質（美しさ、難易度、正確さなど)」を技によって競い合うスポーツの仕組みを探求させています。

児玉は「スポーツの文化的認識」に着目し、跳び箱運動という教材の選択理由をつぎのように述べています。

「『技』を競うスポーツのなかでは、1回の試技で一つの技しかでてこないため、採点がしやすく、子どもたちに『技』を競うことを考えさせるのに適当と思われる」(児玉，2001，pp.80-81)

つまり、スポーツの成立条件「技術性」における活動の目的「表現の質」について教科内容である特性「競争性／協同性」の仕組みを教えようとしています。

2．学習内容

○跳び箱運動における空間表現技術の知識と技能。

児玉実践では、授業のねらいについて「『わかる』『できる』『結び合う』『探究する』」という4項目を提示し、ねらいの「わかる」では以下のように述べています。

「・とび箱運動（跳馬）は、2次空間での雄大さ、美しさ、技の難易度、実施上の安定性を競うスポーツであることがわかる。

・技を競い合うために、技術が発展してきたことがわかる。

・どのような演技が、より質の高い演技かがわかる。

・二次空間を広げるには、はね動作が有効であることがわかる。」

さらに、「探究する」ではつぎのようなねらいを示しています。

「・跳馬のルールを調べ、自分たちのレベルにあった競技会のルールを考えることができる」（児玉，2001，p.81）

授業のねらいからわかるように、児玉実践では「跳び箱が跳べること」や「跳び箱運動の技を習得すること」という技能（できる）ではなく、理解する（わかる）ことが重視されています。

これまでの体育跳び箱運動授業では、たとえば「頭はね跳び」という技について、その技術を教えることで「技ができる」ことをめざしてきました。しかし、その技術によって何を競っているのかという教科内容「競争性／協同性」の仕組みについては十分教えられてきませんでした。このため、子どもたちはたとえば頭はね跳びという技には取り組みますが、その技の表現の質や、競い方（競争性／協同性）の仕組みというスポーツの教科内容を十分学んではこなかったのです。

児玉実践は、このようなスポーツの教科内容を教えるために「技を競うスポーツ」の中から体操競技を取り上げ、体操競技では「雄大さ」「難易度」「美しさ」「安定性」という規準について競ってきたことを理解させようとします。そして、この４つの規準を競うことについて、その価値や矛盾を考えさせようとしたのです。

第２項　教材、授業期間、対象、授業者など

①教材：器械運動・跳び箱運動
②対象：東京都Ｋ市Ｋ小学校６年生30名
③期間：1999年９月～11月（全17回）。
④授業者：児玉望

第３項　授業の概要

1.　跳び箱運動は何を競っているのだろう？

はじめに、「実際の体操競技『跳馬』はどのように競っているのか」という

表１　第１回跳び箱運動競技会の規準

・助走は評価しない。 ・技の難易度（雄大さ）で得点を決める（台上前転、足のばし台上前転、ヘッドスプリング、Ｂ君の開発した前転跳び）。 ・美しさは、膝が伸びているかなどで評価。 ・主に減点法が跳馬では、使われていること。

問いを発し、子どもたちの予想をもとに調べ学習をしました。そして、第1回跳び箱運動競技会の規準を以下のようにつくりました（表1）（児玉，2001，p.85）。

2. 「高度化（難易度）」か「美しさ（簡潔性、安定性）」か

第1回跳び箱運動競技会を行い、採点をしてみました。すると、同じ子の技がグループによって異なる採点結果であることがわかったのです（児玉，2001，pp.86-87）。

「ある班では1位の子どもが、ある班では、下位になったりと、評価基準（ママ）によって、競技会の結果がちがってくることを身をもって体験した」

そこで、このちがいが何によって生まれたのかを探るために、競技会のビデオを全員で分析し、採点規準に2通りの考え方があることを発見しました（表2）。

表2の〈高度化重視〉と〈美しさ重視〉についての考え方には、スポーツ文化の特性「競争性／協同性」関係が表れています。

高度化重視の採点規準は、より高度な技（難易度）を追求していくべきだとする競争性重視の考え方です。

一方、美しさ重視の採点規準は、運動能力には個人差があるために「できる技にちがいがある」ことを認めるべきだとする考え方です。また、この考え方では「美しさ」の規準における多様性を認めることにもなります。つまり、簡潔性や安定性だけでなく個性（その人らしさ）も規準となり、たとえば「手足が伸びている」ことに個性が反映することになります。このため、協同性が色濃い関係になります。

表2　高度化と美しさ

1.〈高度化〉技の難易度を重視：技の難易度によって得点に差をつける考え方
・ヘッドスプリングの方が難しいのだから、差を付けるべき。
・練習すればできるようになるだから（ママ）、差を付けるべき。
・レベルの低い競技会になってしまう。
・見ていてもつまらない競技会になってしまう。
・着地に失敗したら、逆転されてしまう。
2.〈美しさ〉技の安定性、簡潔性などの美しさを重視：難易度によって差をつけずに、着地を決めるなどの美しさにこだわる考え方
・カッコよく着地が決まっても、低い点なのはおかしい。(注2)

3.「統一ルール」と「技の持ち点」

採点規準の２つの考え方を明確化した後、〈美しさ重視〉と〈高度化重視〉の２つの競技会を行うために、「クラス統一ルール」と「技の難易度におけるもち点」を以下のように決めました（児玉，2001，p.87)。

【クラス統一ルール】

・満点 10 点
・台上前転などで台上で曲がる減点１点
・姿勢が乱れる（足がずれるなど）減点 0.5 点
・着地失敗１歩につき減点 0.5 点
・手やおしりをつく減点 1.5 点

【技の難易度におけるもち点】

・ハンドスプリング 10 点
・ヘッドスプリング 9.5 点
・ネックスプリング９点
・K 君跳び 8.5 点
・足のばし開脚台上前転８点
・足のばし台上前転７点
・台上前転６点

4.　第２回跳び箱運動競技会技〈美しさ重視〉

第２回の競技会は「クラス統一ルール」によって行われました。また、「技の難易度におけるもち点」はつけないで行われました。この結果、子どもたちが挑戦した技は以下の通りでした。

・台上前転 17 人、首はね跳び６人、頭はね跳び５人、ハンドスプリング跳び２人

児玉は、安定性や簡潔性を重視した「美しさ重視」の第２回競技会について以下のように述べています。

「台上前転で物足りなさを感じている子は、ことごとく、自分のできる最高の技で競技会に臨んでいる。しかし、着地でやはり苦労していて、うまく決まらない子が多かった。順位が上の子どもたちは、台上前転をていねいにやっていて、着地もしっかりと決めていた。８位までが台上前転を美しく演技し、着地を決めていた子どもだった。首はね跳びや、頭はね跳びで演技した子は上位に入れず、下位になる子が多かった。10 点満点を出した子はやはり喜んでい

た。しかし、得点の低い子も自分のやりたい技をやったので、勝った負けたにはあまりこだわっていないようで、着地が決まらなかったのだから仕方がないような感じだった。」(児玉，2012，p.162)

5. 第3回跳び箱運動競技会技〈高度化重視〉

第3回の競技会は「技の難易度におけるもち点」をつけて、「クラス統一ルール」によって行われました。この結果、子どもたちが挑戦した技は以下の通りでした。

・台上前転9人、首はね跳び6人、頭はね跳び13人、ハンドスプリング跳び2人

児玉は、技の難易度を重視した「高度化重視」の第3回競技会について以下のように述べています(児玉，2012，p.162)。

「結果は、見事に頭はね跳びに挑戦した子どもたちが上位に入った。(14位までが、ハンドスプリング跳び、頭はね跳び、首はね跳びに挑戦した子どもたち)。あきらかに頭はね跳びなどに挑戦した子が2回目より多かったが、台上前転に挑戦した子の中でも、練習では頭はね跳びや首はね跳びができていた子どもたちもいた」

採点規準が異なることによって、競技会の順位が変わることを子どもたちは2つの競技会によって実感しました。予想されたこととはいえ、現実にそのちがいがはっきり表れたことは、採点規準(高度化と美しさ)によって順位という結果が異なってくることを明確に理解することとなったのです。

つまり、スポーツ文化の特性「競争性/協同性」関係には、高度化重視の「競争性〉協同性」と、協同性重視の「競争性〈協同性」という濃淡関係があり、その濃淡関係によって採点規準が異なることで競技会の結果も異なってくることが理解されたのです。

6. 競い方を考える

さらに2つの競技会を経験した上で、難易度を重視した高度化重視の「競技会形式」と安定性や簡潔性を重視した美しさ重視の「発表会形式」について、アンケートの結果をもとに話し合いをしました。児玉はこの話し合いについてつぎのように述べています。

「学習のまとめとして競技会と発表会について、どちらを選択するかを考えさせるのも重要なことだった。一人ひとりがスポーツで何を楽しみたいのかを

考えることができたし、それが、スポーツを自分たちの力で変革していく力を育てる意味においても大切だと思った」（児玉，2012，p.165）

2016 年リオオリンピックでは、体操競技や新体操競技の後にガーラ（Gala）という演技会がありました。このガーラ（演技会）は、フィギアスケートのエキシビションのように演技に対して採点をしない演技発表会の形式です。つまり、スポーツにおける技の競い方には「競技会」だけでなく「発表会」もあるのです。

スポーツ文化の特性には、競技会の「競争性＞協同性」と、発表会の「競争性＜協同性」という濃淡関係があり、その濃淡関係によって異なる楽しさを味わうことができることを子どもたちは「競技会形式と発表会形式の比較」によって理解したのです。児玉は、技を競うスポーツにおける採点の仕方についてつぎのように述べています。

「採点規準によって結果が異なり、その競技、スポーツの楽しみ方が違ってくることを体験的に理解した」（児玉，2012，p.165）

第４項　スポーツの授業における可能性

従来の技ができることをめざす跳び箱運動の授業と比べて、児玉実践はかなり異なった授業となっています。私もこの実践づくりに最初から関わり、授業映像から子どもたちの学びを観察したのですが、予想以上に子どもたちは「技を競うスポーツの特性」に興味を示しました。そして、技の難易度を重視する高度化追求（競争性〉協同性）の競技会における楽しみと課題、技の難易度よりも簡潔性や安定性を重視する美しさ追求（競争性〈協同性）の発表会における楽しみと課題をそれぞれ体験し、スポーツ文化の特性「競争性／協同性」関係を学ぶことができました。

この学習をした小学６年生は数ヶ月後に中学生になりました。中学校では部活というスポーツ活動がまっています。部活に参加する者もしない者もスポーツにおける高度化や勝利追求、そして受験の影響を大きく受けながら生活することとなります。そのような現実を前にして、スポーツ文化を対象にした「競争性／協同性」関係を学ぶことは教育的に価値あることでしょう。スポーツ文化の教科内容を明らかにし、探究するスポーツの授業づくりを行うことの意味がここにあるのです。

【注】

（注 1）技を競うスポーツの仕組みを教える授業実践

技を競うスポーツの仕組みを教える授業実践は、児玉（児玉, 2001, pp.80-89）（児玉, 2012, p.162）で紹介されています。

（注 2）採点規準における〈高度化〉と〈美しさ〉

（注 1）児玉実践（児玉, 2001, pp.86-87）を筆者の責任でまとめて記述しました。

【文献】

学校体育研究同志会教育課程自主編成プロジェクト（2003）教師と子どもが創る体育・健康教育の教育課程試案第 1 巻，創文企画，p.192-194

児玉望（2001）跳び箱、スポーツ、カッコよさを競う小学校 6 年の実践，学校体育研究同志会編，運動文化研究 19 号，学校体育研究同志会，pp.80-89

児玉望（2012）スポーツの授業①跳び箱と採点競技，大貫耕一編著，小学校全学年体育科技術指導授業プラン集，民衆社，p.162-165

第５節　スポーツの「ルールとマナー」を考える 小学４年生フットボールの授業

第１項　教科内容と学習内容

1.　教科内容

○スポーツの成立条件「組織性」における「ルールとマナー」の関係。

○スポーツの特性「競争／協同」関係における高度化追求と協同性重視の関係。

本実践では、特性「競争／協同」関係と、組織性における「ルールとマナーの関係」について教えたいと考えました。

(1) スポーツの高度化による歪み

吉田は、近代スポーツが「ルールによる秩序ある模擬的空間において自己規律化された活動という特徴を持つ」ことを指摘した上で、以下のように述べています。

「近代スポーツがその発展と引き替えに受け入れてきた勝利至上主義、ドーピング、商業主義、政治的利用、民族問題、環境破壊などが複合的に問題化し、近代スポーツの歪みとして現出したと受けとめる必要があり、改めて近代スポーツを見直す時期に来ているように思います」（吉田，2016，pp.52-56）

スポーツ文化の特性「競争性／協同性」関係において、現在のスポーツは自由競争や過剰な競争原理による高度化重視の「競争性＞協同性」関係に陥っているのではないかという指摘です。

これまでの体育で教えられてきたスポーツ教材も「よりできること」を求める高度化重視の「競争性＞協同性」関係が強かったのではないでしょうか。体操競技においては、技の難易度がＨ難度まで高まっていますし、フィギアスケートでは５回転の技が目指されています。器械運動の側方倒立回転（以下、側転）であれば、側転ができるようになると側転後ろひねり（ロンダート）→側転前ひねり→前方倒立回転跳び（ハンドスプリング）というように、より高度な技が「できる」ことに価値を見出しています。このような高度化重視のスポーツを「高度化追求スポーツ」と名付ければ、子どもは高度化追求スポーツを求め続けるように導かれているのです。

(2) 民俗フットボールにおける文化特性

本実践で対象にした民俗フットボールについて、吉田はつぎのように述べています。

「パブリック・スクールで展開されたスクール・ゲームを除いて、近代スポーツとしてのサッカー、ラグビーの誕生以前に各地で行われた、（ラケットやステイックなどの）用具を用いないボール・ゲームの総称を民俗フットボールと呼ぶことにした」（吉田，2014，p.8）

そして、民俗フットボールでは「現代人として一定の倫理観のもとで規律性をもって、感情的暴力を抑制しながらゲームを統治し、プレイヤーはあくまでも現代的感覚に基づく自律性を支えにして原始的なスポーツを満喫しているように思えてなりません」と述べています（吉田，2016，p.56）。

また、スポーツの根源的な楽しみの享受について、つぎのように述べています。

「現実社会の中でのシビアな競争から解放され、またルールに管理された現代スポーツの中では決して見いだせない楽しみを民俗フットボールでは味わうことができると話します」（吉田，2016，p.55）

このように、吉田が指摘している民俗フットボールの特性「競争性／協同性」関係では、高度化重視の「競争性＞協同性」関係よりも、「協同性＞競争性」という協同性重視が実現しているということです。つまり、競争の結果としての「勝利」をめざしつつ、競争の過程における「祝祭性」を大切にしているのです。

また、スポーツの成立条件「技術性、組織性、社会性」における「組織化―未組織化」の関係においても、組織性における明文化したルールがなく、未組織化重視の「未組織化＞組織化」という濃淡関係が強いことがわかります。つまり、民俗フットボールでは、倫理観のもとで規律性をもって感情的暴力を抑制しながらゲームを統治している未組織な中でゲームが行われています。しかも、数百人規模の人数で町全体を競技場として行われるゲームであるために、技術性における有効な戦術を見出すこともむずかしいのです。

したがって、民俗フットボールには前項で指摘した高度化追求スポーツとは異なる協同性重視の「協同性重視スポーツ」と名付けられるスポーツ文化特性があると考えました。

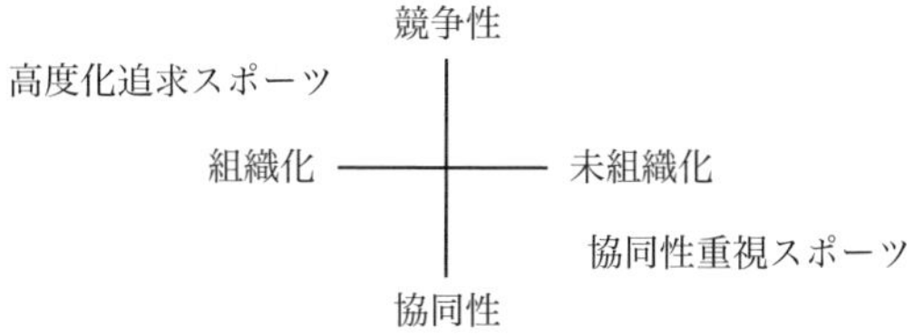

図１　スポーツの特性・成立条件における高度化追求スポーツと協同性重視スポーツの位置関係

(3) スポーツ文化の「競争性／協同性」「組織化―未組織化」について考える

スポーツの特性・成立条件をもとに、競争性・組織化を重視した「高度化追求スポーツ」と共同性・未組織化重視の「協同性重視スポーツ」があることを述べてきました。そして、冒頭で現在のスポーツは自由競争や過剰な競争原理によってさまざまな問題を抱えていることを指摘しました。

ただし、私は高度化追求スポーツが悪いスポーツで、協同性重視スポーツが良いスポーツだと考えているわけではありません。高度化追求スポーツには卓越性の追求という価値がありますし、協同性重視スポーツではこの卓越性の追求が弱くなります。つまり、スポーツという文化は、それぞれの良さと課題をもっているということです。大切なことは、このような良さと課題をスポーツの特性と成立条件という教科内容から理解し、考えることです。現在のスポーツ文化が歴史の中でつくられ、変化してきたように、これからの社会において人類がどのようなスポーツ文化を求めていくのかを考え、変革していくことがスポーツの教育における使命だと考えるからです。

したがって、スポーツ文化の「競争性／協同性」「組織化―未組織化」において、高度化追求スポーツや協同性重視スポーツが、どのように位置づくのかを理解すること。そして、高度化追求スポーツも協同性重視スポーツも、それぞれにスポーツ文化の特性があることやその「ちがい」を理解することで、自分が求めるスポーツ文化の位置を考え、主体的に位置づけられるようになってほしいと願っているのです。

2.　学習内容

授業者の斉藤は、スポーツ文化の特性「競争性／協同」関係と成立条件「組織化―未組織化」を教科内容として教えるために、民俗フットボールを教材化しました。そして、現代も脈々と受け継がれている民俗フットボールには以下

3つの学習内容があると考えました。

○スポーツの特性「競争／協同」関係における高度化追求と協同性重視の関係について、自分の本音を語り考えることができる。

○得点を取ることだけでなく、長時間かけてのボールの奪い合いや、チーム内での協力などプロセスを楽しむことができる。

○スポーツの成立条件組織性における「ルール」と倫理規範としての「マナー」の関係を理解することができる。

第２項　教材、授業期間、対象、授業者など

①教材：ボール運動・フットボール

②対象：東京都Ｓ区Ｍ小学校４年生26名

③期間：2016年10月～12月（全13回）。

④授業者：齋藤慎一

第３項　授業の概要

1.　初期の授業（１～３回目）概要（競争の中でフェアプレーを見出したゲーム）

(1) ゲームの様式

授業の最初にNHKで放映されたアッシュボーンの民俗フットボール映像を見せたところ、子どもたちは「ルールがなく、自由にプレーできること」に大変高い関心を示しました。そして、ゲームを行うために以下の２点だけを決めました。

○ 13人対13人で行う。（クラス人数を２分した）

○得点が入ったら、ゲーム終了。

(2)「自由」と「ルール」

１点入ったら試合終了なので、できるだけ得点しづらいゴールを子どもたちは考えて、校庭のサッカーゴールの中に置いた「カラーコーンの間（1m)」がゴールになりました。

ゲームが始まると、手でボールを持って走ったり、投げてパスをしたりする子が多く見られましたが、すぐにボールに群がって「ボールの奪い合い」状態（以下、ハグと呼ぶ）になります。女子も奪い合いに参加。ボールを何人かで奪い合い揉み合い転ぶ。転んだ子のボールを奪う。奪い合ってよいことがわかったため、さらに相手を引っ張る・押すなど。しばらくするとボールを奪うために

相手を手で押す、服を引っ張る、口喧嘩が多く見られるようになってきました。

そして、ハグの中で倒された女の子が泣きだしてしまったのです。指導者はゲームを中断して、クラス全員で話し合いました。子どもからは「こういうゲームなのだから仕方ない」という意見と「泣く人が出るのは問題」という意見が出されて、なかなか合意ができません。そこで、指導者から提案をしました。

指導者「では、ルールを決めてはどうか」

子どもたち「いやだー！」

この時、子どもたちのほとんどが「いやだー！」と大声で叫んだことに、指導者と授業観察者は驚きました。子どもたちは「自由」を渇望し、「規制」としてのルールを拒んだのです。学校の中で手に入れた「規制なき自由」を失いたくないという子どもたちの真剣な本音が現れた場面でした。

(3)「フェアプレー」と「ルール」

子どもたちは私たちが考えている以上に「ルールがなく、自由にプレーできること」を求めていました。一方、ルールを決めることによって、相手を押す、引っ張る、口喧嘩などの暴力行為が減少することは分かっていました。しゃがみ込んで泣いている仲間を見ながら、子どもたちは「自由」と「ルール（規制）」の間で葛藤をしていたのです。この葛藤を前にして、指導者はつぎのような提案をします。

指導者「ルールは決めず、自分で感情を抑えるというフェアプレーがある」

子どもたちの目が輝きます。

子どもたち「それがいい、そのフェアプレーにしよう」

「ルール」による規制をするのではなく、「フェアプレー」によってフットボールを行うことについて合意した子どもたち。ボールの取り合いのときに、相手が傷つかないように気をつけはじめています。また、ゲーム中に倒れてしまった子がいると「今はいったん手を離せ」と自主的に声がかかり、プレーを中断します。そして、起き上がった子に「大丈夫？」と声をかけてからボールを空中高く投げ上げてプレー再開。自分たちのフットボールを、自由で暴力のないものにしようして自分を抑制している姿に、子どもたちの「誇り」を感じました。

(4) 初期の授業（1～3回目）につてのインタビュー

参加者：子どもたち―A、Y、U、O、授業観察者―Q

ボールの奪い合いを「フェアプレー」によって解決したことについて、子どもたちはつぎのように語っています。

〈自分たちでつくったフットボール〉

Q：はじめてフットボールをしたときの気持ちを教えて下さい。

A「最初は楽しくなかった。何をすればいいかわからなかった。自由は好きだったけれど、団結がなかった」

O「ルールがなくて不安だった。でも、やってみたらハグとかできて、楽しくなっていった」

Q：フットボール２回目のゲームで泣く人が出て、先生が「ルールを作って、ルールを守れない人は退場にしてはどうか」と聞いたとき、子どもたちは「いやだ」とみんなが言いました。あの時の気持ちは？

O「退場する人は出したくなかった」

A「『ルールに縛られるのはいやだ』と思った。ルールができると、叫んだりできなくなる」

O「毎日縛られている。弟たちのめんどうとか、親の言うことを聞かなくてはいけないとか。それがフットボールは自由で、心がすっきりする。気分が晴れて、家でもらくちーん」

Q：「自分たちでつくったフットボール」で一番大切だと思うところは何ですか？

A「泣いた人が出たことについて、みんなで考えた」

Y「フットボールをする中で、泣いちゃった人の気持ちを考えたり、優しくなったりした。最初は泣いた人がいても謝らない人もいたけれど、今はそうかもしれない（痛い思いや嫌な思い）と思ったら、すぐに『大丈夫？』『ごめんね』と言えるようになった」

U「みんなと学習して学ぶことができた。ゴールの広さなどを『決めること』が一番好きだった。自由のバランスを考える時など、話し合うことがよかった」

O「みんなが意見をいっぱい言ってくれた。泣いてしまった時、謝ってくれたことで、元気が出た」

Q：普段の生活の中でも、もめごとはある。それとフットボールでのもめごとは同じですか、それとも違うのですか？

A「普段の生活とは違い､フットボールはもめごとがはっきりする。フットボールでは、目の前のもめごとを解決しないとゲームが進まない」

Y「フットボールではいつもより､話し合ったり考えたりすることが多い｡一方、生活の中のもめ事は、つぎつぎといろいろなことが起きていくので（まあいいか）となってしまう」

U「もめごとを解決したりすることに誇りを持てるようになった」

(5) 初期の授業（1～3回目）についての考察

①自由がほしい

初めてのフットボールゲームについて、子どもたちの感想では「ルールのないゲームはとても楽しかった」と書いている子が多く、自分たちのフットボール映像を見ているときもハグの場面で歓声が上がっていました。ルールがなくボールの奪い合いができる「自由なスポーツ」に新鮮さと興奮を感じていました。

子どもたちが通っている学校は、昔ながらの商店街をぬけた住宅地の中にあり、最寄りの駅から新宿副都心まで 10 分足らずという都会にあります。そのような環境の中で、小学４年生の子どもたちが「自由がほしい」と真剣に語ったのです。

現状の学校生活では、朝、子どもたちが学校に来ると、すぐに朝会や集会があります。休み時間にもマラソン練習や長縄練習、あるいは委員会の話し合いなどがあり、自由に過ごせる時間はほとんどありません。放課後も習い事やスポーツクラブ練習、塾などがぎっしり詰まっています。

学校のブラック化について、私たちは「教師の視点」から語ることが多いのですが、実は「子どもの視点」も深刻であることを子どもたちから教えられました。「ルールに縛られるのはいやだ」という言葉の思いと現実を、大人たちはしっかり受け止める必要があるのです。

②自分たちでつくったフットボール

佐伯は、スポーツのモラル教育についてつぎのように述べています。

「みんながエンジョイするためにはやってはいけないことがあって、それを守らないと入れてもらえない。そして、面白いからぜひ参加したい、参加するにはここを我慢しなければいけない、という経験が非常に重要だと思います」(佐伯，2018，p.28)

フットボールを学んだ子どもたちは、フットボールをする中で「人の気持ちを考えたり、優しくなったりした」と言います。そして、「もめごと」が起きて自分たちでどうしたらいいか考え、話し合ったことで「仲間の気持ち」を思いやれるようになったと言います。

しかも、普段の生活ではもめ事があっても、いろいろと忙しいために曖昧になりやすいのに対して、フットボールでは「もめごとがはっきりする」し、目の前のもめごとを「解決しないとゲームが進まない」ために、真剣に考えて合意することができた、と言うのです。

2. 中期の授業（4～8回目）概要（「ゴールを広げる」か「狭いゴール」のままか）

(1)「狭いゴール」か「広いゴール」か

中期の授業では、「作戦」を立てて攻めたいという子どもたちの声が出はじめました。このため、作戦を駆使したゲームを行うためには「狭いゴール」では不都合になってきました。作戦を実行してシュート空間をつくりだすことが狭いゴールではむずかしいためです。このゴールを広くするということは、「得点が入りやすくなる」ことを意味します。つまり、「得点が入ったら、ゲーム終了」というルールでは不都合になってきます。このため、シュート空間をつくる作戦を有効なものにするためにはゴールを広げる必要があり、その結果ゴールを広げ複数の得点を競うことで「競争性」をより濃くしていく必要性に迫られたのです。

一方、ゴールが広くなることで作戦が有効になりますから、パスなどが増えることになり、ボールの奪い合いであるハグは減少することになります。

〈ゴールを広げる〉ことで合理的に攻撃・守備をして得点を競い合う「競争性＞協同性」のフットボールにするのか、それとも〈ゴールは狭いまま〉にすることでハグなどのボールの奪い合いを楽しむ「協同性〉競争性」のフットボールを維持するかで、子どもたちは葛藤することになったのです。

(2) 作戦（戦術）による面白さと規制

ひとまず、広いゴールで得点を競い合うルールへと変更し、ゲームの様相がどのように変化したのか見ていくことにしました。広いゴールにして複数の得点を競い合うことで、子どもたちは得点すると歓声を上げ、得点の競い合いに夢中になっていきました。スポーツの「競争性」と「組織化」を色濃くしていく楽しさを味わっている様子でした。

しかし、競争性が色濃くなることによって、「一人行動する人（ワンマンプレー）」が増えてきたことに子どもたちは気づきはじめました。得点を取るために、ボール操作の苦手な子にはパスを回さず、上手な子たちだけで攻めるプレーが増えたのです。

また、ゴールが狭い時は作戦などありませんでしたから、自由に動きハグを楽しみながらプレーしていたのですが、それが制限されるようになっていきました。つまり、チームで決めた作戦の動きをしなければならないため、自由な動きが規制されるようになったのです。このため、作戦の動きをすることへの責任やプレッシャーといったものが顔を出すようになっていきました。

「競争性／協同性」関係において、「１点先取」でゲームが終わっていた初めのルールから、複数の得点を競い合うルールへの変更は、まさに諸刃の剣であり、その魅力を感じると同時に、それによって失われるものがあることを子どもたちは知ることになりました。

(3) 中期の授業（４～８回目）における授業後のインタビュー

参加者：子どもたち―A、O、授業観察者―Q

Q：フットボールの作戦や得点についてＡさんとＯさんの考えを教えてください。

A「習っているサッカーだといろいろ考えることがある。でもフットボールは自分たちで自由に決められる」

O「前に野球やっていた時、監督の大人の人に質問したり、文句言ったりしたかったのに言えなかった。フットボールは､ルールがほとんどない。だから、自分たちで考えてできる」

A「ルールのいいところと､悪いところがある。そして､マナーのいいところと、足りないところがある。だから、自由だけじゃいけないことがわかった」

O「自由が大切だけれど、作戦やルールがないと一人行動が出て、みんなで楽しめない。自由とルールとマナーのバランスが大切」

O「ゴールを広くして余裕ができた｡ボールにさわれて『やっとさわれた』と思って、さわっていない人にさわらせてあげたくなった」

A「みんなそれぞれ『楽しいと思うこと』がちがうから、みんなにとって楽しいフットボールにすることを考えた。また、勝つための作戦を考えたのだけれど、みんなが楽しむ作戦を考えるようになった」

A「そして、勝つためとみんなで楽しむことの両方をめざすようになった。みんなの意見を聞くことで、勝つことだけではない『みんなの楽しみ』を考えるようになった。みんなで楽しめないと、意味ないと思うようになった」
O「得点なんてどうでもいい。チームワークや友達を大切にしたい。勝ち負けでなくて、みんなで力を合わせることが大切」
A「ボールにさわってない人にパスをしたくなった。勝ったり得点が大切で、そのためにチームワークが必要」
O「A君はチームの話し合いの時に『勝つことが大事』って言ったので、そういう考えなんだ、と思った」
A「話し合うことでいろんな考え方があることを知った」

(4) 中期の授業（3～6回目）における考察

①自由とルールのバランス

初期のゲームにおいて、子どもたちにとっては「ルールがない」「自由にできる」ことが魅力だったのですが、「自由」に「みんな」でフットボールをするためには、「1人行動（我が儘)」ではうまくいかないことを実感できたと話してくれました。

「自由だけじゃいけないことがわかった」

「自由が大切だけれど、作戦やルールがないと一人行動が出て、みんなで楽しめない」

そして、ルールの根幹にある「規範の重要性」と「ルールの必要性」が理解できたと言うのです。

「ルールのいいところと、悪いところがある。そして、マナーのいいところと、足りないところがある」

「自由とルールとマナーのバランスが大切」

②競争性／協同性の楽しさは多様

また、「1点先取ルール」から「複数の得点を競い合うルール」に変更したことで、競争性／協同性の「楽しさ」は多様であることも学べたと話してくれました。

たとえば、Aさんは最初「勝ったり得点が大切で、そのためにチームワークが必要」と思っていたのですが、Oさんの「得点なんてどうでもいい。チームワークや友達を大切にしたい」という考えを話し合いの中で聞くことによって、つぎのように考え方が変わっていったというのです。

「みんなの意見を聞くことで、勝つことだけではない『みんなの楽しみ』を考えるようになった。みんなで楽しめないと、意味ないと思うようになった」

そして、O さんもまた、A 君の「勝ったり得点が大切」という考えを聞いて、「話し合うことでいろんな考え方があることを知った」と考えるようになりました。

スポーツ文化の特性や成立条件について、近代スポーツ成立以前の民俗フットボールを教材として学習することによって、スポーツにはルールなどが整った「組織化」だけではなく、「未組織化」もあることが理解されました。また、「競争性／協同性」のバランスのとり方は人によって異なること、だからこそ、みんなで行うスポーツには合意形成が必要であることも体験的に学ぶことできたのです。

第４項　子どもたちだけの公園フットボール

1.　子どもたち主体の公園フットボール企画

フットボール授業が終わりに近づいた時、O さんを中心として「子どもたちのフットボール」を学校隣の公園で行うことが企画されました。子どもたちの自主的な企画です。そして、初めはクラス担任教師に反対されたのに、O さんは公園フットボールのポスターを自主制作し、クラスの子どもたちに呼び掛けたのです。

O さんの母親が見守り役をしてくれた「子どもたちのフットボール」は、学校に隣接する公園で行われ、休憩を挟みながらそれこそ自由に子どもたちは自分たちのフットボールを楽しみました。そのようすを見に行った授業者はつぎのように語っています。

「スポーツの特性、成立条件を知り、自分なりのスポーツへの位置づけの仕方を知った子どもたちだからこそ、主体的なスポーツ文化の創造者になれるのだと思いました」

2.　公園フットボール後のインタビュー

参加者：子どもたち―A、Y、U、O、授業観察者―Q

Q：O さんたちが「公園」でフットボールをしたいと思ったのはどうして？

U「公園のフットでも学校と同じく楽しめるか確かめたかった」

Y「放課後の遊びにも、フエアプレイやチームワークがあるか知りたかった。
あと、授業のフットボールの楽しさが、子どもたちだけの公園でもできるか確かめたかった」

Y「やってみて、自分たちで休憩とかとって、自分たちでできた」

A「公園での遊びは、対戦するけれど『友達』。習っているサッカーの試合は、勝つための『相手』」

O「初めて外国でのフットボール映像を観たとき、公園全部でフットボールやりたかった。それで、公園でフットボールをしたかったけれど先生に反対されて、『何でだめなの』って思った」

O「お母さんにも公園全部でやることを反対されたので、仕方なく公園のグランドだけになった」

A「公園全部で鬼ごっことかやるとおもしろいだろうなあ」

Q：「公園」でフットボールして、どうだった？

O「最初は来てくれるかなあ、と思った。意外にみんな来てくれてできてうれしかった。不安だったけれど、やってよかった」

A「1回しかできなかったけれど、もっとみんなくればいいのに、と思った」

Q：これからフットボールをどうしたい？

O「転んでもいい芝生とかでやりたい」

A「フットボールではなくて、何かちがうことも自分たちで考えてやりたい」

3. 公園フットボールの考察

学校体育で教えられた教材が小学生の手によって、地域で自主的に行われるようになった例は、私の知る限りほとんどありません。

まず驚いたのは、O さんははじめの授業で民俗フットボールの映像を見たその時から、「公園フットボールをやりたい」と思っていたと話してくれたことです。また、O さん以外の子どもたちも公園でのフットボールをしたかったと語ってくれました。

そして、公園フットボールを子どもたち主体で行った感想をつぎのように話してくれました。

「フットボールではなくて、何かちがうことも自分たちで考えてやりたい」

これまで私たちは体育の授業で、スポーツの技術やルールを「教えること」第一でやってきたように思います。これに対して、スポーツの授業において文化としてのスポーツを子どもの生活に寄り添って教えることは、子どもたちのスポーツにおける自治を育むことになり、スポーツの世界を共に探究していく道を拓く可能性を持っているのです。

【文献】

佐伯年詩雄（2018）座談会もとめられるスポーツのモラル教育とは，友添秀則編，現代スポーツ評論 2018 年 38 号，創文企画，p.28

吉田文久（2014）フットボールの原点，創文企画，p.8

吉田文久（2016）民俗フットボールにおける祝祭性，学校体育研究同志会編，たのしい体育・スポーツ 2016 年秋号，pp.52-56

第6節　スポーツの主人公として育つ
中学3年生バレーボールの授業

第6節では、矢部による中学3年生バレーボール実践報告（矢部, 2011）と、矢部実践についての黒川の論考（黒川, 2011）をもとに「スポーツの授業づくり」について検討をします。

第1項　教科内容と学習内容

1.　教科内容

○スポーツの成立条件「技術性、組織性」におけるバレーボールの「攻（スパイク）・防（ラリー）」の関係。

○スポーツの特性「競争／協同」関係における高度化追求と協同性重視の関係。

2.　学習内容

○スポーツの成立条件における技術性「パスラリーを中心とした技術学習」

○スポーツの成立条件における組織性「ルール学習と技術学習」

○スポーツの特性「競争／協同」関係における「ゆるスパイク」という技術や「きれいなラリー」という攻防関係の創造

第2項　教材、授業期間、対象、授業者など

①教材：球技・バレーボール

②対象：宮城県多賀城中学校中学3年生

③期間：2011年2月～3月（全23回）。

④授業者：矢部英寿

第3項　バレーボール授業の概要

1.　中学1年生・2年生のバレーボール実践概要

矢部のバレーボール実践は、中1で「パスラリーを中心とした技術学習」を重点的に扱い、中2でローテーションルールを中心に「ルール学習と技術学習」を重点的に扱っています。

技術学習ではカバーリングの動きを中心に「長くラリーを続けること」ができるための技術指導（ゲームは5人対5人）が行われました。長くラリーを

続けることについて矢部はつぎのように述べています。

「スパイクで相手の穴をねらって（こじあけて）得点をするよりも、長くラリーを続けるためにカバーし合うことの方が、教室で波紋を起こさぬように気を配って生活する今の子どもたちに、受け入れやすいのではないかと考えたからである」（矢部，2011，p.31）

そして、「どのようなバレーボールを行いたいのか」という目標を１年生から問い続け、目標とルールを考えることで「生活における考え方」が反映され、深められることをねらっています（矢部，2011，pp.31-32）。

2.　中学３年生バレーボール実践

中学３年生では、目標である「どのようなバレーボールを目指すのか」を探究するためにルールづくりと技術学習を進め、以下のように矢部は述べています。

「『ラリーにつながる技術編』でボールがこない場合の動き（カバーリング）の確認を行い、『確実にスパイクを打つ技術編』で攻守切替の動きを学び、『スパイクをさせない技術編』でブロックとブロックはずしを学んだ」（矢部，2011，p.32）

(1)「自己中」発言

３年Ｂ組の授業で、「どんなバレーボールをしたいのか」という問いについて、「楽しいバレー」「ラリーの続くバレー」「みんなが仲良くやるバレー」などの意見の中で、Ｇ君が「スパイクがうまく決まるのがいい」と発言し、その直後につぎのように小さい声でつぶやきました。

「何か自己中？」

この「自己中」というつぶやきを矢部は捉えて、つぎのような本質的な問いを設定します。

「バレーボールのおもしろさの中核は、得点につながるスパイクなのか、それともゲームの過程であるラリーなのか」

この問いの背景には、中１の（強いスパイクやサーブを打ちたい）という直情的な発達段階を抜けて、中２で確実に入る優しいサーブから入り、中３で（ラリーが続くのが楽しい）と変化してきた生徒たちのバレーボール観がありました（矢部，2011，p.32）。

(2)「きれいなラリー」と「ゆるスパイク」

「自己中」発言をきっかけとして、矢部は生徒たちに「バレーボールの本質的なおもしろさは、スパイクで得点することなのか、それともラリーを続けることなのか」を考えさせ続けます。その中でＩ君は次のような意見を書きました。

「厳しくやって強くなる必要はない。でも、ある程度の技術を身につけて少しでも長いきれいな楽しいラリーを続けたい」(矢部，2011，p.33)

この「きれいなラリー」について、矢部はつぎのように述べています。

「攻撃とラリーの矛盾については、協同的な攻撃が、協同的なラリーを高め、協同的なラリーがさらに協同的な攻撃を高める関係にあるのではないかという点に気がついた。このことについて、子どもたちは『きれいなラリーの創造』という言葉で決着させた」(矢部，2011，p.39)

黒川は、この「きれいなラリー」をつくるためには、「『協同の世界』を創り出しうる技術が獲得されなければならない。その技術は競争（敵対的競争）の技術とどのように異なるのであろうか？」と指摘し、「ゆるスパイク」についてつぎのように述べています。

「『ゆるスパイク』とは『ゆるいスパイク』のことであり、相手がつなげるかどうかの瀬戸際のスピードや強さを案配して、ラリーの質を高める（きれいなラリーを協同して創り出す)ための技術として成立しているものである」(黒川，2011，p.45)

つまり、「ゆるスパイク」は相手チームの力量に合わせて（このスパイクがとれるかな）と問う技術であり、相手を力尽くでねじ伏せる技術とは異なる協同的な攻防を高める技術といえましょう。

3.　Ａさんの変容

このようなバレーボール実践の中で、運動部活の女子バレーボール部キャプテンだったＡさんが変わっていきました。このバレーボール実践が始まる前のＡさんについて矢部はつぎのように述べています。

「3年Ａ組のＡは優しい女の子だ。友達を大事にして気配りを忘れない。小学校からバレーボールのスポ少で鍛えられ、仲間思いを見込まれて中学２年生の夏にバレーボール部のキャプテンに推された。県内でも強いバレー部で、春高バレーで活躍したOBもいる。」(矢部，2011，p.30)

このバレー部キャプテンだったＡさんだが、チームが思うように勝てずに顧問からキャプテンとしての責任を問われ、ついに体調を壊すところまで追い詰められてしまいました。

「3年生になって新入部員が入る頃、Aは練習中に過呼吸を繰り返すようになった。満足に練習することができず、6月の中学総合体育大会前に退部することとなった。」(矢部，2011，p.30)

そして、Aさんは矢部のバレーボール授業に向き合うこととなります。そのようすを矢部はつぎのように述べています。

「バレーボールの時間になるとAはからだがこわばった。『保健室で休みます』といって授業に出ない日もあった。教室でバレーボールの授業をしていた時は机で両のこぶしを握りしめて震えながら泣き始めた」(矢部，2011，p.30)

Aさんにとって「どんなバレーボールをしたいのか」という矢部の問いは、過呼吸を起こすほど自分を追い込んだ過酷な体験を思い出させるものだったのでしょう。そして一方、「きれいなラリー」や「ゆるスパイク」を生み出して自分たちのバレーボールを創り出そうとする仲間たちの姿は、今まで体験してきたバレーボールとは異なる世界を目の当たりにすることだったのです。

Aさんは矢部のバレーボール授業に向き合うようになり、最後の授業感想でつぎのように思いを記しています。

「私はバレーを通して昔のバレーをしていた頃の自分と戦っていたと思う。私はバレーが好きでバレー部に入ったのに、いろいろあって、それから辞めてずっとバレーをすると具合が悪くなったりして。でも、そんな自分が嫌いでした。そんな時に3年生でバレーを授業でするようになって最初はまた具合が悪くなったりしました。(略) それから、バレーというスポーツの見方を変えてだんだんやっていくうちに楽しくなってきて、バレーをやっても具合悪くならないようになりました。前みたいにバレーボールというスポーツを心の底から好きになりました。最後の体育の授業が終わって、もう昔みたいにはならない、部活をしていたころの自分に勝ったな！って思いました。また、バレーを好きになれてよかったです」(矢部，2011，p.38)

第4項　スポーツの教科内容と矢部バレーボール実践

1.「競争性／協同性」関係における自分たちのバレーボール「攻・防」関係をつくる

本書ではスポーツの特性を「競争性／協同性」関係として捉えることを主張しています。矢部実践はバレーボールというスポーツの特性である「競争性／

協同性」関係を「自分たちにとってのスポーツの価値」という視点から考えさせた実践と言えます。

女子バレー部キャプテンだったAさんは、勝利至上主義という競争性と、勝利のための技術・戦術の高度化を追求する部活動に追い詰められていきました。ここにはスポーツの特性「競争性／協同性」関係において、「スポーツをする者の位置」を主体的に選択する権利への無自覚さが現れています。

つまり、「競争性／協同性」関係においてどの位置でスポーツをするのかは、スポーツをする者が選択するべきことであり、それを部活顧問などが強いることはスポーツをする権利を侵害することなのです。具体的に言えば、スポーツ部活で「ゲームが楽しめればいい」とするのか、それとも「県大会で優勝したい」と考えるのかは、スポーツ部活を行う者たちが主体的協同的に合意によって決めるべきことです。このスポーツにおける「競争性／協同性」関係を理解していなかったり、この関係についての主体的権利について無自覚であったりすることが、体育授業やスポーツ部活でAさんのような現実を生み出しています。

「私はバレーが好きでバレー部に入った」と述べているAさんには、バレーボールの「競争性／協同性」関係において、何を目指すのかを選択する権利がありました。しかし、「県内でも強いバレー部」という環境が、勝利追求という価値観の押しつけによって、スポーツの「競争性／協同性」関係におけるAさんの主体性を奪い追い詰めていったのです。

一方、矢部バレーボール実践で、子どもたちは勝利・高度化追究とは異なる「競争性／協同性」関係があることを理解していきます。そして、スポーツ文化の特性と成立条件の関係の中で、自分たちにとっての「スポーツをする価値」について考え葛藤しつつ、主体的に意味を見いだして位置づけようとしていきます。また、スポーツ文化の人間的な歓びを主体的に獲得するための「ゆるスパイク」という技術や「きれいなラリー」という攻（スパイク）・防（ラリー）関係を創造していきました。

矢部はこのような「スポーツをする価値」の探究について、つぎのように総括しています。

「子どもたちが発見したのは『きれいなラリー』であったが、その過程で学んだことは、能力の多様性と考え方の多様性を認めた上での幸せの追求の仕方であった」(矢部，2011，p.39)

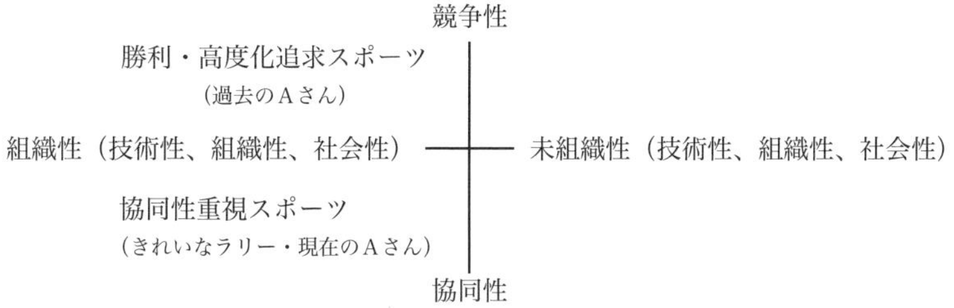

図１　スポーツの特性・成立条件における勝利・高度化追求スポーツと協同性重視スポーツの位置関係

2.　勝利・高度化追求スポーツと協同性重視スポーツ

現状の中学校体育授業では、図１における左上方向を目指す「競争性」「組織化」を追求していく「勝利・高度化追求スポーツ」が常に目標になっているのではないでしょうか。

一方、体育授業は運動部活動ではなく、「スポーツ文化の特性や成立条件」を教えるべき教科であり、矢部実践で子どもたちが学習の対象にしたように、バレーボールにおけるスポーツの特性と成立条件こそが学ばれるべき教科内容なのです。

そして､そこでの「競争性／協同性」関係と「組織化－未組織化」関係によって、能力と考え方の多様性を認めた上で、スポーツにおける自分たちのめざす位置を考え合意し､スポーツを学ぶことの意味その幸せを探究していくことが、スポーツの授業なのでしょう。

このように考えれば､矢部実践は図１におけるスポーツの特性と成立条件を、自分たちが目指すべきスポーツの変革・創造との関係で学ばせようとした「スポーツの授業」と言えるのです。

3.　新自由主義における自己責任

矢部のバレーボール実践は、スポーツの特性と成立条件を考えさせるスポーツの授業でしたが、現代社会における「競争性／協同性」を対象にもしていました。それは、現代スポーツと現代社会の関係を考えることに通じています。

矢部バレーボール実践が行われたのは中学３年生の３学期であり、実践の中で「受験にも勝てる」という言葉が出てきます。この「受験にも勝てる」という言葉について矢部は、受験制度を「たかだか、能力のある一面で輪切りにされ、そこに優劣がつけられるような差別化、分断化する制度」によって、学級の仲間とも「1人で」戦わされている現実があると指摘します（矢部，2011，p.36）。

そして、この受験制度と勝利・高度化追求を目標とした現代バレーボールが重なって子どもたちの前に立ちはだかっているとして、つぎのように述べています。

「自分たちが何かと戦っているという自覚に達し、それは漠然とであるけれども、制度としての受験であったり、いじめであったり、勝利至上主義のバレーボールと戦っているということが見えてくる」（矢部，2011，p.39）

受験制度とスポーツ文化における勝利至上主義は、「勝利することだけに価値がある」という考え方でつながっています。現在の日本社会では、自己責任論という考え方が「格差拡大肯定・容認の最強のよりどころ」（橋本，2018，p.46）となっているためです。

つまりスポーツで勝利できるかどうかは、社会生活で勝ち組になるか負け組になるかと同義であり、そのすべてが自己責任だとする考え方です。

一方、スポーツ文化は人々を結び合わせる「協同性」を強く持った文化でもあります。「競争」を楽しむためには他者（相手チーム）との協同が必要であり、他者に対するリスペクトによって「競争／協同関係」が豊かになる文化的特性を持っています。これは、スポーツという文化が資本主義社会の成立によって生まれ、「この社会の思想を正と負の両面で色濃く反映している文化」（出原，2004，p.240）であるためです。

つまり、スポーツ文化の特性「競争／協同関係」を考えるということは、自己責任論という排他的な思想性と、他者に対するリスペクトによる豊かな思想性を「競争／協同関係」において対象化することなのです。

矢部バレーボール実践は、このようにスポーツ文化における「競争／協同関係」の価値と課題を「『競い合い』をコントロールし、よりいっそう人間的なものに変革するために対等、平等、正義、公正などの精神性を深め、発展させていく」（出原，2004，p.257）というスポーツ文化の変革・創造について学びの対象としたスポーツの授業なのです。

【文献】
橋本健二（2018）新・日本の階級社会，講談社現代新書 2461，講談社，p.46
出原泰明（2004）異質協同の学び，創文企画，p.240，p.257
黒川哲也（2011）バレーボールプロジェクトにおける教材研究の視点と方法，学校体育

研究同志会編，たのしい体育・スポーツ誌 2011 年 7・8 月合併号，pp.40-45
矢部英寿（2011）中学生と創るバレーボール，学校体育研究同志会編，たのしい体育・スポーツ誌 2011 年 7・8 月合併号，pp.30-39

第７節　スポーツの主人公を育てる中学生の授業

第１項　スポーツの主人公を育てる

小山吉明による中学校保健体育の実践を、小山（小山, 2016）と出原（出原, 2004）から「スポーツの授業づくり」という視点において検討をします。

1.　スポーツ文化の主体者を育てる

小山のスポーツ教育の実践は総合的です。その総合性は学校教育の教科と教科外、そして社会生活のスポーツ活動を関連させて生徒を育てようとしているところにあります。

小山は現状のスポーツ部活動について「現在の部活動は自治を学ぶための教育活動として学校に存在しているとは必ずしも言えない。部活動が学校外の社会体育へ移行していくことになれば、その存在さえ学校には必要ないものとなる」と述べています（小山, 2016, pp.42-43）。

そして、スポーツにおける民主主義を育てるための「自治」を学ぶことについて「自治を学ばせるために学校教育（生徒活動）として意図的に仕組むスポーツ活動と、既存のスポーツ組織（学校内外の部活・クラブ・スポーツ教室等）の民主化を区別」することを指摘しています（小山, 2016, p.43）。

ここにはスポーツの「権利」と、スポーツを行う「自由」の両面を保障しつつ、スポーツ文化を価値ある文化として変革･創造させていく「主体者の育成」をめざそうとする小山の願いが表れています。

スポーツ基本法（2011 年）では「スポーツを通じて幸福で豊かな生活を営むことは、すべての人々の権利」と明記されました。ただし、このスポーツの権利はスポーツを享受したい人にとっての権利であり、スポーツを強要されることではありません。このため、小山は「部活動は、やりたい者だけがやればよいもの」と指摘しています（小山, 2016, p.25）。

出原は、小山が行っている生徒会活動としてのミニスポーツ企画についてつぎのように述べています。

「スポーツを『する自由』をしっかり保障しつつ、『しない自由』もまた認め、『観戦のほうがいい』という子どもの声も大切にする。」（出原, 2004, p.246）

このように小山は、スポーツをする権利と自由を大切にした上で、スポーツ文化を学ぶ主体者を育てる役割についてつぎのように述べています。

「体育科教育の役割は、スポーツの生活化のための知識のみを与えればよいのではなく、スポーツを歴史の中で変化しつつある文化ととらえ、その継承と発展を担っていくための基礎的な知識や技能を習得させていくことにある」(小山，2016，p.38)

中学生という発達段階の子どもたちに寄り添う小山は、「子どもたちは本当にスポーツ遊びをしたがっている。遊びの中で育つはずの社会性や運動欲求を抜きにして、専門的なスポーツ活動における社会性や運動欲求は育たない」と指摘し、育てたい生徒像についてつぎのように述べています。

「日々の生活や発達課題に合ったスポーツ要求から出発し、それらを人類が長い年月をかけて生みだし、発展させてきたスポーツ文化へとつなげつつ、主体的にスポーツ活動に関わっていける生徒に育てていきたい。」(小山，2016，p.24)

そして、このような生徒を育てるために、学校教育における教科外の生徒会活動では集団生活に潤いを与えてくれるスポーツ活動を対象として「スポーツ要求実現の民主的方法や楽しみ方」を、また、すべての生徒たちを対象としている必修の体育授業では「文化的教養としてスポーツとは何か」を学ばせようとしているのです（小山，2016，pp.25-26)。

2.　スポーツの授業づくりにおける小山のカリキュラム試案

つぎに小山のカリキュラム試案を検討していきます。小山は、スポーツ文化の主体者を育てるために教科内容と教材の峻別が必要であるとしてつぎのように述べています。

「本来なら生徒の実態や文化内容からその学年の体育の授業で何を学ばせたいのかという教科内容が示され、その内容を学ばせるために教材（スポーツ種目や体育理論の題材）が示されていくべきだろう」(小山，2016，p.32)

そして、奥深いスポーツ文化の世界へと生徒を導くために、学年毎の「テーマ（学習内容に関する課題・目標)」を表１のように提示しています。

3.　教科外（体育的行事・生徒会活動）でのスポーツ学習

冒頭で述べたように、小山のスポーツ教育の実践は総合的であり、ここまで紹介した学校教育の教科にとどまりません。

表１　中学校３年間の学習テーマ・目標・学んでほしいこと

{1 年生の生活・発達課題}
・小学校の体育では、遊び感覚でスポーツが行われていただけで、教え合いの中でみんなが上手くなる経験をしてきていない生徒は多い。
・そうした実態から考えると、「中学の体育はさすがに違う」「系統的にきちんと学べばみんなが上手くなるんだ」ということを学ばせていく１年間としたい。
【1 年生の学習テーマ】
スポーツ文化への目覚め。仕組みを調べ、分かってみんなができる。
[1 年生の目標]
運動の仕組みを調べ、分かることで、だれもがうまくなることを学ぼう。
〈保健体育の授業学んでほしいこと〉
①運動技術や体の仕組みについて調べ、考え、頭でわかり、体を動かしてできるようにしよう。

{2 年生の生活・発達課題}
・中学２年生になると、部活動で対外試合に参加する生徒も増えてくる。運動部に入っている生徒とそうでない生徒との運動経験の差が大きくなり、男女差も顕著になってくる。
・こうした状況における様々なスポーツ経験の中で、何を求めてスポーツを行っていくのか、ということに考えを巡らせる時期であり、スポーツに対する自分なりの価値観が芽生えてくる。
【2 年生の学習テーマ】
スポーツのあり方を考え、集団の中で生きる。
[2 年生の目標]
仲間や集団の中で、何を大切にして練習や試合をしていくのか考えよう。
〈保健体育の授業学んでほしいこと〉
②自分はもちろん、みんながうまくなることを目指して教え合い、支え合っていこう。

{3 年生の生活・発達課題}
・３年生では生涯スポーツに向けて自ら考え、計画し、行動していくための学習を進める。
・日常の生活の中にどのようにスポーツを取り入れていったらよいか、その理論と方法、実践についても学習しておく必要がある。
【3 年生の学習テーマ】
生涯スポーツへ向けて、計画・運営を自分たちの手で
[3 年生の目標]
生涯スポーツを目指し、練習や試合を自分たちで計画して進めていこう。
〈保健体育の授業学んでほしいこと〉
③スポーツや健康につての基礎的な知識を身につけ、スポーツや健康問題について自分なりの考えがもてるようにしよう。

＊小山，2016，pp.32-35 をもとに大貫が作成した。

(1) 体育的行事

まず体育的行事としてスポーツ行事が体育学習のまとめ、発展として位置づけられ、つぎのように述べています。

「秋のバレーボール単元のまとめとして、11 月のバレーボールクラスマッチ、3 学期のバスケットボール単元のまとめとして、3 月にバスケットボールクラスマッチを行う」（小山，2016，p.35）

体育の授業で学習した技術・戦術学習、そしてルール学習をもとにそれぞれのスポーツの学年毎のクラス対抗試合を生徒たち自身が企画・運営、審判などを主体的に行っているのです。この体育的行事としての球技大会について小山はつぎのように述べています。

「この球技大会は本来通常授業を行うべき貴重な時間帯に全員参加を強制して行われている。大会運営やルールについては生徒の要望に耳を傾けつつも、体育の授業で学んだ技能、マナー、運営能力を発揮して自分たちの力で競技大会を楽しむ特別授業（体育的行事）の時間として位置づけている。」（小山，2016，p.43）

スポーツの授業における教科内容である「組織性」に関する基礎的教養と行為能力がこの体育的行事で豊かに学ばれているのです。

(2) 生徒会活動

体育的行事は体育科の特別授業として全員参加で行われていました。一方、生徒会活動は「学校生活の自主的改革を目指す自治組織とその活動」であり、「生徒会側が拒否する自由を与えておかなければ『自治』とは言えない」という活動として位置付いています（小山，2016，p.42）。

このため生徒会体育委員会が企画運営する各種のスポーツ大会は、「やってもやらなくてもよい活動」であり、しかし「こうした活動こそがスポーツ活動における自治や民主主義を学ぶ上で重要な教育活動」として実施されています（小山，2016，p.43）。

具体的には、体育委員会が企画運営する昼休みや放課後の自由時間を使って有志が参加するスポーツ大会（バレーボール、バスケットボール、水球、駅伝）と登山活動であり、「実施の可否、ルール、参加するしないは全て生徒たちに決定権があり、内容は流動的」な活動です（小山，2016，p.43）。

さらに、運動部に入っていない生徒を対象としてスポーツクラブも生徒会体育委員会はつくっています。週に 1 ～ 2 回、放課後の 30 分程度、バレーボール、バスケットボール、ミニサッカー、テニスなどのスポーツが生徒たちの自治的運営によって行われているのです（小山，2016，pp.47-48）。

多くの中学校で保健体育科の教師が取り組んでいるのは、一に部活、二に生活指導、三に保健体育の授業ではないでしょうか。この現状に対して、小山は生徒会が「民主主義を学んでいく上での大事な教育活動である」と捉えて、「学校教育としてスポーツにおける自治を学ぶ必要性」から教科（保健体育授業）と教科外（生徒会主催のスポーツ大会、体育祭、休み時間の運動遊び、運動部活動）での取り組みを総合的に行っています。つまり、すべての生徒を対象に行う必修としての教科・保健体育授業では「スポーツの文化的教養」を教える一方で、自由に主体的に参加できるスポーツ要求実現の民主的方法や楽しみ方を教科外活動において学べる仕組みをつくっています。スポーツの授業づくりとして文化的教養を教えることにとどまらず、「遊びの中で育つはずの社会性や運動欲求」に根ざした自立・自治を基盤とした教科外の活動を実現しているところに小山実践のすごみがあるといえましょう（小山，2016，pp.24-26）。

出原は「スポーツの主人公」についてつぎのように述べています。

「『スポーツの主人公』とは資本主義社会の文化としてのスポーツが、その『生まれ育ち』のために内包せざるを得ないような矛盾や問題点を解決し、いっそう民主主義的な文化としてこれを変革・創造するような人間である。」（出原，2004，p.262）

小山のスポーツ教育実践は、「スポーツの主人公」を民主主義や自治を教えることで育てようとする小山の願いが現実のものとなっているといえましょう。

第２項　スポーツの成立条件・技術を教える水泳の授業

前項では、小山のスポーツ教育実践が、学校教育の教科と教科外そして社会生活のスポーツ活動を関連させて総合的に行われていることを紹介しました。つぎに、小山の体育授業について水泳を例に検討していきます。

1.　水泳における「呼吸と浮力の関係」

(1) 水泳の目標と教科内容

小山は、水泳の目標をつぎのように述べています。

「人類が築き上げてきた水泳に関わる文化を、技能差のある生徒たちが一緒に学習する中で水泳の基礎を確認しながら誰もが泳げるようになっていく」

そして、以下の学習内容を紹介しています。

「(1) 人は水の中で浮くのか沈むのか。浮くためにはどうすればいいのか。自然に浮く方法と、意図的に浮く方法。

(2) 水面に口や鼻を出した時、どのように息継ぎをすればよいのか。

(3) 人類の永遠の願いとして、水の中で呼吸する方法はないのか。

(4) 水中で進む方法はどのようなものがあるか。手足を動かして進む方法。意図的な浮きや沈みを利用したグライドで進む方法。」(小山，2016，p.120)

(2) 水中で浮くことの仕組み

学習内容（1）の「水中で浮く仕組み」を学ばせるために、小山は「頭の重さ」と「水中体重」、そして「浮力」を測定します（小山，2016，pp.120-124)。

①頭の重さ

頭の重さは、陸上で生徒を仰向けに寝かせて「頭の部分に秤を置いて量る」。計測で「頭の重さは約３～4kg」だということが理解されます。

②水中体重

水中体重は、水中でプールサイドから垂らした「バネばかりにぶら下がって量る」計測で、水中に体が浮いている状態では「水中体重は0kg」であることが理解されます。

また、頭を水面上に出すと「水中体重は頭の重さの約３～4kg」となるし、腕を水面上に出すと「腕の重さ」が加わることが理解されます。

さらに、頭の重さを実感させるために中学生用の砲丸（3～5kg）をもたせています。

③浮力と肺活量

肺活量は、2Lのペットボトルに水を入れて逆さにしておき、細いビニール管で肺内の空気を入れて水中置換することで量ります。この計測で「肺に2Lの空気が入る」ことが理解されます。

そして、「浮力」を理解するためにつぎの実験をします。

「まず、息をいっぱいに吸った状態で伏し浮きをする。体は浮き、足はやや沈みやすい」

「その状態から息をぶくぶくと吐いていくと体が沈んでいく」

この肺活量と浮力の実験によって､肺に空気を入れておくことで体に「浮力」が働くことを生徒たちは理解していきます。

さらに、背浮き姿勢で空の 2L ペットボトルを抱く実験をします。そして、つぎのことを理解します。

「頭を完全に出した状態では浮けない。なぜなら、頭部は 3 〜 4kg 以上あるため、2L = 2kg の浮力では支えられないからだ」

「呼吸に必要な口と鼻以外はできるだけ水の中へ入れる。つまり、背浮きのような姿勢で後頭部から耳までを水の中に入れることにより、浮けるようになる」(小山，2016，pp.120-124)

(3) ドル平泳法

水中体重や頭の重さの理解をもとに､学習内容｢呼吸と浮力の関係｣を教材｢ドル平泳法」で教えていきます。ここで教材としてドル平泳法を選択する理由については、つぎのように述べています。

「ドル平では、呼吸の直後に体が沈まないようにするための動作をしない。自然に沈んでいき、自然に浮いてくることを大切にする」

「これに対して一般的なクロールでは、体が沈まないようにバタ足をしたり、呼吸で頭を持ち上げている時に水中で手をかいているために、無意識に浮きの姿勢を保とうとしている」(小山，2016，p.122)

上述のように小山は学習内容としての「呼吸と浮力」の関係を理解させるために、教材「ドル平泳法」を選択しています。つまり、「水中における体への浮力と沈むことの仕組み」を教えようとしているのです。

「水中にある体に対しては浮力が働き、水面に出た体の部分（頭や腕）はその重さが体を沈める作用として働く」(小山，2016，p.121)

そして、ドル平泳法を使って「呼吸と浮力の関係」をつぎのように教えようとしています。

「人間の身体はリラックスして肺に空気が入っていれば自然に浮いてくる。そして浮くのに合わせて息継ぎをすると、今度は水面上に出た頭の重さで体は沈んでいき、そして再び浮いてくる」(小山，2016，p.121)

2.　スポーツの成立条件とあり方を教える

小山は「体育科教育の役割は、スポーツの生活化のための知識のみを与えればよいのではなく、スポーツを歴史の中で変化しつつある文化ととらえ、その継承と発展を担っていくための基礎的な知識や技能を習得させていくことにある」として、実技と理論の両面から総合的に「スポーツ文化」を教えようとしています（小山，2016，p.38）。

スポーツの授業づくりという視点から考えると、上述の水泳の授業は「泳ぎの技術の仕組み」を教えています。つまり、水という媒体において体を浮かすためには「浮力」が必要であり、浮力を得るためには肺に空気を入れておくことや、水中に体を沈めておくことで水中体重が0kgに近づくことの有効性を生徒に理解させています。また、重い頭を持ち上げて呼吸をした後に体が「沈んでいく」ことや、肺に空気を入れて脱力（リラックス）することによって体が「浮いていく」ことを実感を伴って理解させています。泳ぎの技術として「浮くこと」「沈むこと」の仕組みが知識として理解され、技能として習得されているのです。

小山の水泳の授業は、「スポーツの成立条件」として、スポーツには「技術」という動きの仕組みがあることを理解させていますし、「陸上競技」「マット運動」ではスポーツが目指す目標（速さ、表現）と技術の関係を教えようとしています。

また、「体力科学の学習」では柔軟性や持久力、筋力・瞬発力と技術の関係を教えようとしていますし、「バレーボール、バスケットボール」では技術・戦術とルールの関係を教えようとしているのです。

さらに、小山は「体育理論」では、つぎの領域と実践例を上げています。

「Ⅰ．体力科学を学ぶ

実践例①柔軟性の学習（1年）　②持久力の学習（2年）

③筋力・瞬発力の学習（3年）

④運動のエネルギー・栄養・ダイエット（保健の領域でもある）

Ⅱ．スポーツの仕組みを学ぶ（主に1年生）

実践例①スポーツとは何か　②ボールの学習　③ゴールの学習

④ルールの学習

Ⅲ．スポーツのあり方を考える（主に2年生）

実践例①競争・ルール・勝敗　②オリンピックの歴史と精神

③スポーツと国の問題（国家主義）　④スポーツとお金（商業主義）

⑤武道とは何か

Ⅳ. みんなのスポーツについて考える（生涯スポーツ、主に３年生）

実践例①スポーツを楽しむために必要なこと

（自分がスポーツに親しんできた過程を、施設・用具、家庭環境・学校環境・地球環境、仲間、時間、指導者などから振り返り、あるべき方向を考える）

②生涯スポーツを実践していくために

（地域のスポーツ施設・環境の状況や条例、スポーツ基本法などの学習）」（小山，2016，p.196）

小山の実践からは、本書で主張している「スポーツの授業づくり」が中学校実践として豊かに紹介されています。出原は小山実践について「日本におけるスポーツ教育のモデルである」と紹介し、つぎのように述べています。

「『スポーツ教育に求められる三つの学力』（①スポーツ実践の学力＝スポーツをする力。②スポーツ批評の学力＝スポーツを見る力。③スポーツ変革の学力＝スポーツを変える力）の子どもの中での具体的な統一の姿が見事に表現されているといえる」（出原，2004，p.251）

【文献】

出原泰明（2004）異質協同の学び―体育からの発信，創文企画，p.246，p.251，p.262

小山吉明（2016）体育で学校を変えたい―中学校保健体育授業の創造―，創文企画，pp.24-26，pp.32-35，p.38，pp.42-43，pp.47-48，pp.120-124，p.196

資料

小学校・中学校の体育科における教科内容・教材試案(注)

第１階梯（小学校低学年第１学年・第２学年）

1. 目標

(1) ともにうまくなる

・ともにうまくなる感動を経験する

・初歩的な技術の分析をし、友だちと教え合うことができる

(2) ともに楽しみ競い合う

・みんなが楽しめるルールを考える。

・発表会・球技大会などをする。

(3) ともに意味を問い直す

・スポーツが自分たちのものであり、スポーツをみんなで楽しむことが大切だということを学ぶ。

2. 教科内容と教材例

教科内容

(1) 技術性に関わる内容

1) 技術的内容（技能習熟と運動技術の認識）

①基礎的運動感覚の習熟

ⅰ）姿勢を制御する力：逆さ・回転・スウィング・腕支持・空間や水中での姿勢操作

ⅱ）スピードやリズムをコントロールする力：走る・くぐる・まわる・とぶ・投げる

ⅲ）物や人の動きに対する予測・判断する力：投げる・受ける・蹴る・止める・逃げる・追う・かわす

②技能習熟（うまくなること）と直接結びついた初歩的運動技術の認識

ⅰ）運動の場及び場の特性に応じた身体コントロールができてわかる

ⅱ）技・表現形式を持った身体コントロールができてわかる

ⅲ）運動対象（用具）の特性に応じた身体コントロールができてわかる

ⅳ）ゲーム場面に応じたコンビネーションの構成（戦術）

2) 技術指導（学習）の系統性（うまくなるには筋道があること）

3) パフォーマンス（できばえ）の分析方法─観察・記録・記述の方法

ⅰ）友だちが運動するのを「見る」
ⅱ）観察視点（技術ポイント）に沿って「見る」
ⅲ）「でき具合の違い」の観察から、技術ポイントを自分たちで見つける

(2) 組織性に関わる内容
1）グループ（組織）づくり
2）ルールづくり・ゲームづくり
3）競技会・発表会（大会）の運営

教　材　例

＊教材の目標を「技術性―技能習熟」は「できる」、「技術性―技術認識」は「わかる」、「組織性」　は「学び合う」と表記した。

(1) 技･表現形式を持った身体コントロールができて､わかる｡〈姿勢を制御する力〉

	固定施設の運動	マット運動	鉄棒運動	跳び箱運動	表現運動
教材例	〈校庭〉 ジャングルジム、うんてい、登り棒、鉄棒など 〈体育館〉 肋木、平均台、ターザンロープ、跳び箱など	ねこちゃん体操、動物歩き、側方倒立回転（側転）、お話マット	固定遊具、お話鉄棒、こうもりふり降り、片足かけ回転、腕立て回転	横跳び越し・開脚跳び・閉脚跳び・台上前転	創作表現 民族舞踊
できる	・固定施設や遊具でいろいろな動きができる。 ・動きをまね、新しい技をつくり、姿勢を制御する運動感覚を身につける。	・ねこちゃん体操や動物歩き､側転､お話しマットができる。 ・逆さ感覚、腕支持感覚、体重移動感覚、回転感覚などを身につけることができる。	・ねこちゃん体操やこうもり振り降り、お話し鉄棒がができる。 ・スイングをつくり出し、コントロールすることができる。	・助走からの両足踏み切り、腕を押し放しての跳び乗り、腕を支点とした体重移動、空中でいろいろなポーズ、安定した着地ができる。	・なりきって変身したり、踊ったりすることができる。
わかる	・自分や友だちの姿勢や動きがわかる。	・いろいろな技やお話しマットの方法について考える。	・スイングのつくり出し、タイミング、お話鉄棒のつくり方がわかる。	・仲間との動きのちがいや安定した着地の仕方がわかる。	・からだのどこで重さを支えているかわかる。
学び合う	・グループで、教え合いながら学習する。	・上手になる方法やお話マットづくりを教え合いながら学習する。	・ポイントをグループで発見し、教え合いながら学習する。	・動きのポイントを考える。	・仲間の動きをまねたり、自分の動きを教える。

(2) 運動の場及び場の特性に応じた身体コントロールができて、わかる。

〈姿勢を制御する力〉

水泳	
教材例	水遊び・伏し浮き・背浮き・ドル平泳法・お話水泳
できる	・水中で脱力して自由に身体操作ができる。 ・水上に顔を出して、一気に息を吐き・吸う呼吸法ができる。
わかる	・呼吸の仕方がわかる。 ・自分の体が浮くという感じがわかる。
学び合う	・仲間の動きを観察することができる。 ・グループでお話に合わせて動きをつくることができる。

(3) 運動の場及び場の特性に応じた身体コントロールができて、わかる。

〈スピードやリズムをコントロールする力〉

陸上〈走る〉	
教材例	かけっこ・リレー走・障害物走・障害物リレー走
できる	・リズムやタイミングの変化など、様々なスピードコントロールができる。 ・走る順番やバトンパスの仕方、障害物の置き方を工夫することができる。
わかる	・バトンのもらい方、渡し方やリードの仕方がわかる。 ・障害物を速く越える方法がわかる。
学び合う	・走る順番やバトンパスの仕方、障害物の置き方を考えることができる。 ・仲間の動きを観察することができる。

(4) 運動対象（用具・人）の特性に応じた身体コントロールができて、わかる。

〈物や人の動きに対する予測・判断する力〉

	鬼ごっこ	縄とび
教材例	逃げる・追う・かわす	回す・くぐる・とぶ
できる	・逃げる、追う、かわすことでスピードコントロールができる。 ・相手の動きを予測し、つかまえたり、かわす。	・リズミカルにとぶ、縄に引っかからないでとぶ、とぶ技と技をつなげる、とぶ技の発明などができる。
わかる	・相手の動き方やつかまえやすい、また逃げやすい場所、タイミングがわかる。	・リズミカルに、引っかからないでとぶ、技と技をつなぐことがわかり、発明技を考える。
学び合う	・ルールを話し合って決めたり、仲間と協力して作戦を考えることができる。	・ルールを話し合って決めたり、仲間と協力してとび方を考えることができる。

(5) 運動対象（用具・人）の特性に応じた身体コントロールができて、わかる。

〈物や人の動きに対する予測・判断する力〉

ボールゲーム	
教材例	シュートゲーム・まとあてゲーム・サッカーゲーム・陣取りゲーム
できる	・ボールを投げたりとったり、蹴ったり止めたりできる。 ・ボールゲームの攻めや守りができる。

わかる	・攻めと守りの場面を理解し、攻め方や守り方がわかる。
学び合う	・チームづくりやルールを話し合い、仲間と協力して作戦を考える。 ・審判や得点係などの役割ができる。

＊ボールゲームの教科内容

○ゲーム場面に応じたコンビネーションの構成（戦術）

○試合・ゲーム・戦略の構成

第２階梯（小学校中学年第３学年・第４学年）

1. 目標

(1) ともにうまくなる

・ともにうまくなる感動を経験する。

・初歩的な技術の分析を通して友だちと教え合うことができる。

(2) ともに楽しみ競い合う

・みんなが楽しめるルールを話し合い、つくりだす。

・発表会、競技会、球技大会等の企画・運営に関わる。

(3) ともに意味を問い直す

・スポーツは自分たちのものであり、今あるスポーツもみんなで楽しむという視点から、主体的につくりかえることができるということを学ぶ。

2. 教科内容と教材例

<u>教科内容</u>

(1) 技術性に関わる内容

1）技術的内容（技能習熟と運動技術の認識）

①基礎的運動感覚の習熟　＊第１階梯に同じ

②技能習熟（うまくなること）と直接結びついた初歩的運動技術の認識

ⅰ）運動の場及び場の特性に応じた身体コントロールができてわかる

ⅱ）技・表現形式を持った身体コントロールができてわかる

ⅲ）運動対象（用具）の特性に応じた身体コントロールができてわかる

ⅳ）ゲーム場面に応じたコンビネーションの構成（戦術）

ⅴ）試合・ゲーム・レースプラン（戦略）の構成

2） 運動技術指導（学習）の発展性

3） パフォーマンス（できばえ）の分析方法ー観察・記録・記述の方法

ⅰ）観察視点に沿って「見る」

ⅱ）「でき具合の違い」の観察から、技術ポイントを自分たちで見つける

ⅲ）課題によって観察視点を見つけ、そこでの技術ポイントを自分たちで見つける

(2) 組織性に関わる内容

・体育の学習は小集団（異質グループ）を基礎単位として学習する。

1） グループ（組織）づくり

①グルーピングの方法　②グループの機能（役割）分担

2） グループの戦略・プランづくり

3） ルールづくり・ゲームづくり

4） 競技会・発表会（大会）の企画と運営

5） 自分たちの活動の評価。

(3) 社会性に関わる内容

社会性の内容を学ぶには、ある程度の歴史的・社会的認識に裏打ちされた科学的認識力が必要で、主には第３階梯以降の課題となるだろう。したがってこの第２階梯では、(1) 技術性や (2) 組織性の内容と関わって取り扱われることになる。

教　材　例

＊教材の目標を「技術性―技能習熟」は「できる」、「技術性―技術認識」は「わかる」、「組織性」は「学び合う」と表記した。

(1) 技・表現形式を持った身体コントロールができて、わかる。〈姿勢を制御する力〉

	マット運動	鉄棒運動	跳び箱運動	表現運動
教材例	ねこちゃん体操、側転（側方倒立回転）、連続技（歌声マット）づくり	こうもりふり降り、片足かけ回転、腕立て回転、連続技づくり	横跳び越し・開脚跳び・閉脚跳び・台上前転・首はね跳び	創作表現 民舞
できる	・側転やスピードのちがう前転や後転ができる。 ・側転を含む連続技を作り、演技する。	・こうもりふり降り、片足かけ上がりなどの振りや回転を含んだ技ができ、連続技を作り、発表する。	・助走から着地までを一連の動作として、横跳び越しや首はね跳びができる。	・いろいろな題材や場面を動きにする。 ・太鼓のリズムや笛の音にのって踊る。

わかる	・側転のポイント、技のつなぎをスムーズにすること、いろいろな技の組み合わせについてわかる。	・技を見る視点を定めて、技のポイントを見つける。 ・連続技の組み合わせについて、変化のさせ方がわかる。	・腰を高く引き上げる感覚や、はね動作と腕押しのタイミングによって、大きな空間で表現できることがわかる。	・相手の動きに応じたからだの使い方がわかる。 ・足の踏みかえや間の取り方がわかる。
学び合う	・グループの課題がわかり、技術のポイントを教え合うことができる。	・技のポイントをもとにして、教え合い、発表会の計画を考え、実行することができる。	・腰の高さに着目して、技を分析し、教え合うことができる。	・動きの工夫、踊りの比較など鑑賞し合う。 ・リズムについて仲間に伝える。

(2) 運動の場及び場の特性に応じた身体コントロールがができて、わかる。

〈姿勢を制御する力〉

水泳	
教材例	水遊び・伏し浮き・背浮き・ドル平泳法・コロン泳法（伏し浮き－背浮き）
できる	・ゆっくりしたドル平泳法で、長い距離を泳ぐことができる。 ・あごや体の動かし方を変えて、背浮きやコロン泳ぎで泳ぐことができる。
わかる	・楽なドル平泳法の泳ぎ方がわかる。 ・あごや体の動かし方で泳ぎ方が変わることがわかる。
学び合う	・仲間の泳ぎを見て、助言することや簡単な練習計画をつくることができる。

(3) 運動の場及び場の特性に応じた身体コントロールができて、わかる。

〈スピードやリズムをコントロールする力〉

陸上〈走る〉〈投げる〉	
教材例	リレー走・障害走・投運動
できる	・低い障害（一定の距離で４つ）を一定のリズム（歩数）で走る。 ・スピードを落とさずにバトンパスができる。 ・いろいろな投げ方で投げることができる。
わかる	・一定のリズムで走ることがわかる。 ・スピードを落とさずバトンパスをするとタイムが短縮することがわかる。 ・投運動で、投げやすい重さがあることに気づく。
学び合う	・仲間の走り方を観察し、リズムのことを伝える。 ・試合の結果（記録）から、グループづくりができる。

(4) 運動対象（用具・人）の特性に応じた身体コントロールができて、わかる。

〈物や人の動きに対する予測・判断する力〉

ボールゲーム	
教材例	ハンドボール・フラッグフットボール・サッカー
できる	・ボールを投げたりとったり、蹴ったり止めたりできる。 ・シュートできる空間に入り、パスをもらってシュートすることができる。

わかる	・シュートできる空間や、攻防の切りかえがわかる。 ・シュートできる空間をつくったり守るためのチーム作戦の作り方がわかる。
学び合う	・ゲームの記録をつけ、助言することができる。 ・審判や得点係などができ、ボールゲーム大会の計画・運営ができる。

＊ボールゲームの教科内容

○ゲーム場面に応じたコンビネーションの構成（戦術）

○試合・ゲーム・戦略の構成

第３階梯（小学校高学年第５学年〜第６学年）

1．目標

(1) ともにうまくなる

・運動（技術）にはうまくなっていくすじみちと方法があることがわかり、ともにうまくなる経験をする。

・運動技術をみんなで分析・総合する力を身につける。

(2) ともに楽しみ・競い合う

・みんなの合意を大切にしながら、みんなでルールを決めたり、創り出したりすることができる。

・授業や行事における発表会、記録会、ゲームなどの初歩的な計画と運営の方法がわかる。

(3) ともに意味を問い直す

・今ある運動文化（技術・道具・ルール・組織・制度など）は、社会や歴史、環境と関わりを持っていることに気づく。

・運動文化はその時代の人々が受け継ぎ、創り変えてきていることがわかる。

2．教科内容と教材例

教科内容

(1) 技術性に関わる内容

1） 技術的内容

①運動技術の認識と運動技能の習熟（わかり・できる）

ｉ）運動の場及び場の特性に応じた身体コントロールがわかる・できる

〈技術の特質〉速さや距離（幅、高さ）を追求する運動技術

ⅱ）技・表現形式を持った身体コントロールがわかる・できる

〈技術の特質〉技、表現技における運動技術

ⅲ）運動対象（用具）の特性に応じた身体コントロールがわかる・できる

〈技術の特質〉飛距離を追求する運動技術

ⅳ）ゲーム場面に応じたコンビネーションの構成（戦術）

〈技術の特質〉ゴールの攻防を追求する運動技術、戦術

ⅴ）試合・ゲーム・レースプラン（戦略）の構成

②運動技術指導（学習）の系統性

③パフォーマンスの分析

運動のパフォーマンス（できばえ）の「でき具合」を一定の観点から分析し、だれにとっても合理的で有効な方法を発見させ、その合理性について考えさせる。

(2) 組織性に関わる内容

1）　グループの役割

①技能差のある３人以上のグループの必要性・有効性　②みんなで高まる

2）　グループづくり

①学習目標づくり・学習目標を子どもたち自身がつくる。

②グループのつくり方

〈グループづくりの条件〉

ア．男子女子が混ざること。

イ．グループ内に技能差があり、グループ間の力が平等になること。

ウ．学び合い、話し合いができるメンバーとなること。

3）　ルールづくり（ルールの原則）

ルールの内容（ハード面）	ルールの基本原則（ソフト面）
「競技を行う施設などの条項（施設、器具、服装、役員、審判、運営）」 「競技の実施に関する条項（目的、行い方、モラル、マナー、プレイヤーの健康安全）」 「競技の処理に関する条項（結果，記録の処理）」 「その他（表彰など）」	「基本的特徴保持」 「人命尊重，安全確保」 「対等、平等、公正」 「技術の高度化追求保障」 「不合理性排除」 「秩序保持」 「物質的欲望排除」

4）　競技会・発表会（大会）の企画と運営

①競技会の企画

・ 競技形式（リーグ戦、トーナメント戦、複合戦など）

・ルール、審判の仕方
・得点化、順位の付け方、勝敗の決め方、引き分け
・組み合わせの決定方式
・事前、事後のミーティング
②競技会の運営　＊3）ルールづくり「ルールの内容（ハード面)」と同じ。

(3) 社会性に関する内容

1）スポーツの成立条件

①技術発展史
□内容例―障害走のハードリングの歴史的発展　○教材例―障害走

②ルールと規範
□内容例―ルールと規範のちがいと関係　○教材例―バスケット

③ルールの原則
□内容例―ルールづくりとルールの原則　○教材例―バスケット

④トレーニング理論
□内容例―長距離走のトレーニング理論　○教材例―長距離走

⑤戦術
□内容例―攻防一体型と攻防分離型の戦術ちがい
○教材例―バスケットボールとフラッグフットボールの比較

⑥戦術
□内容例―戦術的特質としてのゴールの攻防における戦術と長距離走における速さの戦術のちがい。
○教材例―バスケットボールと長距離走の比較

⑦運動技術と道具
□内容例―技を表現する技術と道具（踏切板）の発展の関係。
○教材例―跳び箱運動と踏切板
○教材例―走り高跳びにおけるエバーマットと背面跳び

2）スポーツの特性

①競争と順位の関係
□内容例―目標の違いと順位の関係（速さ、誤差）
○教材例―長距離走とペースランニング
○教材例―競技方法（トーナメント、リーグ、延長、引き分け）

②競争と得点の関係　□内容例―目標の違いと得点の関係
○教材例―器械運動（跳び箱運動、マット運動）の採点方法

教 材 例

(1) 運動の場及び場の特性に応じた身体コントロールがわかる・できる

〈技術の特質〉速さや距離（幅、高さ）を追求する運動技術

	陸上・走運動〈速さ〉	陸上・跳躍運動〈距離〉	水泳運動〈速さ〉
	・障害走・リレー・短距離走	・走り幅跳び	・クロール泳法、平泳ぎ泳法
技術性	・陸上における速さを追求する運動技術（ハードリング、バトンパス、走り方など）の特徴がわかり、できる。 ・速さを追求するパフォーマンスの分析方法がわかり、できる。	・陸上における距離を追求する運動技術（助走、踏み切り、空中姿勢、着地など）の特徴がわかり、できる。 ・距離を追求するパフォーマンスの分析方法がわかり、できる。	・水中における速さを追求する運動技術（クロールのストローク、平泳ぎのキックなど）の特徴がわかり、できる。 ・速さを追求するパフォーマンスの分析方法がわかり、できる。 ・距離を追求するパフォーマンスの分析方法がわかり、できる。
組織性	・競技会の企画・運営方法がわかり、できる。	・競技会の企画・運営方法がわかり、できる。	・競技会の企画・運営方法がわかり、できる。

(2) 技・表現形式を持った身体コントロールがわかる・できる

〈技術の特質〉技、表現技における運動技術

	器械運動	器械運動	表現運動
	・マット運動	・跳び箱運動	創作表現・民舞
技術性	・マット上で、雄大さ、難易性、安定性、美しさを表現する運動技術（転回系、回転系、バランス系、ジャンプ系など）の特徴がわかり、できる。 ・表現性を追求するパフォーマンスの分析方法がわかり、できる。	・跳び箱上で、雄大さ、難易性、安定性、美しさを表現する運動技術（助走、踏み切り、1次空間姿勢、着手、2次空間姿勢、着地など）の特徴がわかり、できる。 ・表現性を追求するパフォーマンスの分析方法がわかり、できる。	・舞踊の「振り」における美しさや願いを表現する運動技術（変身、踊るなど）の特徴がわかり、できる。
組織性	・競技会、発表会（表現性と鑑賞）の企画・運営方法がわかり、できる。	・競技会、発表会（表現性と鑑賞）の企画・運営方法がわかり、できる。	・発表会（表現性と鑑賞）の企画・運営方法がわかり、できる。

(3) 運動対象（用具）の特性に応じた身体コントロールがわかる・できる

〈技術の特質〉飛距離を追求する運動技術

	陸上投擲運動
教材例	・タイヤ投げ
技術性	・用具（タイヤ）を操作し、投距離を追求する運動技術（スイング、投げる方向・角度・タイミングなど）の特徴がわかり、できる。 ・投距離を追求するパフォーマンスの分析方法がわかり、できる。
組織性	・競技会の企画・運営方法がわかり、できる。

(4) ゲーム場面に応じたコンビネーションの構成（戦術）

〈技術の特質〉ゴールの攻防を追求する運動技術、戦術

ボール運動	
教材例	・バスケットボール ・フラッグフットボール・サッカー
技術性	・ゴールの攻防を追求する戦術（シュート・パスの時空間など）、戦略（練習計画など）の特徴がわかり、できる。 ・戦術のパフォーマンスについて分析方法がわかり、できる。
組織性	・グループ作りと役割分担、ルールづくりなどの方法がわかり、できる。 ・競技会の企画・運営方法がわかり、できる。

(5) 試合・ゲーム・レースプラン（戦略）の構成

ボール運動・陸上運動など	
教材例	・バスケットボール ・フラッグフットボール・サッカー ・陸上走運動―長距離走
技術性	・戦略の特徴、戦略の分析（役割分担、練習計画など）がわかり、できる。 ・戦術のパフォーマンスについて分析方法がわかり、できる。
組織性	・練習計画づくり、メンバーの選択などの方法がわかり、できる。 ・競技会の企画・運営方法がわかり、できる。

第４階梯（中学校第１学年～第３学年）

１．目標

(1) ともにうまくなる

・仲間と技術を分析比較し、仮説を立て、実験、練習、試しのゲームなどを行い総括し、うまくなるための原理や法則を発見する。

・みんなで見つけた原理や法則に沿ってみんながみんなの協力でうまくなった経験がある。

(2) ともに楽しみ競い合う

・既存のルールについて論議し、みんなの合意をもとに自分たちの願いや要求にあったルールに作り替えることができる。

・何のために、何をどのように練習したり、実験するのか、競技会や、発表会を視野に入れた一単元の学習計画づくりができる。

(3) ともに意味を問い直す

・今ある運動文化（技術・道具・ルール・組織・制度など）は、社会や歴史そして環境とどこかで必ず関わりを持ちながらその時代の人々に受け継がれ、常につくりかえられてきていることがわかる。

・スポーツをする権利は万人の権利であることを理解し、その立場からスポーツ文化の主人公としてスポーツ本来の発展すべき方向や、自身がおかれている現代のスポーツ文化について自分なりの考えや意見がもてる。

2．教科内容と教材例

(1) スポーツの技術性に関わる内容領域

1）技術的内容

①身体コントロール

教科内容	「動力（スピード）と制御（コントロール）」の関係を科学的に探る。	「技術と道具」の関係を探る	「技」「表現」「鑑賞」能力を採点基準づくりを通して学ぶ。	「水中での姿勢制御とスピード」の関係を学ぶ。
教材例	・短距離走・走り幅跳び・長距離走・ハードル走・リレーなど	・ハードル走・走り高跳び・跳び箱・バレーボール・テニスなど。	跳び箱・鉄棒・マット運動など	水泳（ドル平泳法，近代泳法）など

②戦術理論の認識と戦術的技能の習熟　　＊教科内容を内容と略す。

内容	スポーツにおける戦術（数的優位・空間差・時間差・能力優位などの原則）	1対1（対人）の攻防の中で「時間差」「空間差」を利用した戦術
教材例	(攻防一体型) バスケットボール、サッカー、フラッグフットボールなど (攻防分離型) バレーボール、テニス、卓球など	剣道、柔道など

③試合・ゲーム・レースプラン　　＊教科内容を内容、教材例を例と略す。

内容	・技術性―戦略の特徴、戦略の分析	・組織性―練習計画づくり、メンバーの選択、競技会の企画・運営
例	ボール運動、陸上運動（長距離走）、格技	

2）技術指導の系統性

運動学習における技術指導の科学的な系統性を教える。教材の技術特性に基づいた基礎技術を理解し、科学性や系統性を生徒自身が分析していく。また、見つけだした科学性や系統性を教材化することで他者の技能習熟を図っていく。

3）パフォーマンスの分析方法

①技能の達成状況を分析する

a）合理性の分析

「作戦や戦術がゲームで機能しているか」を分析する。ゲームにおける作戦が有効かどうかをゲーム記録によって分析する。このゲーム分析によって有効性が確かめられたプレーの仕方が原理としてまとめられ、それが戦術として一般化されるとともに、一つの原理からいくつものバリエーションを生むことが可能になる。

b）分析の方法

・できるできない、わかるわからないの比較。個人のできた場合とできなかった場合を観察して比較し、「違いの質」や「違いの原因」を分析する。
・数量化してグラフを作る。球技における触球数調査、心電図、パスの相手図などのゲーム記録。スコアブックからある観点でデータを取り出したグラフ。陸上競技短距離走におけるスピードの変化をグラフにしたスピード曲線など。
・プレーの観察。ビデオによるフォーム分析。陸上競技短距離走の足跡調査。球技におけるボール軌跡図など。
・ゲームストップアンドインタビュー。子どもたちのゲームを見ながら、教師が適切あるいは必要と思った時に、笛を吹いて「ゲームストップ」をさせ、その場に子どもたちを立ち止まらせて、その時に考えていたことを他の子どもたちに「インタビュー」させる方法。
・作文や詩。グラフや観察ではわからない、内部感覚や意識焦点をさぐることができる。

(2) スポーツの組織性に関わる内容領域

1） グループ（組織）づくり

①グルーピングの方法

②グループの機能（役割）分担

③グループミーティングの方法

2） グループの戦略・プランづくり

3） ルールづくり・ゲームづくり

4） 競技会・発表会（大会）の企画と運営

5） 部活や行事との関わりについて

体育の授業で培った組織に関わる能力は部活動や体育的行事などの主体的な活動の中でも発揮され検証される。たとえば,「どんな部活動にするか」という目的に関わって,まず組織としてどんな場を設定し議論をするか（手続きを取るか）や「どんな練習方法がいいか」を話し合う。組織を自主的に管理しながら，そこでどれくらい民主的な手続きや科学的な練習方法を取り入れるかが問われることになる。

また、運動会や体育祭なども同様であり、リーダーの選出からフォロアーシップの問題，種目選択や選手選抜などを企画運営する。

行事が学校を変える一つの契機とするためにも、教科学習における組織性の学習は自治的活動の目的から方法までを踏襲して教える必要がある。

(3) スポーツの社会性に関わる内容領域

1)　能力に対する見方を育てる

入学してきた段階で能力差が拡大してきている。個人のレベルでもある種目はずばぬけてできてもある種目はからっきしできないということも多くなっている。それに伴って能力に対する見方が固定化されている。あいつにはできないとか、この種目はできないと決めてかかることが多い。そのような表面的な能力観を崩す必要がある。

第１に、「あの人にはできない」とか「この種目はできない」という能力観を「運動技術の科学性、系統性を学べば誰もができるようになる」という能力観に変えていくこと。第２に、「速ければよい」とか「強ければよい」という卓越性絶対視の能力観を、スポーツには卓越性だけでなく平等性や社交性という文化性もあることを理解させていくこと。

2)　文化に対する見方を育てる（その１）

ルールはスポーツをする人間によってつくり変えられてきたことを知り、スポーツは歴史的に変化してきたものであり、今後も変化していくものであるということを理解する。具体的には、ルールを合意の上でつくっていくことや、スポーツ発展史についての時代背景における知識など。

□教科内容―ルールと技術の変遷
○教材例・バスケットボール・バレーボール・走り高跳び・リレー・短距離走など

3)　文化に対する見方を育てる（その２）

文化は社会的条件が反映されて成立しているという文化観の理解。たとえば商業主義化したオリンピックの問題や、テレビ中継を優先してルールが変更されるバレーボールの問題、そしてドーピング問題など。

□教科内容―スポーツイベントと社会、競争と倫理
○教材例・スポーツイベント（オリンピック、サッカーワールドカップ）、ドーピング

（注）

資料「小学校・中学校の体育科における教科内容・教材試案」は、学校体育研究同志会教育課程自主編成プロジェクト（2003）「教師と子どもが創る体育・健康教育の教育課程試案　第１巻」（創文企画）第１章の内容を大貫がまとめたものです。

おわりに

この本ができるまでには、たくさんの方との出会いがありました。

小学校教師になった1974年、藤井喜一さんとの出会いが学校体育研究小学部会に参加するきっかけとなりました。当時の小学部会には、岡田和雄さん、小野繁さん、平林宏美さん、蛭田哲也さんなどが参加され、その後も鈴木聡さん、内田雄三さん、佐藤洋平さんたちと共に実践研究をすることができました。

そして小学部会との関係で、中村敏雄さん、荒木豊さん、伊藤高弘さん、唐木國彦さん、出原泰明さん、村上修さんをはじめとする当時の学校体育研究同志会の方たちとの出会いによって体育実践研究をはじめることとなりました。特に、中村敏雄さんには厳しく温かいご指導をいただきました。この本のメインテーマである「体育・スポーツの教科内容」は、中村さんから学んだことが土台になっています。つたない私の実践研究に対して、中村さんは必ず手紙による批評をくださいました。封を開き、直筆で書かれた1枚目・2枚目を読み、そこに記述されている厳しい批評に身が震えました。3枚目・4枚目の深い洞察と示唆に頭が下がりました。そして、5枚目以降の温かいお言葉に涙が溢れました。当時、鞄の中には中村さんの手紙があり、多忙な日々に流されそうになったとき、読み返しては己を叱咤したものです。

また30代で、当時体育科教育誌編集者だった伊藤政吉さんに引き合わせていただき、高橋健夫さんと出会ったことから現在の体育授業研究会創設に関わることとなりました。この縁によって友添秀則さん、岡出美則さん、岩田靖さんたちに学び、体育・スポーツ研究の視野を広げることができました。

そして、本書のもとになっている東京学芸大学修士論文作成においては、当時の東京学芸大学の嘉戸脩さん、細江文利さんからご指導いただきました。また、永島惇正さんによって佐伯年詩雄さん、菊幸一さんをはじめとする全国体育学習研究会の方たちに出会うことができ、現在も鈴木秀人さん、松田恵示さん、佐藤善人さんから学ばせていただいています。さらに、修士論文作成に当たっては、吉田文久さん、大友智さん、高田俊也さん、堤吉郎さん、中井隆司さん、内海和雄さんなどから適切なご批評をいただけました。本書において、民間体育研究団体における体育の教科内容を検討できたのは、文献研究だけでなく、ここまでに記した方たちから直接学べたことが大きかったのです。

本書の根幹にある内容は、1981年から現在まで参加している月曜学習会という小さな研究サークルの仲間とともにつくられたものです。この研究サークルは、創設から前半の20年間は毎週月曜日に、そして後半の約20年間は隔週に行われてきました。現場の教師がほぼ毎週、自主的に集まり実践研究を続けることは、並大抵のことではありません。このサークルで、スポーツ文化の教科内容試案の原形ができたとき、岩崎英夫さん、野口祐治さんなどと私は、1998年体育同志会長野全国大会の教育課程分科会へ提案をしました。そして、体育同志会教育課程自主編成プロジェクトの丸山真司さん、海野勇三さんなど29名によって「体育・健康教育の教育課程試案1」が2003年に刊行されました。本書は教科内容の視点から、この試案における成果と課題を一歩前へ進めたいとの思いからまとめたものです。

教師が自信と誇りをもって教育活動が行えることを願い、体育におけるスポーツの教科内容研究について考えを述べてきましたが、本書の内容は大枠を提示しただけであって十分なものではないことを自覚しています。このため、今後も現在の月曜学習会メンバーである丹野洋次郎さん、國貞圭佑さん、齋藤慎一さん、平石新さん、久保州さんと共に実践研究に取り組んでいきます。また、読書会の久保賢太郎さん、久我隆一さん、鴨下達郎さん、庄司佳世さん、工藤翔平さんとともに学び続けたいと思っています。さらに、中学高校保健体育研究会の浅川俊彦さん、成合弘太郎さん、関塚洋子さん、山本奈緒子さん、宮内貴圭さんとも協同していきたいと考えています。

そして、体育同志会の石田智巳さん、森敏生さん、久保健さん、制野俊弘さん、児玉望さん、玉越和典さん、簗田陽子さん、堀江なつ子さん、前田雅章さん、澤豊治さん、安武一雄さん、岨和正さん、牧野満さん、平野和弘さん、矢部英寿さん、小山吉明さん、西田圭さん、栗原茂さん、竹内由美さん、酒井忠喜さんをはじめとする同志と共に実践研究を進めていきたいと思います。

本書の刊行に当たっては、体育科教育誌編集者の阿部恭和さんから連載の機会をいただけたことがきっかけとなり、創文企画の鴨門裕明さん鴨門義夫さんのおかげで、本書を世に出すことができました。心よりお礼申し上げます。

最後に、教師の道を勧めてくれた父大貫清富と母大貫栄子、そして難病と闘いながら日々支えてくれている妻洋子に心より感謝しています。ありがとうございました。

2020年2月18日　大貫耕一

【著者紹介】

大貫　耕一（おおぬき　こういち）

1952年　東京都生まれ
1975年　東京学芸大学教育学部初等教育教員養成課程卒業
2000年　東京学芸大学大学院修士課程保健体育専攻保健体育講座修了
2013年　東京都公立小学校教諭退職
2020年現在　和光大学現代人間学部心理教育学科非常勤講師
東京学芸大学教育学部心理教育学科非常勤講師

〈主な著書〉
「新絵で見る水泳指導のポイント①低学年、②高学年」単著、日本標準社、1995年
「教師と子どもが創る体育・健康教育の教育課程試案1」共著、創文企画、2003年
「子どもと教師でつくる教育課程試案」共著、日本標準社、2007年
「教科の本質と授業」共著、日本標準社、2009年
「スポーツの主人公を育てる体育・保健の授業づくり」共著、創文企画、2018年
「新みんなが輝く体育1　小学校低学年　体育の授業」共著、創文企画、2019年

スポーツの授業を創ろう　―スポーツの主人公を育てるために―

2020年3月18日　第1刷発行
著　者　大貫耕一
発行者　鴨門裕明
発行所　㈲創文企画
〒101-0061　東京都千代田区神田三崎町3－10－16　田島ビル2F
TEL：03-6261-2855　FAX：03-6261-2856　http://www.soubun-kikaku.co.jp
装　丁　オセロ
印刷・製本　壮光舎印刷㈱

ISBN978-4-86413-127-8　Printed in Japan